Knowledge House & Walnut Tree Publishing

Knowledge House & Walnut Tree Publishing

# 大變革時代的中國經濟

目錄

Contents

PART 1 實錄篇 007

Contents

PART 2 筆談篇 103

# PART 1
# 實錄篇

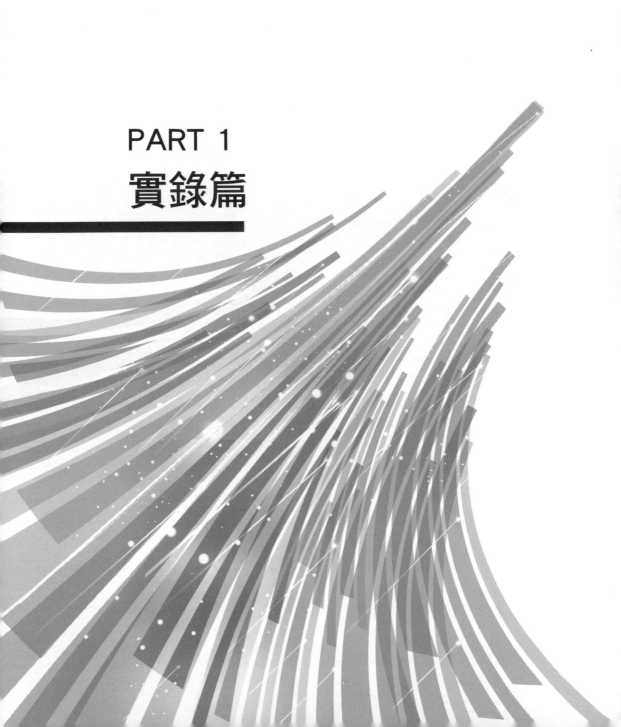

# 中國經濟的本土特徵與理論的適用性

# 構建「接地氣」的經濟學理論體系

楊瑞龍

中國改革開放以來，中國經濟學界呈現出百花齊放、百家爭鳴的格局，不同思潮、不同學派、不同學術觀點、不同政策主張進行了不同層次的交鋒與爭鳴。這種思想的爭論反映了中國經濟轉型處於關鍵時期的體制與利益結構的變化。經過三十多年的經濟體制改革與對外開放，中國的經濟體制、經濟結構與國際化程度都發生了深刻的變化：在經濟體制上，所有制結構發生了重要的變化，非公有制經濟與外資經濟佔據重要地位，市場機制在資源配置中的作用越來越顯著，「看不見的手」的作用越來越大於「看得見的手」的作用；在經濟結構上，第二產業與第三產業對經濟增長的貢獻率越來越高，特別是新技術產業和服務業得到了更快的發展。

外需對中國經濟的拉動作用在減弱，內需越來越成為拉動中國經濟增長的主要引擎。伴隨著城市化步伐的加快，城鄉結構、區域結構也發生了重要的變化；在對外開放方面，隨著中國積極地引進國外資本、推行先進的技術與先進的管理方法，特別是中國加入世界貿易組織（WTO），中國經濟納入全球經濟一體化的過程不斷加快。伴隨著經濟的轉型，多元化的利益格局已經基本形成，從不同的利益主體出發，對同一問題的看法也存在程度不同的差異，思想觀點的衝撞就越來越頻繁發生，經濟學分析範式發生了深刻的變化。

## 從過去的教條主義束縛中解脫出來

時代的變遷賦予經濟學創新的動力和平台。中國的經濟學創新實踐告訴我們，理論是灰色的，生命之樹常青。所謂理論是指人們由實踐概括出來的關於自然界和人類社會的知識的有系統的結論，它對人們未來的實踐活動具有重要的借鑑與參考價值，但由於實踐本身是不斷變化的，如果把已有的理論奉為放之四海而皆準的真理，不敢越雷池一步，那就難免要犯錯誤。毛澤東曾說過，真正的理論在世界上只有一種，就是從客觀實際抽象出來又在客觀實際中得到證明的理論，沒有任何別的東西可以稱得起我們所講的理論。也就是說，真正有生命力的理論並不是指那種從書本到書本、從概念到概念的純粹思辨邏輯，而是指那種源於實踐又回到實踐最後被實踐，證明是正確的理論結晶。因此，自改革開放以來經濟學發展的最大特點，**就是從過去的教條主義束縛中解脫出來**，開始走向社會，走向實踐，以問題為導向，採用實證分析方法，回答改革開放中出現的重點與疑難問題。正是這一特點推動了經濟學的創新。

實踐證明，無論是照搬照抄馬克思主義經典作家的個別「結論」還是西方經濟學的定理都是危險的。把馬克思主義經濟學的若干原理教條化是過去長期形成的學風，研究者遵循的是從書本到書本、從概念到概念的分析方法，只關注研究的結論與馬克思主義經典作家說過的話是否一致，從而導致理論的僵化。但近來另一值得注意的傾向是把西方主流經濟學教條化，言必稱斯密（Adam Smith）、凱恩斯（John Maynard Keynes）、科斯（Ronald Coase，又譯為寇斯）等，當實踐與所謂的西方主流經濟學不一致時，就斷言實踐錯了，應按照主流經濟學的邏輯來設計改革路徑。其實，把馬克思主義經濟學或者西方經濟學教條化，都會導致中國經濟學的發展走入死胡同。我們常常看到在有關中國問題的研究中出現了一些偽命題，其原因在於理論忽視了所探討問題的複雜性。因此，為了準確揭示中國的經濟運行特點，我們需要堅持馬克思主義經濟學的基本立場、觀點與方法，推進馬克思主義經濟學的中國化過程，在吸收西方經濟學的過程中注意中國的國情。概言之，就是要堅持實事求是、理論聯繫實際的學風。

## 推動經濟學理論的創新和發展

要構建「接地氣」的中國經濟學理論體系，就必須推進中國經濟學研究範式和教學模式的創新。理論的生命力在於創新，但創新並非貼標籤，也不是故意標新立異，更不是胡思亂想，而是跳出原有的思維定式，突破原有的理論和教條，立足現實，面向實際，解放思想，透過對現象的深入剖析來檢驗和發展現有的理論。如果現有的理論不足以回答現象所隱含的問題，就需要我們反思理論本身。中國改革開放的偉大實踐為經濟學理論的發展創造了前所未有的機遇和挑戰。在這種情況下，總結中國經濟改革和經濟發展的經驗，從理論上科學地回答新的歷史階段提出的一系列新問題，**推動經濟學理論的創新和發展，努力建設和發展具有中國特色、中國風格和中國氣派的經濟學理論體系與教材體系**，對於中國經濟學的建設工作具有重大意義。

改革開放的實踐所提出的很多疑難問題，顯然無法從現成的理論著作中找到一勞永逸的解決方案。同時，我們也無法利用現有的理論分析框架清晰地從具有鮮明中國特色的改革道路、開放道路與發展模式中概括與提煉出一般的經濟學理論體系。因此，無論是為了解決實際問題，還是為了實現理論創新，都首先必須正視中國的現實。改革開放以來，中國的經濟改革與經濟發展取得了舉世矚目的偉大成就，「中國模式」、「中國經驗」、「中國道路」正在受到全世界日益廣泛的關注。中國改革開放的偉大實踐為經濟學理論的發展提出了前所未有的機遇和挑戰。總結中國經濟改革和經濟發展的經驗，從理論上科學地回答新的歷史階段提出的一系列新問題，推動經濟學理論的創新和發展是我們這一代經濟學者應擔負的歷史使命。

迎接中國經濟學時代的到來就必須創新經濟學的研究方法，打破教條主義的束縛，堅持直視現實的研究態度和方法，也就是當理論與實踐相衝突時，讓理論服從現實，而不是讓現實適應理論。正視現實式的研究並非是不要理論，而是從中國經濟改革和經濟發展中出現的特殊現象入手，透過對現象的深入剖析來檢驗現有的理論。如果現有的理論不足以回答所隱含的問題，那就需要我們反思理論本身，直至根據現實修正理論。經濟學理論一旦離開現時代的經濟改革與發展的實踐，就成為無本之木、無源之水，甚至有可能成為阻礙生產力發展的因素。理論聯繫實踐應該是適應時代要求的經濟學創新的基本原則。為此，一方面應反對脫離實際的理論，這會導致「老八股」式的空泛經濟學；另一方面，也應排斥完全拋棄理論的經驗主義，那會導致「公說公有理、婆說婆有理」的實用主義經濟學。

## 中國經濟學的現代化包含國際化與本土化

直視現實的經濟學分析方法要求實現經濟學的現代化。經濟學的現代化當然離不開國際化。然而，國際化並非是經濟學現代化的全部內容，特別是不等於照搬照抄西方經濟學。改革開放以來，西方經濟學受到了人們的青睞。這對於推進中國經濟學的現代化是有意義的，但同時出現的對西方經濟學的盲目崇拜是值得引起我們關注的，尤其是有些學者甚至用西方經濟學的命題來檢驗現實，凡是出現了偏差的都是實踐出了問題，甚至用與西方主流經濟學對接的程度來衡量經濟學的現代化程度。事實上，受特定制度環境和轉軌過程的影響，中國的經濟問題具有複雜性，有時用在嚴格假定下的西方經濟學邏輯來梳理紛繁的經濟線索很困難，甚至會得出遠離中國國情的荒謬結論。當然，如果把中國經濟學看成是與已有的任何經濟學流派沒有血脈關係、純粹以中國的經濟運行為研究對象、完全由自己獨創的理論體系，這樣來理解中國經濟學則有些狹隘。

任何學術流派的產生和發展總是站在前人的肩膀之上的，人們對前人豐富思想的繼承和發展不僅可使後人少走許多彎路，而且使學術思想具有可交流性。這就要求中國的經濟學家為了揭示問題的實質，是從現象出發，而不是從理論出發。這種從中國國情出發來吸收與消化西方經濟學，創立既符合國際學術規範、又能解決中國問題的經濟學，我們稱之為直視現實的經濟學分析方法指導下的經濟學本土化，它也構成經濟學現代化的重要內容。因此，中國經濟學的現代化實際上包含著國際化與本土化的雙重涵義，即在吸收西方經濟學的過程中注意中國的國情，在解答中國實踐中面臨的各種問題時注意吸收西方經濟學中反映市場經濟一般運行規律的理論與先進的分析方法。

這樣一個真正「接地氣」的經濟學就是中國經濟學，而伴隨著中國的經濟發展與經濟體制改革的不斷深化，中國經濟學時代必將到來。

**楊瑞龍**，於一九九一年在中國人民大學獲得經濟學博士學位。中國人民大學經濟學院教授、博士生導師，教育部長江學者特聘教授。曾任中國人民大學經濟學院院長，兼任北京市政府顧問、北京市經濟學總會常務副會長等職務。在制度經濟學、企業理論、非均衡經濟學等研究領域頗有建樹。曾獲第八屆、第十屆孫冶方經濟科學獎，第四屆吳玉章人文社會科學優秀獎，中國高校人文社會科學優秀成果一等獎等獎項。被選拔為中國國家人事部「百千萬人才工程」第一、第二層次人選，中國國家教育部「跨世紀優秀人才培養計劃」人選，享受中國國務院政府特殊津貼。

# 中國及世界經濟發展的回顧與思考

曹遠征

記得在三十年前，還在校園讀書的時候，我就懷著這樣一個願景，期望從中國經濟實踐出發，總結經驗，創立經濟學的中國學派。當年我作為北京青年經濟學會的副秘書長，也曾致力於組織並推動這一願景的實現。事實上，當時中國的中青年經濟學工 作者也在實踐中提煉出許多新鮮概念，比如雙軌制，它幾乎發展成為分析轉軌經濟漸進模式的規範框架；比如承包制，它幾乎成為理解中國地方政府經濟行為的鑰匙；再比如鄉鎮企業，其實就是今日倡導的混合所有制的雛形，因為它把土地的收益權以及個人的勞動權和財產的所有權結合在一起了。但是，那時的理論創新還是零散的、沒有系統的，更多的還是對現象的描述。而今天我們要討論的問題則是體系性的，不僅涉及元概念、理論框架的形成，還要「接地氣」。

我想這就需要從更長的歷史尺度、更廣闊的國際背景中來劃清邊界，並加以討論，這就是楊瑞龍院長講的中國模式問題。中國模式是一個宏大的課題。宏大課題需要更宏大的敘事方式，但敘事方式背後隱含著人們的認識角度、認識方法以及由此形成的認識框架，即所謂共識。我想從三個共識談起，即「華盛頓共識」（Washington Consensus）、「北京共識」和「孟買共識」。這三個共識都涉及一個事實，就是中國經濟奇蹟。從經濟學的角度觀察，所謂中國經濟奇蹟通常這樣表述：第一，經濟高速增長。至少在二〇〇八年以前，中國經濟增長速度平均在百分之九・八以上。第二，持續時間長。在一個有十三億人口的大國，這一經濟高速增長持續了三十年，在世界上史無前例。第三，增長品質高。在這一高速增長過程中通貨膨脹率相對比較低，年平均不到百分之五。第四，宏觀經濟穩定性好。特別是二十世紀九〇年代以後，經濟週期的波動相對比較平緩。第五，更為重要的是，這一經濟高速增長過程本身也是社會發展的過程。由於中國改革開放，經濟的發展使絕大多數人受惠於這個過程，中國不僅成功地解決了貧困問題，而且提高了生活品質，無論是受教育程度、人均壽命，還是體育文化事業的發展都有大幅度的進步。因此中國經濟奇蹟既是增長奇蹟，也是發展的奇蹟。

## 新古典經濟學在亞洲的勝利與挫敗

如何理解中國經濟奇蹟呢？從新古典經濟學出發，中國經濟的增長過程可以解釋為在二元經濟條件下勞動力無限供給的工業化過程，是亞洲經濟增長模式的中國翻版，亦是劉易斯二元經濟發展模型（Dual Sector model）的現實呈現。中國經濟的成功，從而被認為是新古典經濟學在亞洲的勝利。於是建立在新古典經濟學基礎上的「華盛頓共識」開始形成並廣泛傳播。所謂「華盛頓共識」，最早是一九八九年針對拉丁美洲經濟凋敝、社會失序問題提出的，但是受到亞洲，尤其是中國經濟奇蹟的鼓舞，後由威廉姆森（Oiver Wiliamson）基於新古典經濟學歸納出十條政策措施，開始推向全世界。有一本很著名的書，就是二十世紀九〇年代亞洲金融危機前，世界銀行組織專家撰寫的《東亞增長的奇蹟》，其中大量篇幅就是用新古典經濟學來解釋中國經濟奇蹟的。

如果用中國經濟現實對照一下，似乎除了利率匯率自由化外，中國經濟體制改革的進程被認為基本符合「華盛頓共識」。如果在這十條中再進一步歸納，有三個基本理念至關重要。這就是：第一，價格自由化。既包括商品價格，也包括生產要素價格，都應是自主定價的，以形成競爭性的市場。第二，私有化。不僅要對國有企業進行私有化改造，更為重要的是要形成對產權的保護，以建立市場經濟的微觀基礎。第三，宏觀經濟穩定化。透過謹慎的財政貨幣政策避免宏觀經濟大起大落，為市場經濟發育創造環境。這些基本概念，成為二十世紀九〇年代解決各國經濟問題的基本出發點，以此來構建經濟體制改革和建設的藍圖，也就被推廣到全世界。

但是，後來的情況證明，這種帶有基本教義派色彩的理念似乎並不是解決一切問題的靈丹妙藥。被認為是新古典經濟學的勝利的亞洲國家出現了亞洲金融危機，即使是當年被認為亞洲國家中表現最好、一九九六年成功從開發中國家畢業而進入經濟合作與發展組織（OECD）國家行列的韓國，經濟也遇到嚴重困難。而在那些嚴格奉行「華盛頓共識」的前蘇聯國家，以徹底的價格自由化、快速的私有化以及依靠國際援助的宏觀經濟穩定化著稱的前蘇聯激進派，如蓋達爾、丘拜斯等推行的改革方案，其效果更不令人滿意，經濟快速下滑、通貨膨脹居高不下、經濟混亂、社會無序、國家分裂，俄羅斯經濟甚至一時被稱為「黑手黨經濟」。

這種狀況促使人們開始反思，傳統的「華盛頓共識」究竟出了什麼問題。這時就出現所謂的「後華盛頓共識」。其代表性著作是曾任世界銀行首席經濟學家的斯蒂格利茨（Joseph E. Stiglitz，又譯為史迪格里茲）在二十一世紀初組織專家撰寫的《東亞奇蹟的反思》（*Rethinking the East Asian Miracle*）。「後華盛頓共識」（Post-Washington Consensus）提出不能一味快速地價格自由化，不能一味快速地私有化，只有在宏觀經濟穩定的基礎上，才能言及其他。

## 為何中國經濟可以持續增長？

在這個背景下，人們開始重新評估中國經驗，發現中國在改革和發展過程中既沒有出現類似亞洲金融危機的現象，也沒有出現類似前蘇聯經濟大幅下滑的現象，而具有持續增長特徵。其中很重要的原因是政府在經濟活動中的地位和作用。至少作為宏觀經濟政策的制定者和操作主體，政府對宏觀經濟的穩定具有不可替代的作用。政府在經濟發展中的作用開始進入人們的視野。

隨著評估和反思的深入，二〇〇四年有人開始揚棄了「華盛頓共識」，提出「北京共識」。其代表人物是喬舒亞・庫珀・雷默（Joshua Cooper Ramo），「北京共識」強調政府在政治、社會、經濟方面的特殊地位和作用。它雖然是從國際政治層面提出的，但是在經濟學領域產生了巨大迴響。我想最值得一提的是諾貝爾經濟學獎獲得者、制度經濟學開山鼻祖科斯教授用其諾貝爾獎金資助的二〇〇八年在芝加哥召開的「中國經濟體制改革三十年」國際會議，以及紀念他百歲生日的相關活動。在上述活動中一個重要人物是張五常教授，他從他的佃農理論出發，將承包制引入對中國政府行為的分析，結論是認為作為對中央政府承包的主體——地方政府對經濟活動的控制和影響是中國經濟成功的主要原因。他認為，中國的縣可以被看作是一家公司、一家機構，因掌握著土地的使用權和轉讓權，競爭性的招商促使了經濟的高速增長。由此，中國政府尤其是地方政府的行為和作用成為了元概念，開始受到很大的關注，成為研究中國模式的核心問題。與此相呼應，中國國內學者也有很多討論，比如北京大學教授姚洋提出中性政府的理論。他認為中國政府是不偏袒任何人利益，以經濟發展為導向的一個中性政府，它是以發展為目的，以GDP論英雄，以政府行為為中心構成了「北京共識」的經濟學分析框架。

但是，「北京共識」在邏輯上也是不周延的。比如說我們不知道一個政府為什麼會是中性的。無論馬克思主義理論還是西方經濟理論都認為政府是一個強力機構，是利益的代表，不會是中性的。即便政府是中性的，那麼這種經濟發展是不是可以持續？其實人們看到，在現實經濟生活中，權力和市場的結合會出現腐敗，出現人們所詬病的裙帶資本主義的問題，順便說一下，姚洋教授也不否認這一點。而多個國家經濟發展的經驗表明，這種問題一旦出現，不但會傷害經濟增長的公正性，甚至會傷害經濟增長的持續性。事實上，總結幾百年市場經濟發展的經驗可以發現，一個強調重商主義，注重經濟發展的發展主義政府本身就是不可持續的。在這方面，可以參考一下前幾年轟動一時的著作，即達龍・阿西莫格魯（Daron Acemoglu，又譯為戴倫・艾塞默魯）和詹姆斯・魯賓遜（James A. Robinson，又譯為詹姆斯・羅賓森）合著的《權力、繁榮與貧窮的根源：為什麼國家會失敗？》（*Why Nations Fail: The Origins of Power, Prosperity, and Poverty*），我想這構成我們現在討論的焦點。其實十八大提出經濟、社會、政治、文化、生態五位一體的改革，要把政府的權力關進籠子裡，使建設型政府轉變為公共服務型政府也正是反映了這一歷史規律。

今天，在關注中國經濟增長是否可持續的背景下，重新討論中國模式問題又成為一個熱點，自然也會有新的思潮出現。在西方國家的討論中開始醞釀一個新的共識，即「孟買共識」。它是美國經濟學家薩默斯（Lawrence Summers）提出的。大家知道中國和印度都是大國，都有潛在的新古典的劉易斯增長條件，但是其增長模式是不一樣的，中國具有明顯的出口導向型特徵，印度則是內需拉動型經濟。按照薩默斯的話講，印度經濟「不受注重出口的重商主義所驅動，並且以人為本，重視提升消費水準和擴大中產階級」。他認為出現上述現象的原因是印度「建立在一個民主發展國家的思想基礎上」，從而區別於「華盛頓共識」和「北京共識」，既不是建立在「自由放任資本主義」思想上，也不是建立在「威權式資本主義」理念上。簡言之，印度經濟模式的根源是其民主制，其經濟增長是「合法的增長」。薩默斯預言，到二〇四〇年「人們將較少談及『華盛頓共識』和『北京共識』，而是更多討論『孟買共識』。因為相對於中國模式，印度模式更具有持續性」。換言之，未來經濟增長模式是印度模式而不是中國模式。

## 關注公平性，中國開放成果惠及全體百姓

這裡就提出一個問題，即**收入分配的均等性問題**。我們知道要提升消費水準就要擴大居民收入在整個國民收入中的份額，而其結果就是中產階級的擴大。但是經濟現實卻似乎不是這樣的。現在全世界都在討論一本書，就是皮凱蒂（Thomas Piketty，又譯為托瑪．皮凱提）寫的《二十一世紀資本論》（*Le capital au XXIe siècle*）。這本書研究了西方經濟三百多年的統計數據，發現資本收入的增長速度一直快於勞動收入的增長速度，當然也快於國民收入的增長速度，其結論是中產階級一直在萎縮。他認為，這種經濟增長顯然是不可持續的。如果將皮凱蒂的研究發現與馬克思的經典著作《資本論》（*Capital*）相對照，可以認為這一發現是在一定程度上重新詮釋了馬克思所提出的資本積累規律。所不同的是馬克思認為受這一

規律支配，資本主義必然滅亡，皮凱蒂則認為可以透過全球徵收資本利得稅來加以改善。如果大家有興趣，可以看看西方馬克思主義學派的一本最新著作，即伊曼紐爾•沃勒斯坦（Immanuel Wallerstein）等五人合著的《資本主義還有未來嗎？》（*Does Capitalism Have a Future?*）。拋開這些爭論不談，至少有一點是確定的，即經濟增長要有公正性，要關注公平性。我想這是全球的思考，我們應在這一全球思考中重新評價中國經濟增長的道路。

正是帶著這樣的思考，我們發現中國經濟正在發生深刻的變化：第一，服務業正在變成第一大產業。第二，消費正在變成最重要的貢獻點。而與這兩點相關的是中國居民收入持續快速提高。過去五年中，中國居民收入增長基本與GDP增長同步，而農民收入增長又快於GDP增長。如果說過去中國經濟增長是不太平衡的，是出口導向的，現在情況已經發生改變。有數字為證，二〇〇七年中國經常項目順差佔GDP的百分之七以上，現在則不到百分之二。接下來，如果中國居民收入增長能按「十二五」規劃提出的那樣，持續與GDP增長保持同步，在二〇二〇年之前，中國居民收入增長就會翻倍。想想看，一個十三億人口的大國，居民收入在十年內翻了一倍，這是多麼大的一個市場。這不但意味著中國經濟的內需在現實的擴大，經濟增長有了可持續的基礎，而且更為重要的是，這是對全球經濟再平衡的重大貢獻，在一定程度上成為世界經濟強勁、平衡、可持續發展的引領力量。

從這個意義上講，中國十八大，尤其是十八屆三中全會所做出的《中共中央關於全面深化改革若干重大問題的決定》正在重塑中國經濟的增長道路，因為它提出要把改革開放的成果惠及全體老百姓，要讓經濟發展的成果為全體人民所共享。經濟增長的公正性、公平性不僅進入議事日程，而且在日益體現。我想這是道路自信的基礎。

最後，什麼是「接地氣」的中國經濟學，我個人理解，如果說在三十年前，當時的中青年經濟學工作者創造的一些概念是「接地氣」的，比如雙軌制、承包制和鄉鎮企業，是因為當時的歷史環境要求我們打破以「大鍋飯」為特徵的僵化的計劃經濟體制，效率優先是人們的基本訴求，在中國經濟已成為世界第二大經濟體的今天，歷史要求我們本土經濟學工作者建立起具有中國特色的效率和公平兼顧的經濟學，並且將它體系化，不僅用於指導當下的經濟實踐，而且也使明天的經濟發展持續化。這就是「接地氣」。用通俗的話講，過去我們的本土經濟學是為一部份人先富起來所做的一種詮釋，今後我們的目標是建立共同富裕的本土經濟學理論體系，這既是中國經濟要解決的現實問題，也是全球的思潮，更是我們中國經濟學工作者的責任。

---

**曹遠征**，於一九八六年在中國人民大學獲得經濟學博士學位，中國國務院政府特殊津貼獲得者，現任若干省政府的經濟顧問。曾長期在中國國家經濟體制改革委員會工作，從事中國經濟體制改革及宏觀經濟的政策制定與理論研究，二十世紀九〇年代後期加入中銀國際控股有限公司，致力於經濟體制改革措施的實際執行，先後主持過中國銀行（香港）有限公司、中國銀行、中信銀行、興業銀行、平安保險、中國海洋石油、中國交通建設集團有限公司、新華文軒出版傳媒股份有限公司等金融和大型國企的海內外重組上市工作。擔任中國人民大學博士生導師，北京大學、清華大學、復旦大學兼職教授。曾擔任世界銀行、亞洲開發銀行、聯合國開發計劃署的專家，以及若干轉軌國家如越南、蒙古國、捷克共和國、哈薩克、吉爾吉斯、烏茲別克的經濟顧問工作。

# 土地制度改革與混合所有制改革

魏傑

大家知道目前中國的情況應該是極其複雜，而不是一點點的複雜。三十年前，就是一九八四年十月，我們來中國人民大學讀書的時候，中共中央剛剛通過了《中共中央關於經濟體制改革的決定》，入校之後就感到中國要發生重大的變化。後來的實踐也證明，一九八四年以後，諸位博士們發表了大量的相關論述，時機讓這些人有了充分展示自己的平台，中國的經濟體制改革在一九八四年真正開始。其實我們的政治轉型開始於一九七八年，真正的經濟體制改革應該是一九八四年《中共中央關於經濟體制改革的決定》制定之後，現在我感覺和三十年前差不多，好像又有一輪重大的事情發生。

## 推動城鎮化，必須突破所有制和行政體制

最近我正在做兩個課題，其中一個是關於城鎮化的課題，因為這是我們改革發展的一個很重要的問題。調查研究發現，按照我們目前的做法根本推不動城鎮化，不僅推不動，而且會出現倒退的情況。不少農民不願意去城鎮落戶，農民為什麼不願意來呢？有兩個原因，一個原因與土地制度有關係，我

們現在的土地制度是所謂所有權、承包權、經營權分開，就是你要擁有土地的承包權，再把經營權交給別人，你必須是集體所有的成員，要有戶口，如果要把戶口遷走了，就沒有承包權了，因此也不可能轉讓土地經營權了，所以城鎮化根本推不動的原因涉及土地問題。現在集體所有土地很奇怪，按人頭算，按戶口算，結果導致你不能離開這個地方，因為離開了，你就不是這個集體所有制的一員，你當然就沒有承包權，就不能把自己土地的經營權交給別人，因此農民不可以離開，人可以走，戶口不能離開，這個問題我估計將來要有重大突破。第二個原因，我們現在僅僅允許農民到建制鎮或者小城市落戶，建制鎮作為正科級的單位並沒有什麼城市規劃權，沒有基礎設施的投資權，沒有民生設施，比如醫院的建設權，更談不到稅費，它沒有這個權力，它的所有收入都要上繳上級政府，因為它是正科級單位。正科級的單位有很多，比如溫州龍港鎮優勢很好，但是它是一個鎮，是正科級單位，沒有城市規劃權。所以，最近提出搞鎮級市，但是要把這三個權力下放了才行，權力不下放，僅僅讓人到鎮落戶沒有意義。所以，目前的行政體制要做重大變動才行，如果目前的行政體系還是這個樣子，不做理論上的真正突破是不可能讓農民願意到城鎮落戶的。我現在是一個村委會的顧問，山東省西王村，這個村子連鎮都不是，但是有十幾萬人口，有幾家上市公司，它是自然形成的一個因為工業聚集起來的村子，但它連鎮都不是，是一個村，就更沒有權力了。這樣矛盾十分突出，因為它不能搞鎮的建設，你要搞就是違法，村裡要建立學校，要修路、修橋，結果村子沒有權力，於是產生了很大的問題。所以，我認為城鎮化要突破，一個是**所有制要突破**，一個是**行政體制要突破**，如果沒有突破我們很難前進，這是一個感想。

## 混合經濟是下一步改革重點

第二，現在搞混合經濟，應該說是下一步改革的重點，結果發現混合經濟目前根本搞不起來，因為一到混合經濟就有不少理論問題，比如非國有經濟混合到國有經濟來了，就有兩個問題：一個是誰控股，有人告訴我，必須國有控股，我問為什麼？他說第一，因為只有國有控股，才能保證我們國防安全，我說好像不對，美國軍工沒有國家控股，沒有國有企業，國防挺安全的。第二，沒有國有控股，就不能造就世界級的五百強。我說美國好像沒有國有企業是世界五百強。他後來告訴我，之所以要國有控股，原因是要技術創新，沒有國有控股就沒有技術創新。我想大家都知道，現在創新最強的是歐美兩個經濟區，它沒有國有控股。後來他說，恐怕有一些民族品牌得國有控股，像一汽、寶鋼。我說如果這樣講，那麼慶豐包子最應該是國有控股，結果是誰控股爭論不下，因為大家沒有搞清楚為什麼要控股，這涉及**國有經濟理論的突破**。現有的理論解釋不了這個問題，如果這一問題無法解決，甚至會使改革出現巨大的逆轉，這是一個混合經濟讓我們感到很棘手的問題。混合經濟的第二個問題是中國共產黨組織。最近我參加了一個企業體制的設置過程，要設黨委。因為我們規定，如果國有控股，黨委有三大決定權力。結果這個混合經濟企業，有美國所有的公司股份，因為美國也投資了，有人問美國股東該怎麼辦，他說我現在不好投票，我投票贊成你們設立黨組織，等於我們支持共產黨，我投票反對，你們說我們反對共產黨。最後的解決方法就是我們有黨組織，但是黨組織不管企業的任何事情，黨組織的主要職責是管黨員，別的事不管。但這個模式能推廣嗎？要推廣，恐怕涉及的理論更深刻了，怎麼解決這個問題，不解決這個問題，我估計很難推動混合經濟的形成。

所以，我覺得混合經濟改革的兩大理論突破必須跟上，一個是**國有經濟理論**，一個是**我們的中國共產黨理論**。否則，我們沒法回答這些問題。所以，參加這次論壇我感覺到，和一九八四年入校的時候差不多，許多重大問題需要回答，而且必須回答。中國人民大學的校訓是實事求是，只有實事求是才能真正推動我們的發展。毛澤東把馬克思主義理論和中國的實際相結合，實事求是，取得了新中國的勝利。鄧小平同志強調實事求是，用中國實踐和馬克思主義理論相結合，拋棄了一些過去的傳統觀念，推動了中國的發展，也推動了馬克思主義的發展。我覺得實事求是這個校訓很有意義，只要堅持實事求是就能解決問題。應該用實事求是這個辦法推動這一輪改革。

---

**魏傑**，於一九八七年在中國人民大學獲得經濟學博士學位。曾任中國人民大學教授、博士生導師、經濟研究所副所長、經濟系主任等職。現任清華大學經濟管理學院教授、博士生導師、企業戰略與政策系主任，兼任中國十三個省市的經濟顧問、十五家企業的經濟顧問、中國國有資產管理學會等五家學會的副會長。一九九一年被評為中國國家有突出貢獻中青年專家。一九九二年成為中國最年輕的博士生導師之一。

# 構建中國經濟學的理論、經驗與數理邏輯

黃泰岩

構建中國經濟學的理論大廈，就跟我們蓋房子一樣，蓋房子首先要有房子的基本特徵和基本樣式，所以現在搞經濟學不能簡單地做事，當然也不能把美國的白宮搬過來說成是中國的經濟學，所以我想中國經濟學的大廈應該是超越了現有理論框架的一個全新的東西，既有包含性、繼承性，還有創新性。我想很難說這個大廈的框架究竟是什麼，當然我們在努力地做這個課題。我想從方法上探討一下，既不是狗窩，也不是白宮的中國經濟學的大廈。構建中國經濟學的理論大廈，就跟我們蓋房子一樣，即使再另類的房子，也要有房子的基本特徵和具備房子的基本要素。所以，構建中國經濟學，就不能離開世界經濟學文明發展的大道。正如馬克思主義經濟學來源於古典經濟學，但又不同於古典經濟學。世界經濟學的文明成果是中國經濟學的重要來源之一，但中國經濟學又必須有自己的特色。把美國的白宮搬到中國，它還是白宮，絕不會成為中國的四合院。因此，構建中國經濟學的理論大廈，既要遵循經濟學的一般規律，又要有中國道路、中國理論和中國制度。這就決定了中國經濟學是超越了現有經濟理論框架的一個全新的理論體系，既有對經濟學一般科學成果的繼承性和包容性，更有植根於中國經濟改革與發展實踐的創新性。

## 要求經濟學研究的理論性和思想性

今天，我只能從一個小的視角，即從構建的邏輯角度談一下我對構建中國經濟學理論大廈的一點想法，向在座的各位專家和同行請教。構建中國經濟學理論大廈的邏輯，概括起來無非有三個：一個是**理論的邏輯**，這是馬克思主義經濟學運用到極致的邏輯。我們這一代老博士今天還引以自豪的就是具備了一些理論邏輯的研究資本，這得益於當年我們認真學習了《資本論》三卷，而且是逐字逐句地研讀，遇到不懂的地方，同學們在一起還爭論不休。期末考試時，老師非常嚴格，不僅考第幾章第幾節的內容，而且還考某一頁下面的註釋是什麼意思，至今我仍記憶猶新。如果說我們還有點兒理論功底的話，就是得益於當年認認真真把《資本論》讀了幾遍，從中學到了理論的邏輯。這個理論的邏輯，現在來說就是要有新思想、新觀點、新範疇、新體系。失去了這些理論的創新，再美妙華麗的工具和模型也不可能構建起中國經濟學的理論大廈。如英國女皇視察倫敦經濟學院時提出「為什麼沒能預測到這次世界金融危機」的發問就令英國經濟學界汗顏。他們在回覆女皇的信中坦陳道：沒能預測出這次危機的時間、幅度和嚴重性，最主要的原因是沒能從整體上理解系統的風險，也就是在金融風險的研究中常常只見樹木，不見森林。此外，有的英國經濟學家還認為，在經濟學研究中，對數學技術的過度偏好使經濟學偏離了對現實世界的觀察和經濟社會發展大局的把握。因此，經濟學家缺乏的是由一套豐富的知識體系形成的一種專業智慧。這就是要求經濟學研究的理論性和思想性，構建一個理論分析框架。

## 強化經驗研究方法

第二個邏輯就是**經驗邏輯**。這就是用世界上各類不同國家的發展經驗以及中國六十多年的發展經驗做兩件事：一是檢驗和修正已有的理論和範疇，該繼承的繼承，該放棄的放棄，該豐富的豐富，發展和完善已有的理論；二是從已有的經驗中總結和提煉出新的理論和範疇，實現理論的創新。雖然在改革上，中國所進行的事業前無古人，沒有可資借鑑的經驗，但在經濟轉型和跨越「中等收入陷阱」問題上，已經有很多國家和地區成功了，同時，也有一些國家陷入了「中等收入陷阱」而不能自拔。跨越和陷入「中等收入陷阱」正反兩方面的經驗和教訓對中國這樣一個處於中等收入階段的經濟轉型國家而言尤為珍貴。強化經驗研究方法，從這些國家的發展經驗中總結歸納出經濟轉型和跨越「中等收入陷阱」的一般規律，為中國發展提供借鑑，避免誤入歧途，將是重要的理論貢獻。同時，中國經歷了六十多年的經濟建設，特別是改革開放三十多年的市場化改革經驗和創造世界經濟奇蹟的發展經驗，為經驗研究方法的運用提供了豐富的資源和廣闊的領域，從中可以總結出改革與發展的一般規律，構建中國特色社會主義經濟理論體系，為經濟學的理論大廈貢獻中國經濟學人的智慧。其實，目前暢銷的《二十一世紀資本論》就是經驗驗證和理論提升的經典之作。再如，大家討論中國能否實現中高速增長這樣一個新常態，有人就認為日本、韓國、台灣、新加坡等經濟體，在經歷了三十年的高速增長之後，都進入了一個增長速度腰斬的發展階段。由此他們得出結論，中國經濟不可能超越三十年高速增長的大限。但是，我們的研究卻發現，這些經濟體之所以在三十年高速增長後出現增長速度的腰斬，原因在於它們實現了工業化、城市化和現代化。日本高速增長結束五年之後，成為高收入經濟體；韓國高速增長結束四年之後，成為高收入經濟體；台灣高速增長結束三年之後成為高收入經濟體。從它們的發展經驗中我們可以總結出一個發展規律，這就是高速增長的結束是和工業化、城市化以及成為高收入的經濟體相聯繫的。中國目前遠沒有實現工業化、城市化和現代化，因而中國完全具備實現中高速增長的基礎和條件。這就是經驗邏輯的結果。

## 廣泛運用數學技術

第三個邏輯是**數理邏輯**，就是對新的理論要做出數理和計量的驗證，找到不同變量之間的數量關係，增強理論的應用性和實踐性。中國的經濟學研究過去重宏觀輕微觀、重整體輕局部、重理論輕技術的偏向的確嚴重存在，因而近些年來許多經濟學人向重視微觀經濟問題、局部經濟問題研究轉變，以及在研究中廣泛運用數學技術，這是中國經濟學走向成熟的一個重要標誌，但也要防止矯枉過正。然而不幸的是，中國經濟學研究中的確出現了矯枉過正的現象，需要盡早引起足夠的警惕，以免重蹈西方經濟學的覆轍。這種警惕在中國尤為重要，主要因為：一是現有的模型和數理工具主要是在西方國家的理論框架和運行體制中生成的，在中國這樣一個與西方國家存在巨大差異的國家中，脫離對模型和工具的中國化修正，就可能出現水土不服而得出錯誤的結論，最好的結果可能就是努力到最後，只能在西方的理論框架中增加一點中國元素，就像電影《變形金剛》當中讓李冰冰短暫亮相而已；二是由於中國制度和體制總是處在不斷改革變遷中，這種制度和體制的不確定性大大損害了模型和數學技術運用的有效性。

我們必須要把理論邏輯、經驗邏輯和數理邏輯有機融合起來加以運用，才能構建出真正既符合經濟學一般發展規律又接中國地氣的，擁有中國風格和中國氣派的中國經濟學的理論體系。

---

**黃泰岩**，於一九八八年在中國人民大學獲得經濟學博士學位。現為中央民族大學校長、教授、博士生導師，中國人民大學中國民營企業研究中心主任、中國經濟改革與發展研究院教授，第十二屆全國人大代表，「全國高校社會主義經濟理論與實踐研討會」年會秘書長，中國經濟發展研究會會長，被中國國務院學位委員會授予「做出突出貢獻的中國博士學位獲得者」榮譽稱號。先後入選北京市第一批跨世紀人才、教育部第一批跨世紀人才、教育部第一批人文社會科學長江學者特聘教授等。

# 經濟學研究的四大環節

金碚

問題是經濟學到底是什麼？俗話說「沒有金剛鑽，不攬瓷器活」，經濟學手中的「金剛鑽」到底是什麼？首先經濟學是研究什麼的？它的對象是什麼？馬克思主義說政治經濟學研究的對象是生產關係，西方經濟學說經濟學研究的是資源的配置。但是，無論如何表述，我們有一個模糊的概念，就是經濟學家想研究「經濟」，但問題是「經濟」是看不見，摸不著的，這個研究對象很難把握。

## 概念化、概念邏輯化、指標化和統計化

那麼，經濟學家唯一的辦法就是要製造概念，把一個本來是連續的世界，用定義概念的方式來把它概念化，否則你沒有辦法觀察它、把握它。所以，經濟學首先要創造概念。比如說供給、需求、投資、消費，都是經濟學家們創造出來的概念。用這些概念來把握我們需要觀察和認識的客觀現象。問題是所有經濟學的概念都是很難精確定義的，可以說，沒有一個經濟學的概念可以精確定義，比如什麼叫需求，什麼叫供給，什麼叫投資，什麼叫消費，很難精確定義。這些概念都是對現實過程中各種事物和現

象的觀念抽象。也就是說，我們只用了一個歸納邏輯的方式製造了這些概念。總之，經濟學家做的第一件事情是把這個現實世界概念化，或者叫「定義概念」。

有了被定義的概念之後，我們要做的第二件事情是要讓**概念邏輯化**。黃泰岩校長講，我們要構造一個邏輯。經濟學是什麼？經濟學希望用一個演繹邏輯構造一個具有內部一致性的概念體系，無論是馬克思主義經濟學，還是西方經濟學，都是希望在一些簡單假設和定義的概念基礎上構造一個具有邏輯一致性的思維構建，也就是要把被定義的這些事物和事件放到一個具有邏輯一致性的框架中去理解。這是經濟學家做的第二件事情，即「構建邏輯」。

構建邏輯以後，就能研究現實了嗎？還是不行。所以，第三件事情必須要進行**指標化**，你要把所有這些概念邏輯用指標來表示。比如經濟學定義的統計概念中所說的「投資」到底指什麼？企業買了車叫投資，私人買了車就叫消費，企業買家具是投資，個人買家具叫消費。但是個人買房子，就不是消費而是投資。但是不管怎麼樣，為了我們能夠觀察世界，我們必須把這個概念和邏輯體系指標化。而指標都是具有主觀性的。有了指標還不夠，光有指標沒有用。

我們要做的第四個事情就是要把它**統計化**。就是這個指標我們是可以統計的，最後是可以變成數字的，如果沒有可統計的數據，經濟學就無法刻畫研究對象，不具有應用價值。所以，經濟學最低限度要有這四個環節，我們手中的「金剛鑽」，就是經過這四個環節產生的。

那麼，在經過了這四個環節之後，如何看我們需要觀察的現實呢？這就會產生一系列問題，有很多的疑點。第一個疑點就是概念，概念的設定帶有很大的主觀性，馬歇爾說過這個問題，世界本來是連續的，對於一個本無界限的世界我們要定義概念，一定會產生很多偏離。第二，我們構建這個邏輯體系，把它精確地構建為一個演繹性的邏輯體系也很難。所以，經濟學家找到另外一個辦法，什麼概念可以精確定義呢？數學可以精確定義。所以，我們在經濟學的研究中逐漸走向一個方向，就是用數學的概念來代替經濟學的概念，它解決了一個邏輯精確定義和可以進行嚴密邏輯推演的問題。它解決了這個問題，但是它同時產生了另外一個問題——遠離現實。

## 研究中國經濟現象，就看待中國客觀現實

所以，現在我們研究中國的經濟，我們的研究對象是中國的經濟現象。那麼，經濟現象中包括的一個最基本的問題就是人的行為。無論你講資源有效配置也好，馬克思主義中的生產關係也好，本質上都是人的行為。但是，在經濟學中你必須首先要定義和假設人的行為。問題是人和人是非常不同的，中國人和美國人的行為可能差別很大。比如說什麼叫消費？什麼叫效用最大化？在一個西方人看來，所謂效用最大化就是我一輩子生產的東西是我一輩子的收入，能夠在我這一輩子使它轉化為我的消費，我就是利益最大化了。所以，西方經濟學裡面有兩個最基本的概念，一個就是消費傾向，短期的消費傾向。後來弗里德曼說，用短期的消費傾向來解釋不理性，理性的應是用生命週期來解釋，即一輩子生產的東西、創造的東西，變成你一輩子的效用，你就是理性的人，你就是實現了最大的個人效用福利。美國人可能是這樣，但是中國人不是這樣。中國人在個人的消費函數中加了一個很重要的因素，就是他希望一輩子創造很多收入，積累很多財產，要把財產傳給他的子女。中國人在行為上和西方人差別很大。日本經濟學家大前研一調查說一個日本人去世的時候，據統計平均有七千多萬日圓的剩餘，問一個日本人

說，你會用七千多萬日圓的剩餘幹什麼，日本人說不知道，所以大前研一認為日本經濟的衰退和日本人的心理有關：老年人不知道如何花錢，不存在會使自己一生的福利最大化的「理性」。而問西方人，如果你在去世的時候有二十萬歐元，或者二十萬美元，你會幹什麼？百分之八十的西方人說，我不會有這麼多剩餘的，當我去世的時候，錢都用光了並且不欠錢就行了，也就是說西方人的行為是百分之八十的老人沒有剩餘，或者認為有剩餘是「不理性」的。但是，如果問中國人，百分之八十的中國人會說，更多的財富會讓我的子女來繼承。中國人不僅要為自己買房子，還要為子女買房子。總之，中國人、日本人、美國人各不一樣。但是，在經濟學中，我們定義人的行為的時候，好像所有的人都是一樣的。所謂「經濟人」就是無民族、宗教、文化等一切差別的「理性人」。這樣的經濟人在現實中不存在，但經濟學必須這樣定義人的行為，否則難以構建嚴密的演繹邏輯的概念體系。

所以，當我們研究中國現實的時候，遇到的第一個問題是中國的客觀現實和美國及其他國家都不一樣。所以，我們要知道中國人的行為是什麼，然後我們才可以定義符合中國人行為的經濟學概念，定義這個概念以後，我們才有可能做後面幾個環節的事情。所以，如果我們在這兒討論中國模式，或者中國的經濟學，我們大概還是會遵循經濟學最基本的方法和邏輯。因為不可能直接地把握客觀現實，你必須要製造概念，然後必須要構造邏輯體系，必須要把它指標化，必須把它可統計化。

我們可以看到，中國經濟學界目前在這四個環節上所做的事都還很不夠，我們現在的概念、我們現在的指標，以及我們基於這些指標和概念所形成的統計數據都和現實有很大的差距。所以，我們在做經濟研究的時候很困惑，我們拿不到數據來刻畫當前的現實，我們的數據離現實太遠了，連統計局也承認太遠了。但是，數據距離現實太遠不是我們的過錯，是經濟學的性質所致。所以，在座的各位，有老博士，也有年輕的博士、年輕的經濟學家，我想我們將來要構造一個中國的經濟學，或者是符合中國國情的經濟模式的話，博士們還有很多研究工作要做，要把我們手中的「金剛鑽」打磨得盡可能有力了，才有可能得出符合中國國情的結論。

---

**金碚**，於一九八九年在中國人民大學獲得經濟學博士學位，中國社會科學院學部委員，博士生導師，享受中國國務院政府特殊津貼專家。中國區域經濟學會會長兼理事長、中國工業經濟學會副會長；《中國經營報》社長；*China Economist*（期刊）主編。曾任中國社會科學院工業經濟研究所所長。曾獲中共中央宣傳部精神文明建設「五個一工程」著作獎、中國圖書獎、孫冶方經濟科學獎、首屆中國出版政府獎、中國社會科學院優秀成果獎等二十多項國家級和部級獎項。

# 實事求是，做好中國經濟學的研究

李揚

大家都知道，我是做金融研究的，也順帶研究財政，一直都是形而下的，讓我一定要講一個形而上的題目，就是講思想、講中國經濟學的問題，我考慮再三，還是講一講，雖然我不熟悉，但是有一點心得。我講三個方面。

## 建立屬於中國自己的經濟學理論

第一個方面，這個事很難做，但是應該做，是可以做的。說它很難做，是基於我的一些實踐。大家都知道，二十世紀末，在黃達校長的支持下，我們編寫了一本《中華金融辭庫》。辭庫的前言是我寫的，我想要講講中國的金融學問題，就是我們這個範疇的，黃老師說該講，但是不好講，他說你可以試一試。怎麼試呢？我們先後開過三次全國性研討會，討論我們中國學者研究金融學這麼多年，能留下什麼？**什麼是理論，什麼是我們的貢獻**。第一次我們讓一百名搞金融研究的教授推薦，自己的也行，別人的也行，結果是五花八門，看了之後非常的遺憾，我們能夠稱為理論的很少。中國經濟學，必須要符合這些要素：理論；穩定的概念，內容恆定的概念；範疇及背後的邏輯；它的方法，這一點中國金融學裡面非常少。而且在這個過程中我們發現，中國經濟學界對於理論太過於輕率，什麼都是理論。有人率先提出中國的銀行要進行市場化改造，認為這是理論，然後要推薦，這種事情太多了。我從頭到尾主持這個事情，經歷了幾次，我知道這個事情不容易。這是很多原因導致的，其中一個很重要的原因就是我們基本的理論素養不高。如果推而廣之到經濟學，我覺得困難肯定是相同的。不光是難在實踐，還難在我們這些人，我們的素養、我們的訓練是不夠的。

我說它應該做，而且可以做，就是因為經濟學、金融學作為一個致用學科，是對實踐的總結。你實踐中有這個東西，這個實踐被證實是有效的，是成功的，它背後一定有一些值得總結，而且是可以推廣的經驗。我們經常聽到外國朋友說，中國經濟這麼成功，一定是因為你們做對了什麼。所以，希望我們把我們做對的東西總結出來，我覺得外國人說的話很中肯，我們要把我們做對的事情總結出來。在中國，只要過去沒有，就說它是創新，這太輕率了，創新為何物？把小事情說成大事情，是很惡劣的學術風格。我在我們社科院大聲疾呼，不要不知學術為何物，不知理論為何物，把亂七八糟的東西都說成理論。你翻過來是創新，調過去也是創新，再翻一遍還是創新，這沒有道理。所以，創新一定要有我們自己的學術背景。

回過頭來，為什麼要做呢？我們這幾十年來，確實做了很多有價值的東西。這些有價值的東西，它是不是具有理論性，別人是不是可借鑑，有一個參考標準。現在國際社會上流傳一句話，叫做「中國改革開放摸著石頭過河，印度摸著中國過河」。它就說明，中國過去做的一些事有可複製性，有規律。別人拿去之後，馬上GDP就能增加一個點，這個東西就是我們的經濟學，我們的理論。由此看來我們做對了很多事情，這個東西確實是以成敗論英雄，不管我怎麼做的，我成功了，對致用來說，這是最終的標準，這是我想說的第一個標準。

## 如何找到中國的經濟學？

第二個方面，既然我們承擔這麼重的歷史責任，我們就要找到中國的經濟學，我們從哪些土壤中來尋找理論的結晶？我想第一是**從實踐中和既有的理論中尋找**。對中國來講，我們很好地總結我們過去幾十年的事情是至關重要的。我們其實沒有總結好，經濟怎麼就上來了，怎麼就下去了，經濟增長還沒搞清楚，就下跌了，我們所有事情都沒有很好地總結。在已開發國家，像美國，它那種學術的傳統，學術的規範是非常好的。大家都知道，在本輪危機中，美國聯儲局主席本・伯南克（Ben Bernanke）是一個研究危機的專家，大家知道，在美國，研究二十世紀三〇年代的危機是一個學科，社會科學、社會現象不能做公共實驗，所以危機中暴露的事情值得我們反反覆覆地發掘，伯南克就是研究危機的專家。伯南克的精神是值得我們學習的，我們有太多的重要工作沒有做，「狗熊掰玉米，掰一個丟一個」，再回過頭來做，我們有多少回過頭來可以做的東西，理論研究還是要持之以恆。

第二是要**從中國經濟學的傳統中去找**，這個方面我真是做過一些功課，請教過一些專家。主要出發點是「經濟」一詞是從哪兒來的？我們在學校裡得知，它是從日語翻譯過來的，但是有專家經過非常詳細的考證說，「經濟」這個詞是中國的。早在唐朝就有非常完整的關於經濟的這樣一種說法。而大家經常會說，這個詞是從日語翻譯過來的，其實查找日語原文，日本人說，「經濟」這個詞是從中國翻譯過來的。這個事情我相信，倒不是說我盲目自大，我相信它也是因為基於我的一個實踐。二十世紀九〇年代初的時候，我參加了中國國家土地管理局的一個課題，就是中國城市土地使用權管理的改革問題。目標是想讓土地使用權能夠流轉，現在的土地使用權流轉辦法都是我們那個時候設計的。為了做這個課題，兩年內我跑了很多國家，一開始我們受到很大的衝擊，我們才知道土地能夠界定出很多可以交易的權利，瑞典經濟學家告訴我們，土地可以界定出一百多種權利，每一種權利都可以交易。這就是現代經濟學的基礎，就是產權理論，這真是讓我們大開眼界，我們學了很多東西，結果瑞典的經濟學家說，我們是從中國學來的。他說，在宋朝有很多傳教士到過中國，你們那個時候的地主就知道地板權、地表權、地下權，中國土地出租的制度就是把物理上不可移動的地分成很多權利進行交易，說這是我們從你們那兒學過來的。我認為西方的現代經濟學最精髓的東西實際上在中國，我們肯定沒有很好地去繼承。當然，仔細看一看，特別是我很關注在二十世紀三〇年代中國經濟學家所做的努力，我們汗顏，我們那個時候的學術水準是世界最高水準的，我們現在半點都沒有學到。中國經濟學其實有自己的一套，比如中國經濟學在意義上和西方經濟學就不一樣，西方經濟學是從個體出發構建出一套體系來，中國直接就是經邦濟世。我們的科舉制度，考的就是經濟學、管理學，中國不缺這些東西，中國有非常好的傳統。所以，講到這個地方，我想說，我們今後所謂中國的經濟學，絕對不是中國的東風壓倒西風，或者西風壓倒東風的意義，我們潛在的還是那個意思，經濟學是多元化的。我們不要定義於一幀，因為世界文明是多樣的，每個文明都會產生與自己相適應的理論體系，這套理論體系是獨一無二的，不可替代的。所以，我們講中國經濟學，不是要樹立完全取代西方經濟學的一套體系，而是要產生一套能夠說明中國經濟運行的一些道理、一些規律的東西，而且這些東西使得那些跟中國情況差不多的國家可以複製。這就是我們的一些東西。

第三是要從西方的理論中學。馬克思就曾經說過，有法國的經濟學，德國的經濟學，英國的經濟學，說得很清楚。其實這就是說，經濟學，哪怕我們籠而統之地說西方經濟學，也是多樣化的，我們應當多樣化地吸收。當然，第四個來源是中國之外這些國家的實踐。這些年來發生了非常大的變化，可以說是翻天覆地的變化，對這些變化，我們應當吸收。這是第二個方面。

## 實在地研究中國問題

第三個方面，我的看法非常清楚，就是我們現在應該少談主義，少空想，應該實實在在把中國的問題研究清楚一兩件，我完全同意魏傑，像我們研究到這個地步，根本得不了諾貝爾獎了，所以我多樣化，要研究一些問題。基於這個思路，我這些年，還有我們社科院很多人在琢磨，覺得至少有四個方面的東西是可以有中國特色的。

第一，關於工業化這個問題，可能有些人覺得就是一個小事情。我想大家都知道，最近有一個計量史學的成果，就是透過計量史學的研究，認為兩千多年來，這個世界只發生了一件事，就是工業化，其他事都不重要。工業化之前，包括中國都符合馬爾薩斯循環，人多了，引起勞動生產率的下降，從而實際收入降低、生產力下降，於是饑荒、瘟疫出現，使人口急劇減少，人均佔有耕地的面積大幅度回升，收入又再度回升，週而復始，中國是這樣，外國也是這樣。

但是，工業革命打破了這個循環，因為工業革命之後，財富才可能積累，工業革命之後，我們才能進行迂迴生產，因為有了迂迴生產，我們大量的科學技術就可以實物化，可以被繼承，可以被改造，進一步地迂迴發展，使得我們最終擺脫了馬爾薩斯循環，這非常重要。中國可以說是這些開發中國家唯一擺脫了馬爾薩斯循環的大國。那麼，原因何在？這需要討論。

那麼，計量史學的結論是什麼？工業革命很重要，這就要探討了，它在什麼條件下能夠發生。西方的結論說是憲政，還有是政權更迭的一個非暴力性。我們說它是不完全的，不徹底的，其實現在看來它是好的。於是有人就要把它套過來了。但是，中國顯然不是在憲政的情況下實現工業化的。我們的祕訣在哪裡？比如曹遠征說的承包制，可能就是一個祕訣。政府的積極作用，很可能就是祕訣，我不是靠憲政激發所有人的活力。我們要做的事情，是應當總結中國如何越過了工業革命的坎兒，使得我們進入了一個發達經濟體的路徑，這是可以總結的，外國人最羨慕的就是我們這方面。

第二，與此同時，人口紅利的產生、消亡，以及它的再現。人口紅利是發展經濟學的一個很核心的概念，大家談得很多了。但我們談的時候，都忘了一件事。我們上學的時候，人口被說成了中國的什麼事件？癌症。老師無一例外都說，中國人口是沒治的了，因此中國經濟是沒治的。它何以就成了紅利了？今天我們說所謂紅利消失是因為人口少了，又涉及毛澤東所說的「眾人拾柴火焰高」，還有人說，人是口，所以要控制人口，現在我們實現的是毛澤東為我們提供的人口紅利，因為我們多生了孩子，在這個時間段，我們的人口參與率提高了。但是，人是手，壓不住口。老博士們都有這個經歷，上山下鄉，因為城裡面養不活你。但是，它今天怎麼成了一個紅利了呢？我們覺得它的根源還是與中國完成工業革命的那些制度因素是密切相關的。我認為把這個問題研究好，我們才能研究人口紅利失去之後，我們怎麼再造人口紅利，這個問題其實是需要研究的。

第三，政府的作用。在西方經濟學裡面，政府是一個社會不得不忍受的負擔，姚洋說，所謂中性政府，是非常抽象的。我想說，在中國，我們要論證的是好的政府，怎麼樣做一個好的政府。一個好的政府，如何對經濟增長起作用。試想世界上哪一個政府像中國這樣，哪一個政府它的人民稱它是父母官，哪一個政府講為官一任，造福一方。反過來我們人民在骨子裡希望有一個清官，和美國人相反，美國人絕對不希望有什麼中央政府，這是文化的差異，是政治制度的差異，是歷史傳統的差異，而且中國這個文化，這個制度，這個傳統，有五千年歷史，美國歷史才那幾百年，你有什麼理由說我這個不好。我們的任務就是把我們這邊的特徵總結出來，拿來和它做比較。這個問題其實很大，因為經濟學家也都看到了，中國成就的一個很關鍵性的因素是因為政府發揮作用，所以西方國家順手就從西方經濟學中拿一個概念，說中國是國家資本主義，無非是國家出面搞資本主義，說這個，承認了我們國家有用，但是要拉到他那個框架中去解釋，這恐怕是不行的。

我記得我們老博士們在上本科的時候，大家都去買《馬克思恩格斯全集》，裡面很重要的一篇文章，就是馬克思認為東方社會和《資本論》中所承認的社會是不一樣的，大家回想一下，當時經濟學裡面講的生產方式、哲學裡面的異化，馬克思認為這些概念也是不一樣的，既然不一樣非要塞到共同框架幹什麼呢？我們為什麼不能發掘出我們經濟學的一些特點呢？還是曾經說過的那句話，是多樣的。

第四，城市化的問題。中國城市化走到了一個十字路口，走不下去了，我們再回頭想，我們是不是看出了中國的城市化是有中國的特殊道路，或者說是特殊涵義，不該這麼搞呢？從起點來看，歐洲的起點是先進的農村、落後的城市，在中世紀的時候，中國從來都是先進的城市和落後的農村，起點不一樣。鄉村統治城市是歐洲的特點，中國何時有過鄉村統治城市，歐洲在那個起點談城市化，跟我們這個起點談城市化，根本是完全不同的事情。如果起點不一樣，我們對城市的理解也不一樣，城市的形成過程也不一樣，不能用外國的標準來規範我們。用他們的標準就搞錯了，中國國家發改委搞了一堆規劃，規劃到現在，離實際太遠了。關於人的城市化，魏傑很清楚，農民不願意城市化，怎麼辦？所以，產生於東方社會的這種中國經濟，它的城市化，它的涵義，它的起點，它的過程，它的影響要重新考慮。我們考慮的這些東西，印度可以直接拿去借鑑，巴基斯坦，包括非洲都可以直接拿去借鑑，它們和我們是一樣的，它不是先進的農村和落後的城市之間的差距。我們社科院有一位教授說大家都誤會了這樣一個過程，所以才會有一大堆的曲折。

總之，結論就是我們應當少談點主義，多研究一些問題。

---

**李揚**，於一九八九年在中國人民大學獲得經濟學博士學位。現任中國社會科學院黨組成員、副院長，中國社會科學院首批學部委員、研究員、博士生導師，第三任中國人民銀行貨幣政策委員會委員，中國人民大學、北京大學、復旦大學、南京大學、中國科技大學等大學兼職教授，中國金融學會副會長，中國財政學會副會長。一九九二年獲中國「國家有突出貢獻中青年專家」稱號。同年享受中國國務院政府特殊津貼。二〇〇二年獲「全國傑出專業技術人才」稱號。曾五次獲得孫冶方經濟科學獎。

# 經濟增長與收入分配

# 收入不平等：歷史、現實及未來政策選擇——從皮凱蒂《二十一世紀資本論》談起

曾湘泉

皮凱蒂《二十一世紀資本論》的英文版有六百多頁，我認真地看了一遍。國內外對此書都有熱議，北京大學陳平教授寫了一個評論，對這本書有很高的評價。北京師範大學李實教授的評論也比較正面。我想從皮凱蒂這本書的觀點講起，就收入不平等的歷史、現實及未來政策的選擇談談我個人的一些觀點和想法。

## 皮凱蒂告訴了我們什麼？

收入分配問題已經成為討論的一個熱點。最近中共中央政治局召開會議，審議通過了《中央管理企業負責人薪酬制度改革方案》，中國央企高管限薪標誌著新階段收入分配改革提上議程，甚至導致中國國有企業員工都有些緊張，擔心自己收入會減少。改革開放三十多年，取得了很大的成就，但也產生了

很多經濟和社會問題，其中之一就是收入分配差距不斷擴大。皮凱蒂《二十一世紀資本論》的出版，引起了較大迴響，跟當前面臨的這一問題有關。

這本書出版以後帶來了不少爭議，但總體來說，正面的肯定比較多。比如世界銀行研究全球收入分配的專家布蘭科・米蘭諾維奇（Branko Milanovic），認為這是經濟思想史上具有分水嶺意義的著作之一。諾貝爾經濟學獎獲得者克魯格曼教授（Paul Robin Krugman）在《紐約時報》連發三篇評論，盛讚它是本年度最重要的經濟學著作，甚或將是這十年內最重要的著作之一。反對的意見如基金經理丹尼爾・洛布（Daniel Loeb），他在《華爾街日報》撰文，憤怒指責該書對金融資本賺取回報的概念抱有中世紀式的敵意。

那麼，皮凱蒂在這本書中到底告訴了我們什麼呢？第一個是他認為庫茲涅茨（Simon Smith Kuznets，又譯為顧志耐）「倒U形假說」（inverted U curve）失效。庫茲涅茨在一九五五年《美國經濟評論》（*American Economic Review*）發表的〈經濟增長與收入不均等〉（*Economic Growth and Income Inequality*）的文章所用數據是一九一〇至一九五〇年，期間發生了兩次世界大戰，皮凱蒂認為這段期間收入不平等下降的原因是戰爭導致的。而一九八〇年以後，美國收入不平等情況不斷加劇，皮凱蒂認為，在很大程度上，是從政治向歷史的回歸。皮凱蒂沒有用基尼係數（Gini coefficient），而是用不同階層收入佔比這一指標來描繪收入不平等程度。他使用的跨度最大的數據是從公元起點到現在，主要的數據是一八七〇至二〇一〇年。從總數據圖上可以看出，一九三〇年時，美國、英國、法國、德國最富裕的前百分之十的階層佔國民收入的比重都在歷史的高點，隨後一直下降，從一九八〇年又開始上升，二〇一〇年又回到了二十世紀三〇年代的高點。一九一〇至二〇一〇年盎格魯撒克遜國家最富裕的百分之一階層國民收入佔有率變化，也存在著同樣的趨勢，即下降後又開始不斷上升。同時，當皮凱蒂把總收入再細分為勞動收入和資本佔有時，也發現了不平等的存在。就勞動收入而言，雖然各國不平等程度不同，但總體上勞動收入前百分之一的群體佔總勞動收入的份額偏高，皮凱蒂的許多數據證明了這一點。就資本佔有而言，皮凱蒂研究了不同階層佔有的總資本比重，發現這方面的不平等程度很嚴重，在最不平等的美國，前百分之十的群體已經佔有了社會全部資本的百分之七十。

特別應提到的是，皮凱蒂解釋了為什麼收入差距在二十世紀五〇年代以後不斷擴大。在國際上經濟學家對此已有很多的解釋，而皮凱蒂的觀點很明確，這就是承襲制資本主義的回歸。第一，皮凱蒂透過數據展示，資本收入佔總收入的比重是不斷上升的，包括從現在往後延長預測的數據都有這一趨勢，這就否定了資本和勞動要素佔總收入比重不變的卡爾多典型事實（Kaldor typical facts）。第二，皮凱蒂研究一八七〇至二〇一〇年的世界資本稅前回報率與經濟增長率，發現資本回報率遠高於經濟增長率，過去三百年之間，資本回報率大約在百分之四至百分之五之間，而經濟增長率平均在百分之一至百分之二之間。第三，皮凱蒂用數據展示了遺產流量佔國民收入比重很高，說明遺產的代際相傳強化了財富地位。以上幾方面都導致在收入分配中資本收益遠高於勞動，強化了社會收入分配的不公平。皮凱蒂選取的國家主要是美國、英國、德國、法國，即歐美的一些主要國家。因為研究要獲得三百年的數據，包括中國在內的開發中國家受制於數據紀錄保存方面的問題而無法提供。從方法上來看，他的研究其實並不複雜，但是這個結論確實還是有震撼力的，為什麼？他確實發現了**全球收入分配的比例是嚴重的不平等**，尤其是資本收入在總收入中佔這麼高的比例，這意味著承襲制資本主義的回歸，個人致富主要依靠上代人遺留的財產。

對於這種收入分配不平等的後果，皮凱蒂也提出了一些分析，雖然在這本書裡講的不是很多。比如，在某種程度上解釋了一九二九年的經濟危機和二〇〇八年的金融危機。非常巧合，一九二九年的金融危機在資本收入比最高的一九二八年之後爆發；而二〇〇七年的資本收入比是最高的，二〇〇八年就爆發了金融危機。不斷增長的不公平性使中低收入階層的購買力持續偏低，這樣的家庭會從極端自由化和缺乏監管的銀行和金融機構借債，槓桿率非常高，最終會爆發危機。

皮凱蒂對我們啟示最大的、有很大衝擊的結論是，從歷史長河的角度，他發現，**沒有極高的財產存量就不可能獲得極高的收入水準**，「透過勞動、努力和才能去獲得經濟上巨大成功的年代」已不復存在。「我們正在倒退回承襲制資本主義的年代，在這樣的制度下，經濟的制高點不僅由財富決定，還由承襲的財富決定，因而出身的重要性要遠遠高於後天的努力和才能。」資本主義社會的階層已經被固化，一般階層已經很難獲得向上流動的機會，而社會流動的降低無疑會帶來社會活力的下降以及社會矛盾的激化。這就是皮凱蒂告訴我們的內容。

## 中國收入分配不平等的狀況和挑戰

中國收入分配問題已經受到社會的高度關注。中國收入不平等程度已經達到半個世紀以來的最高水準。研究表明，中國的基尼係數，如果算上保障福利，大概已達到〇・五二。當然，中國國內也有很多不同的觀點，比如西南財經大學做了一項中國家庭金融調查，得出的結論是，中國的基尼係數是〇・六一，儘管收入分配的專家都認為這項調查的計算存在很多問題，比如，樣本及計算可能不是很嚴謹等，但不可否認的是，中國的收入差距的確在不斷地擴大。

是什麼原因導致中國收入分配不平等擴大呢？這有很多解釋，透過微觀數據進行的實證研究發現，與戶籍、性別、經驗、所有制等因素都有關，但是這些影響都在下降。而教育、壟斷、企業規模等對收入不平等的貢獻在上升。同時，與已開發國家相比，我們個稅的累進性較高，但平均稅率偏低，導致個稅政策調節收入分配的作用有限。

那麼，對於皮凱蒂描繪的事實是否也適用於中國，李實等教授做了測算，認為在過去的二十年中，中國的資本收入比也有不斷上升的趨勢。只是與皮凱蒂所描繪的西方社會不同，中國的社會資本總量中，國有資本佔相當大的份量，它對收入分配和財富分佈的影響會以不同形式出現。但是，中國的財產分佈差距正在逼近西方國家，甚至超過部份歐洲國家。最新研究表明，現在中國居民財產分佈的基尼係數已經超過〇・七。

勞動份額在要素分配中不斷下降的原因存在很多不同的解釋，包括二元結構論、勞動關係論、制度論等。二元結構論認為，中國農村有大量剩餘勞動力流向城市，勞動力供給大於需求，導致農民工工資水準較低。這可以解釋過去一段時間的情況，但現在，特別是從二〇〇六年開始，青年勞動力下降，出現了勞動短缺，情況開始發生變化。勞動關係論是從僱主與僱員力量對比角度分析的，其涵義是，中國的集體談判和集體協商制度的缺失導致勞動在分配中處於弱勢地位。制度論則認為，我們的地方政府為提高GDP政績，競相壓低工資、吸引外資，即以損失勞動者利益為代價換取了經濟發展。

收入分配惡化對中國社會今後發展最大的挑戰是，中國面臨掉進「中等收入陷阱」的危險。「中等收入陷阱」的概念是世界銀行提出來的，雖然迄今對此缺乏很好的理論分析，但它的確描繪了一個事實。即統計上發現，相當多的中等收入國家從中等收入向高收入過渡的時候，比如說阿根廷、巴西、菲律賓等國，陷入了經濟增長的停滯期，導致在中等收入階段徘徊，掉進了所謂「中等收入陷阱」走不出去。為什麼會這樣，如何去解釋「中等收入陷阱」呢？中國人民大學美籍教授羅斯高（Scott Douglas Rozelle）認為，這主要是新興市場經濟國家在跨越貧窮之後，由於缺乏創新，無法獲得新的價值增長點，同時又失去了傳統的低成本優勢導致的結果。我們知道，我們過去主要依靠的是勞動的低成本，出口獲得外匯，獲得我們經濟增長的資本來源。現在，中國要轉型，要向高收入過渡，需要找新的增長點、新的發展模式，不可避免地將遇到這個問題。特別值得關注的是，統計數據表明，凡是沒有走出「中等收入陷阱」的國家都是收入差距比較大的國家，包括阿根廷、巴西、智利、馬來西亞，這些國家的基尼係數都在〇・四之上，而成功跨越了「中等收入陷阱」的國家則都是收入差距比較低的。

## 未來政策的選擇

從中國的收入分配來講，很多問題討論得已比較充分，包括對造成收入分配差距擴大的原因分析、可供選擇的政策措施等。但是，實際推動也很緩慢。比如，大家現在看到的對國有企業收入分配改革的設想，其實已經討論了很多年，現在才開始有所動作。我認為，未來改革的政策選擇無非涉及兩個方面的內容：一個方面是短期的政策選擇，另一個是長期的戰略考量。

就短期而言，第一，是涉及稅收制度的改革和推進。首先，中國應該開徵遺產稅和財產稅，在個人所得稅模式上實行綜合制的個人所得稅模式而非中國目前的分類所得稅模式。中國縮小收入差距的緊迫性已經凸顯。三十多年前中國不存在的貧富代際傳遞問題，現在已經擺在我們的面前。瑞典經濟學家繆爾達爾曾有一個因果循環累積原理的表述，即窮人為什麼窮？其原因就是因為窮，沒有錢就不能接受好的教育，沒有錢，兒童幼年沒有好的營養和健康，最終使下一代子女淪為貧窮。富人為什麼富呢？因為富，有錢，能夠接受很好的教育，最終在勞動力市場上有好的工作，較高的工資。即「窮即窮，富即富」的原因。所謂因果循環累積原理，就是貧富的代際傳遞，中國國內最新的收入分配研究已經開始關注這個問題了。所以，從稅收功能來講，到了針對遺產、財產去考慮解決這個問題的時候了。另外一個重要的措施是要推動建立職工工資正常增長機制，健全集體談判制度，保障職工的正當權益。我們強調要提低、擴中、限高，其中提低，就是要建立正常的工資增長機制，包括公務員的工資，包括企業員工的工資等，這樣才能透過增加收入來擴大內需。最後，要轉變政府職能，加強再分配的轉移支付力度。

從長期戰略來講，第一，中國要確立長期的收入分配戰略，包括縮小收入分配差距的願景和目標，實施收入分配改革並推進增長和發展的戰略舉措等。我自己認為皮凱蒂這本書也有一些不足，甚至存在著一些資本主義的空想或構想，比如全球徵收財富稅。世界範圍內收入分配差距擴大這是事實，各個國家的政府都看到了，為什麼行動起來卻慎重得多，這與各國的發展戰略有關。比如，在二〇〇八年金融危機之後，八國集團開會，時任法國總統薩科齊就提出，要對華爾街這些金融巨鱷實行限薪政策，而美國卻遲遲未能有實質性的舉措。問題就在於，收入分配不平等的問題相當複雜，不能就分配來談分配。大幅度的壓縮金融領域員工的收入有助於縮小差距，為什麼美國不做這件事情呢？因為美國的發展戰略和美國的國家利益。美國的西邊是資訊科技，東邊是金融，號稱美國的兩個發展支柱，什麼東西能支撐這兩個產業，要靠人才，靠高端人才。如果大幅度壓縮華爾街金融高管薪酬，那些人才可能會流向其他國家，比如新加坡等國家。所以，中國的收入分配政策的制定要考慮國家的發展戰略。第二，要加大人力資本投資，重視教育和健康的投資。特別是要重視改善貧窮地區的幼兒教育和幼兒健康問題。我認為，皮凱蒂一書最大的問題是對人力資本財富和人力資本投資政策重視不夠。迄今人類的財富不僅僅表現為物質資本，還表現為人力資本，儘管人力資本財富形態很難計量和測算。未來收入差距等於什麼？未來的收入差距等於現在的收入差距加現在的人力資本投資。現在人力資本投資政策應當關注哪些方面，新人力資本理論已經告訴我們，應當高度關注幼兒教育和健康問題。我們要推動教育改革，減少機會不公平造成的不平等。第三，要完善勞動力市場競爭和反歧視制度，構建公平競爭的大環境。中國目前存在著性別、戶籍、學歷等各種各樣的歧視性的做法，這些都不利於部份困難群體的就業和收入提高。中國的城鄉隔離破除，包括戶籍制度的改革，都需要在推動公共服務體系的不斷建設和完善中逐步得到解決。這些都是長期戰略中應當考慮和解決的問題。

---

**曾湘泉**，於一九八七年在中國人民大學獲得經濟學博士學位。中國人民大學二級教授，教育部長江學者特聘教授，中國國務院政府特殊津貼獲得者。現任中國人民大學勞動人事學院院長、教授、博士生導師，兼任中國勞動學會副會長，勞動科學教育分會會長，中國人力資源開發研究會副會長，中國就業研究所所長等職。二〇〇三年，曾為中共中央政治局集體學習作「世界就業發展趨勢和中國就業政策研究」授課。曾獲得國家級優秀教學成果二等獎、北京市哲學社會科學優秀成果獎一等獎等。

# 由《二十一世紀資本論》看當前中國的收入分配問題

任若恩

我大概在二〇一四年年初就看過《二十一世紀資本論》，而且我跟李實教授和岳希明教授有多年的學術聯繫，雖然我不懂，但是很尊重他們的研究。我知道中國人民大學有收入分配方面的專家，就是岳希明教授，有很多收入分配的數據結果都是岳希明教授算的。我對這個問題非常感興趣。

## 短期預測下，收入分配是惡化或改善

第一，因為皮凱蒂在書上做了很多預測，都是長期預測，即對未來幾十年的預測，我做一個短期預測，就是**經濟週期下行的時候，收入分配是惡化的還是改善的**。當然，收入分配肯定是惡化的，你可以看皮凱蒂的書，皮凱蒂的書上有第一資本主義定律、第二資本主義定律。這本書的實際結論就是，如果經濟增長率下降，收入分配肯定是惡化的，從他的書上能看出來這個結論。從另外一個角度看，中國經濟未來是什麼情況呢？現在大家談金融危機談得非常多，大家都在講關於金融危機的各種各樣的預想。我的基本判斷是：沒有發生金融危機的危險，有發生金融事件的危險。我分三個層次，第一層次叫金融風險，就是未來損失的可能性。第二層次叫金融事件，比如幾個信託項目出問題了，甚至幾個小的金融機構出問題了，但是不會出現第三層次即金融危機，因為金融危機是整個金融體系失去功能了，這種事我認為不會出現。理由很簡單，因為中國的金融資產大部份都是銀行資產，抵禦金融風險的能力目前看很不錯。簡單的數字就是三兆元的呆壞帳準備金，十兆元的經濟資本，加上央行的再貸款等的支持，以及中央政府有大量的資產。我做了很多年金融風險研究，發現對於金融風險沒有別的辦法，就是拿錢去頂，哪兒出了窟窿，你只要有錢把它頂上，這件事就過去了。

所以，我認為未來中國的宏觀經濟會出現一個傳統意義上的由於總需求不足造成的經濟低迷，即經濟增長速度的下滑。我估計經濟增長率低於百分之七的可能性是肯定會有的，低於百分之六的可能性也是會看到的。它的表現是失業增加，現在很多經濟學家認為這一輪的經濟下滑沒有造成失業的增加，對這一點我不太認同。我認為之所以人們認為沒有，是因為你沒有進行好的統計。正如金碚教授講的，你有了概念，有了邏輯，你還得有指標，最後得有統計。我認為我們現在的失業率統計不足以幫助我們正確看待宏觀經濟形勢，這是一個很大的缺陷。我很多年前聽說過，中國人民大學社會學系有一位教授做過調查，就是登記失業率和調查失業率之間的差距大概是三倍，現在調查失業率百分之五多一點，登記失業率百分之四多一點，我不太相信。在失業率惡化的情況下，收入分配也會惡化。我做了文獻檢索，居然沒有人進行過研究，所以我覺得這倒是一個很需要研究的問題。

## 只有國家財政才能改善收入分配

第二，數位化，以資訊科技、行動終端、智能設備為代表的這些東西，對收入分配是有利的，還是不利的？我現在猜想，我的假設是不利的，因為第一次工業革命的時候，就是以蒸汽機為代表的那次工業革命的時候，就有所謂機器和工人的矛盾，工人毀壞機器，最近已經有書在討論本次工業革命的這個問題，它的結論只怕也是對工人不利，是不是可以研究我提出的這個問題。

下面我說一個問題，就是關於分配，怎麼辦？曾湘泉教授已經說了，有很多政策。我覺得現在中國有一些經濟學家在講這麼一個觀點，就是改善收入分配的重點是在一次分配上，我不太同意。我相信一定是二次分配，而且要靠財政。靠市場機制解決不了這個問題，我想皮凱蒂也有這樣的意思。不管用基尼係數，還是用資本收益率，按金碚教授說的，那是指標層次的問題，我們談的是思想層次的問題，一定是財政，**只有國家財政才能改變一個國家的收入分配**，這方面有一個例證，就是聯合國大學做的一個項目，關於拉丁美洲的收入分配改善的問題。拉丁美洲的收入分配一直非常惡劣，但是人家過去十幾年在改善。而且它有一個非常重要的結論，就是剛才曹遠征教授說的，在實行「華盛頓共識」政策時期，它的基尼係數是增加的，在結束「華盛頓共識」政策後，它的基尼係數是減小的。所以，政府在這方面的作用非常大。

## 為什麼追求分配平等？

最後，我再說一個我最近在思考的問題，就是我們關於收入分配的理論問題。皮凱蒂的書不管再怎麼樣了不起，它沒理論，或者是沒有一個關於收入分配的理論，就是剛才金碚教授說的第一層次的問題，即我們為什麼要追求收入分配平等，它是哪個層次的問題。現在有些說法認為，因為收入分配不平等導致了經濟增長放緩，甚至金融危機，那它就成了第二層次的問題了。我覺得收入分配是一個社會正義問題，社會正義問題應該是第一層次的問題，應該是哲學層次的問題，這方面其實在哲學、政治學上有很多研究，我們其實也要想一想，就是效率和分配的問題，這是經濟學的老問題。那麼，我們是追求效率，還是追求公平？而當兩者必須要犧牲一個的時候，我們犧牲哪一個？所以，這個問題就是涉及我們有沒有一個經濟學的理論來支持收入分配問題的解決。我為這個事還查了劍橋大學出版社出版的《收入分配手冊》（*Handbook of Income Distribution*），它的前言是英國最有名的收入分配問題的專家阿特金森（Atkinson）寫的。他說到現在為止經濟學家對這個問題的理論研究貢獻並不多，就是沒有太多理論。最早也是陳平教授跟我說，收入分配問題有理論嗎？為什麼我們要追求經濟收入公平呢？我覺得好像沒有太好的理論來支持，至少是在曹遠征教授所說的新古典經濟學體系裡沒有太好的理論支持。

實際上，我覺得我們這些年的教育受美國新古典經濟學的影響太大了，英國的後凱恩斯經濟學理論談了很多收入分配問題，羅賓遜夫人的理論中有很多關於收入分配問題的研究，但是我們現在都紮在美國式的新古典經濟學體系中。我們必須得意識到這方面的問題。你要回去看羅賓遜夫人的很多東西，這些事她都講過的，包括資本積累，以及其所帶來的收入分配不公平。準備發言的時候我查了查文獻，忽然發現物理學家做了一個研究，用的是非常高深的概念，即玻色・愛因斯坦分佈（Bose-Einstein Distribution），它的結論就是如果窮的越窮，富的越富，最後就是導致金融危機。

---

**任若恩**，於一九八七年在中國人民大學獲得統計學博士學位。現任北京航空航天大學經濟管理學院教授、博士生導師，中國科學院國家數學與交叉科學中心數學與經濟金融交叉研究部學術委員會委員，中國科學院虛擬經濟與數據科學研究中心客座研究員。曾任世界銀行國際經濟部顧問及經濟合作與發展組織發展中心顧問。曾擔任教育部科學技術委員會學部委員，享受中國國務院政府特殊津貼，中國國家傑出青年科學基金評審委員會委員，清華大學中國財政稅收研究所學術顧問，中國國家開發銀行特邀經濟學家。入選國防科技工業「五一一人才工程」。曾獲中國航空工業集團公司科技進步二等獎，北京市科學技術進步獎三等獎，寶鋼教育獎「優秀教師獎」以及北京市「優秀教師」稱號。

# 從馬克思主義的觀點看《二十一世紀資本論》

馬慶泉

從一八六七年馬克思的《資本論》出版以後，到今天為止，這麼長時間，有兩個人的書會使人們把他們和馬克思產生某種聯想，第一個就是皮凱蒂的書，這本書引起很大的迴響，在西方世界和中國都引起了巨大的共鳴。那麼這個現象一定有它的原因。究其實，它是以西方社會為背景，用實證的方法得出了如何解決社會財富分配不公問題的結論；這與我們今天中國所面臨的問題有很大的交集。據說北京大學有一個研究報告，說中國的基尼係數現在是〇・七三，這個報告在科學上能不能站得住腳尚待探討，但是，它從一個方面說明今天中國的收入分配問題非常值得關注。

那麼，我站在馬克思主義經濟學的角度，也對皮凱蒂表示某種敬意。他提出了中西方共同面臨的問題，同時也提出了他所認為的解決問題的方法，即透過二次分配，藉由累進稅和財產稅的方法縮小貧富差距。我認為，皮凱蒂提出的方法在中國是有一定意義的。財政、稅收的專家要研究皮凱蒂的書，要提出解決辦法。這本書被譯為《二十一世紀資本論》，這個書名使人把皮凱蒂與馬克思產生了聯想。不過這是誤解。不久前，中國某家媒體採訪了皮凱蒂。在採訪的過程中，皮凱蒂很自覺地把他的書和馬克思劃清了界限。這就是馬克思《資本論》出版以後，在人類經濟思想史上，一位被人和馬克思發生某種聯想的經濟學家。

此外，還有一位經濟學家，他甚至比皮凱蒂還早十多年。這個人就是本人。我在二〇〇三年出版過一本書，書名叫《新資本論綱要》，副標題是「經濟學博士馬慶泉與馬克思的對話」，現在有許多朋友開玩笑說這本書應該叫《小馬與老馬的對話》。為什麼寫這本書？我是在二十多年前的一九九三年下海的。那時我有一個困惑。當時的現實是，知識份子的待遇低到慘不忍睹。社會上有句調侃的話，叫「做原子彈的不如賣茶葉蛋的」。回想起來，自己在一定意義上也是被經濟壓力逼下海的。如果不是巨大的經濟壓力，我可能不會下海。畢竟我當時已經是中共中央黨校的正教授。這種情況使我思考一個問題，我們知識份子吃的是誰家的飯？我們是自己創造了價值，然後有了吃飯的權利呢，還是我們吃的飯都來自於工農大眾創造的價值？如果我們也是價值的創造者，那麼，知識份子的價值創造方式有什麼特點？換句話說，知識份子的勞動是以什麼方式參加到價值創造過程中的呢？我是帶著這個巨大的疑問到南方去的。在工作之餘，這個問題老是在腦子裡打轉，我一直在琢磨知識份子怎麼參與價值的創造，我們憑什麼有吃飯的權利，我們吃飯的依據是什麼？我們若是討別人的飯吃，就會成社會的寄生蟲了。

另一方面，我在證券市場工作，不久就發現一個現象。我看到一些朋友有了些財產之後，立場馬上發生變化。說起話來，完全是資本的腔調。而我由於受的馬克思主義經濟學的教育根深柢固，一直自覺地與資本主義的經濟學劃清界線。而且我看到經濟學史上，進步的學者無一例外都是站在弱勢階級一邊的，包括今天我們討論的皮凱蒂。只有在今天的中國，才有一幫公然為強勢階級歌功頌德的學者。我覺得自己不能同流合污。我原來下海的時候，有記者採訪問，你們為什麼下海？我說不是下海，而是知識份子用知識報國。既然如此，理論上我就必須回答社會不同階級的價值創造方式問題，或者說，各個階級在社會價值創造過程中的地位問題。我只要閒下來就想這個問題，直到二〇〇三年春節，有一個下雪天，我覺得自己豁然開朗。知識份子為什麼能吃飯，為什麼拿工資，這個問題我已經想明白了。那年春節，連續下了七天的大雪，我把自己關在房間裡，寫了一本小冊子，叫《新資本論綱要：經濟學博士馬慶泉與馬克思的對話》，非常感謝中國人民大學出版社給我出版了這本書。這就是馬克思《資本論》出版以後，第一個和它發生聯繫的人，他叫馬慶泉。很遺憾，我是學俄語的。我的第一外語如果是英文，或者我就不下海去搞什麼證券公司了，我或許會把我的書翻譯成英文，在全世界經濟學舞台上宣揚我的觀點去了。

回到今天論壇的主題上來。儘管我認為皮凱蒂提的累進稅、財產稅在解決中國財富分配不公平的問題上有非常重要的意義，但是我覺得單靠再分配、二次分配是不夠的。我並不認為二次分配是無意義的。但是我更認為，在初次分配層次上的財富分配不公，是同樣甚至更加值得重視的。我認為這兩個層次要結合起來。初次分配中為什麼出現不公？怎麼解決這一問題？這就要回到馬克思的勞動價值論當中去。因時間問題，在這裡真的沒有可能再展開論述。我就簡單地講三分鐘時間。

第一，在生產過程中有三個要素，其中一個是提供活勞動的階級，即工人、農民，這部份人創造價值的方式，就是馬克思所說的社會必要勞動時間。第二個是知識份子階級。知識份子的勞動是以知識產品的方式，加入到價值創造中去的。在這一點上，我們原來學的馬克思的勞動價值論就有一定的發展必要了。我舉一個簡單的例子，如愛因斯坦的相對論。從相對論提出以後，出現了非常多劃時代的科技發展。誰能說一下，愛因斯坦在創造相對論的時候投入了多少勞動才是社會必要勞動時間？或者說，折算成多少社會必要勞動時間，才是愛因斯坦創造的價值？這顯然是行不通的。事實上，知識份子創造價值的方式有四個特點：一是它以知識產品的方式參與社會價值創造；二是知識產品的價值在社會商品生產過程開始之前已經存在，它在生產過程中不斷把價值附加在產品中；三是知識產品的價值等於它的應用能夠節約下的社會必要勞動時間；四是知識產品的價值以超額利潤的形式存在。顯然，這種方式與工農大眾創造價值的方式有所不同。

這樣，我就有一個自己的命題：工農的勞動是以活勞動投入產品的，做的是加法；而知識份子勞動是以什麼方式投入的呢？是以知識產品在生產過程中的運用能夠節約多少勞動時間來衡量的，它在社會總勞動的供給中做的是加法，但是對單件產品做的是減法。先減後加，節約下來的勞動時間，被投入到其他社會產品的生產中，從而增加社會總產品的供給。由此可見，工農大眾、知識份子、資本提供者，三個階層或三個階級、三大社會集團分別以不同的方式參與了價值的創造。資本提供了生產要素的預付，並承擔減值和虧損的風險。三大階級既然以不同的方式參加了價值的創造，自然都有各自的天經地義的剩餘索取權。那麼我們看到，前兩個社會階級——工農勞動大眾和知識份子階級，在社會新增價值中間，在做了「必要的社會扣除」之後，至少應當佔有三分之二的份額。當然，這裡實際發生的是社會的供求過程。如果各個階級長期得不到自己應當得到的價值份額，那麼相應的要素供給就會減少，事情就會向相反方向轉化，直到達到新的平衡。所以，各個階層或者各個社會集團或者說是三大階級有利益的差別，但是它的基本利益是處在一個共同體中間的。

所以，在階級問題上我的觀點是四論，即階級存在論、利益差別論、鬥爭熄滅論、利益共生論。在財富分配問題上，我的觀點是，勞動加上知識階層，在社會財富分配格局中，應當佔更多的份額。在社會主義政治經濟學範疇中，按照我的觀點，根本不承認勞動者和知識份子的勞動力是商品，否則分配永遠不可能公平。大家可以看得很清楚，我的基本概念是建立在馬克思的勞動價值論的基礎上的。根據我的觀點，中國企業的治理結構要改變，董事會、監事會都要做相應的、不同於西方企業制度的安排。什麼是下一步的改革紅利？我認為企業制度改革，將會帶來最大的改革紅利。遺憾的是我的年齡太大。如果年紀輕點，在座的各位，按照我的理解來建立新的企業制度，看看能不能和傳統的企業制度做一個競爭？這是一個遺憾。設想未來如果有一個平台，我一定要在它的內部分配中至少三分之二的稅後剩餘價值歸管理層和員工持有。初次分配的公平，是社會財富分配公平最重要的根基。

---

**馬慶泉**，於一九八八年在中國人民大學獲得經濟學博士學位。中國人民大學博士生導師，特華博士後科研工作站博士後導師，原第二屆、第三屆、第四屆中國證券業協會秘書長、副會長，原中國證券業協會證券投資基金業專業委員會主任。歷任中共中央黨校研究室主任、教授，廣發證券總裁，嘉實基金董事長，廣發基金董事長。現任香山財富論壇副理事長，《香山財富評論》主編，北京香山財富投資管理有限公司董事長。

# 對收入分配問題的研究

趙濤

過去將近二十年我在中共中央政策研究室工作，我們中研室對收入分配問題有較多的研究。這個研究應該是在黨政機關中最早的，也是引起中國國務院領導高度重視的研究，對後來黨政機關研究收入分配問題，調整收入分配的一些政策措施起到了很重要的作用。所以，我想介紹一下這一研究。

## 收入分配解決好，改革就成功了

那是在一九九九年或二〇〇〇年，具體的時間我記不清楚了，《參考消息》發表了一篇外國人的文章，這篇文章說，他們在訪問鄧小平的時候，鄧小平講了一段話，大體意思是：中國改革開放了，經濟也發展了，取得了很好的成績；但是，**如果收入分配解決不好，搞得窮的窮，富的富，改革就失敗了。**當時沒有多少人注意到這個講話，我們研究室的主任注意到了這段話，要求我們經濟組承擔這個任務，對收入分配問題做一個系統的研究。李連仲博士也參與了這項工作。為了開展這個研究，我們做了大量的工作，包括召開了很多部門參加的座談會，專家、學者的座談會以及進行大量的調查研究。當時感覺比較困惑的是公務員的收入分配問題，如果只研究中國公務員的收入問題，要得到成果難度大，當時我就認為需要做比較研究，因為藉由比較研究可以更好地進行分析。後來透過我們研究室領導與外交部溝通，得到了外交部的支持，請中國駐外使館幫助瞭解當地公務員的收入分配狀況。此後，我們得到了有關資料，包括中國香港、新加坡、美國、德國、法國等多個國家公務員收入的情況。當時看起來，這些國家或地區公務員的待遇還是很優厚的，比如中國香港，公務員除了薪水很高外，包括每年一次帶家屬休假的費用，都是政府給報銷的。

在經過大量的研究以後，我們在二〇〇〇年寫出了一系列的收入分配研究資料。第一份資料是《中國收入分配的基本情況》，其他的資料還包括城鄉之間的收入差距、行業之間的收入差距、城鎮居民的收入情況、農民的收入情況，以及收入分配的秩序等問題，最後提出了對收入分配改革調整的措施及政策建議。這一系列材料上報後，立即引起了朱鎔基總理的高度重視，他在第一份材料上做了批示，認為收入分配問題很重要，要求中國國務院的八個部門，包括發改委、財政部、人民銀行、人事部等部委，對收入分配問題進行研究。

## 西方國家收入分配問題惡化

我介紹以上情況，是想說明這次研究是中國黨政機關研究收入分配問題的一個開端，這次研究的作用還是很重要的。當然，對收入分配問題，這些年我們不斷地研究，不斷地調整，不斷地改革，已取得一定成就，但是老百姓還是不滿意。正如曾湘泉教授所講，包括現在正在推進的對國有企業高管薪酬進行的改革，幅度也是比較大的。收入分配制度的改革問題是一個難度比較大的問題，存在的問題也很多，要想得到一個良好的結果，還要不斷地進行研究，不斷地調整和改革。另外，從世界上來看，涉及托馬斯・皮凱蒂的《二十一世紀資本論》這本書，我也早就在關注這本書，它是透過對歷史上一系列的統計數據來說明在歐洲國家收入分配的差距有不斷擴大的趨勢。我認為，他的說法是有一定道理的。我記得曾帶團去西歐考察地區差距問題，法國魯昂大學的校長曾對我說，在法國過去主要是藍領失業，後來是大學教授失業，現在是大學校長也失業。可見，在西方國家，失業人士的階層越來越高。此外，我們經常參加中聯部接待外賓的工作，近幾年接待過一些西方國家的政黨代表團，在與多個西歐政黨代表團的座談中，瞭解到從二〇〇八年發生金融危機以來，多個西歐國家紛紛削減福利來應對危機，如德國的梅克爾政府，把德國的社會福利一削再削，導致收入分配中的收入差距不斷擴大。所以，當前西方國家的收入分配問題是惡化的。

馬克思認為，生產資料所有制和收入分配制度是一個銅板的兩個面，你有什麼樣的生產資料所有制，就會有與之對應的收入分配制度。在當前的情況下，國外情況我們暫且不說，中國有些人個人資產高達幾千億元，而一些普通勞動者一個月收入只有兩、三千元，所以在收入分配方面存在的問題還是很大的。我認為，收入分配問題透過努力在短期內只能向好的方向發展，但是要徹底解決這一問題，路還很長、很遠。

**趙濤**，於一九八六年在中國人民大學獲得經濟學博士學位。曾任中共中央政策研究室秘書長、研究員，全國三八紅旗手，第二屆吳玉章人文社會科學獎一等獎獲得者，中國國家社科基金重大項目評審專家，中國婦女研究會第二、第三屆理事會常務理事。一九八六至一九八八年先後任中共中央書記處研究室經濟組幹部、副研究員，中共中央財經領導小組秘書組副研究員，一九九七年晉升研究員。一九八九至一九九九年，歷任中共中央政策研究室經濟組處長、副局級調查研究員、經濟組負責人，二〇〇〇至二〇〇八年任中共中央政策研究室副秘書長，二〇〇九至二〇一三年任中共中央政策研究室秘書長。

# 財政金融改革中的熱點問題

# 中國金融運行中值得關注的幾個現象

王國剛

我雖然說是金融所的所長，研究金融也有二十來年了，但是說實在話，到現在為止何謂「金融」，我自己感到依然研究得不是很透。我們先從一些現象開始說起。中國現在的金融運行中有幾個現象特別值得我們關注。

第一，M2的規模。前些年，好多人在講貨幣供應量超過了GDP的一倍。但到二〇一四年六月份，M2已經到一百二十兆元的規模，是GDP的兩倍以上。在如此高的M2貨幣供應量的條件下，我們又出現了資金吃緊的現象和利率上行的現象，由此出現了寬貨幣和高利率之間的悖論。

第二個值得關注的現象是，二〇一二年十二月中央經濟會議提出要降低實體企業融資成本，可是到今天為止看到的是，兩年多來實體企業的融資成本不僅沒有降低，還在不斷地上升。這是怎麼回事？我們都知道二〇〇八年美國發生了金融危機。金融危機是怎麼發生的？我們說金融泡沫破滅，泡沫破滅的原因是什麼？在美國，金融為自己服務的比重越來越大，但這種情況在中國也在發生。我們兩年前就提出要降低金融為自己服務的比重，可是兩年下來，這一比重不僅沒有降低，還在上升。我們究竟在忙什麼？這是需要我們認真去思考的問題。

第三個值得關注的現象是金融改革的取向。二〇一三年十一月份十八屆三中全會出台了《中共中央關於全面深化改革若干重大問題的決定》。在這個文件中，就經濟而言，強調經濟體制改革需要緊緊圍繞市場在資源配置中起決定性作用。當談到這樣一個命題的時候，我們大家討論的是政府與市場的關係。毫無疑問，這一關係在金融體系中也是存在的。在金融領域中，需要處理好政府與市場的關係。

## 銀行壟斷金融資源配置

但是，金融中還有一個問題需要我們特別關注，這個問題是什麼呢？中國的金融資源，到目前為止，百分之八十以上是銀行在配置。那麼，在中國金融改革的過程中，是繼續堅持銀行配置金融資源的決定性作用，還是發揮市場配置金融資源的決定性作用？有人覺得這個問題很奇怪，銀行不是市場中的一個主體嗎？二十世紀七〇年代末，美國進行了金融創新。二十世紀八〇年代提出了一個金融體系是由銀行導向還是市場導向的問題。這意味著什麼？中國今天的金融狀況是，**銀行作為金融資源配置的主體，發揮著配置金融資源的主導作用**。我們都學過宏觀經濟學，兩部門模型強調，資金供給者是居民部門，資金需求者是廠商部門，它們之間進行最初的資金融通，這講的是金融內生於實體經濟。在已開發國家十八世紀的經濟活動中，金融主要在實體經濟部門中展開，那時候還沒有專業金融機構。但是，我們今天全忘了。金融離不開信用，金融的信用形式有多少種？一種叫商業信用，我相信學過金融學的都記得商業本票、商業期票和商業匯票等概念，它們就是商業信用的工具。第二種是銀行信用，即透過存貸款機制，銀行不斷地再創造著貨幣，引致資金擴張膨脹。第三種是市場信用，如各種債券和資產證券化產品等。中國的金融只有一種信用形式，即銀行信用。銀行信用是什麼？運用存貸款不斷地創造貨幣，存款創造貸款，貸款創造存款。這種信用在中國今天是什麼呢？一方面運用銀行的吸收存款機制，從資金供給者手中獲得最廉價的資金，另一方面運用銀行放貸機制，把這資金以最昂貴的價格（貸款利率）貸給真正需要資金的實體企業。

我們現在的M2大約一百二十兆元，其中各類存款大約為一百一十五兆元，這是什麼意思呢？如果按照存貸款基準利率的利差三個百分點計算，一年銀行體系獲得的利差收入最低為三兆四千五百億元。二〇一三年新增存款十二兆元，意味著各家銀行坐享新增利差收入三千六百億元。我們要創辦民營銀行，我想知道，為什麼要創辦民營銀行，中國民營類銀行還少嗎？我進行了論證，是民營資本想進入銀行這個行業，運用銀行的賣方壟斷優勢掙自己的錢。這一狀態無益於中國的金融改革，無益於中國的金融發展，無非是使得眾多的銀行機構中又增加了那麼幾家而已。我們講利率市場化，人民銀行放開對貸款利率管制，只不過是利率去行政化的過程。在存款市場上，我們眾多的資金供給者與各家銀行之間有競爭的可能性嗎？那是一個完全競爭的市場嗎？你能與銀行競爭嗎？那是賣方壟斷市場。在貸款市場上也是如此。這種賣方壟斷的格局不打破，又怎麼利用市場機制有效配置資源？

## 全面開放金融市場，金融回歸實體經濟

我們都講金融要服務於實體經濟。這句話的另一個含義就是金融在實體經濟之外，從外部服務於實體經濟。所以，我提出金融要回歸實體經濟，要讓廣大百姓和廣大的實體企業擁有金融權，因為實體經

濟部門是由居民和企業構成的。必須讓金融回歸實體經濟。金融要回歸實體經濟，就不是增加幾家銀行的問題，而是要全面開放金融市場，讓廣大居民和企業能夠直接進入金融市場。這裡講的金融市場，不是像銀行間市場那樣只能由金融機構進入的市場。金融要回歸實體經濟，有一系列工作要做，其中最簡單的一件就是**充分利用債券機制**，誰都知道債券是直接金融工具，但是中國的債券卻是間接金融工具。為什麼？因為發行的債券主要由銀行等金融機構購買，可是，銀行購買債券的資金並不是它的，而是經由吸收存款等方式獲得的。銀行不是資金的供給者，只是金融中介機構。債券要回歸直接金融，就要調整債券發行的認購對象，讓廣大城鄉居民和實體企業直接購買債券，即資金供給者直接購買債券，資金需求者直接向資金供給者提供購債資金，實體企業透過債券發行直接獲得資金。債券的利率高於存款利率、低於貸款利率，因此，就可與存貸款利率相競爭，一方面提高資金供給者的收入水準，另一方面降低實體企業的融資成本。債券不具有創造派生貨幣的功能，但具有替代銀行信用的功能，由此，就可改變由銀行信用不斷創造派生貨幣的功能，由此，就可改變由銀行信用不斷創造派生貨幣引致的M2不斷擴張的趨勢。在這個過程中，充分提高城鄉居民和實體企業在存貸款市場與銀行的競爭力，充分發揮金融市場決定金融資源配置的作用。

---

**王國剛**，於一九八八年在中國人民大學獲得經濟學博士學位，任該校教授、博士生導師，中國國務院政府特殊津貼獲得者。現任中國社會科學院金融研究所所長，兼任中國開發性金融促進會副會長、中國市場學會副理事長、中國金融學會副秘書長兼常務理事、中國城市金融學會常務理事、中國農村金融學會常務理事、中國資產評估協會常務理事、中國城

市經濟學會常務理事；曾任江蘇興達證券投資服務有限公司總經理、江蘇興達會計師事務所董事長，中國華夏證券有限公司副總裁。近年主要從事貨幣政策、金融運行和經濟改革等相關的理論與實務問題研究，獲得了三十多項省部級以上科研教學獎。

# 金融監管背景下的金融創新

貝多廣

關於金融創新，在二〇〇八年金融危機之後，不光是在中國，在全球範圍內大家都議論紛紛，而且似乎要成為一種主流的觀點，就是金融創新對西方的成熟市場也沒有太大價值，有一些比較極端的觀點認為現實經濟中沒有什麼真正的金融創新，除了ATM機是金融創新，其他都不值得一提。一時間，華爾街的作用變成負面的了，金融創新的作用也成為負面的了。

到了中國，這個問題更嚴重了。中國本來就缺乏創新環境，這個問題更會受到挑戰。我們都知道中國的情形，全球發生了金融危機，但我們很幸運，獨善其身，我們沒有發生金融危機。我們經常說：「常在河邊走，哪能不濕鞋？」西方成熟經濟國家是踩到河中間去了，我們根本沒有走到河邊，當然就沒有金融危機。那金融創新呢？按照西方的金融理論，中國有金融創新嗎？我在中國的市場當中工作了二十多年，完全有中國特色的，沒有借鑑西方的創新我覺得確實不多。我不清楚咱們的貨幣金融學教科書是怎麼講金融創新的，是講美國的，還是講中國的？

## 以中央銀行票據調節貨幣供應量

成熟市場經濟中的金融創新就不用多說了。在中國三十多年的改革開放過程中，究竟有無金融創新，如果有的話，對中國經濟是否有積極作用，確實值得探討，否則下一步的金融改革與發展都會失去方向，至少是失去感覺。我們今天講了要「接地氣」，要講中國本土的經驗和教訓，對我們自己的東西要有認識和解析。在我來看，中國過去三十多年的金融改革和金融發展中，有兩件事情可圈可點。第一是**中央銀行票據**，這是典型的金融創新，因為從全世界來看，很少有中央銀行直接發行票據進行宏觀貨幣管理。大家都知道成熟市場經濟中的公開市場業務一般都是財政部發行債券，然後中央銀行在公開市場中買賣債券，從而對貨幣供應量進行調節。我當年在財政部工作，曾經被派到美國，在紐約聯邦儲備銀行做訪問學者，我的任務就是研究公開市場業務，美國的公開市場業務就是由紐約聯邦儲備銀行實施的。我想著可以把美國那套公開市場業務的操作方法學回來，然而，我發現，中國的財稅體制和美國的財稅體制存在很大差別，根基不同，比如美國財政部需要每天進行現金管理，所以它需要發行三個月、六個月、一年期的國庫券，這種發行是財政收入支出管理體制上的客觀需求。而中國財政部沒有這個需求，中國財政部明年的支出在今年的稅收收入中得到了保障。對於財政部來說，我沒有必要為貨幣調控專門發一個債券。中國的中央銀行成立以後，需要調控貨幣供應量，但是又不能天天調利率、調準備金率。沒有時時調控的工具，沒有公開市場業務那樣的貨幣政策工具，從而導致財政部不發行貨幣政策工具，而中央銀行自己發行貨幣政策工具。這就是中央銀行票據的產生背景。我覺得這是具有中國特色的金融創新，它突破了中國財政部不發行短期國庫券而使得央行沒有買賣手段的困境，從而滿足了中央銀行管理貨幣供應量的一個基本需求，尤其是在過去幾年，外匯儲備逐漸增加，外匯存款越來越多，主要就是靠央行票據這個工具去對沖。中央銀行實現了這個目標，當然不是說它沒有問題，凡是創新都有問題。現在中央銀行難以為繼了，每年增加這麼多外匯存款，中央銀行每年要藉由票據的發放回籠貨幣，成本非常大。從中國金融研究來說，我們必須認識到這種中國的創新是有特色的創新，要真正發掘和解釋其中的價值。

## 以地方政府融資平台推動地方政府合法發債

第二件事就是大家議論紛紛的**地方政府融資平台**。我覺得這也是典型的中國的金融創新。中國本來就是財權和事權分隔的，是不對稱的。總體來說，中央政府集中了較多的財權，而地方政府承擔了較多的事權，這就是財權與事權的不對稱。地方政府幹事沒有錢，需要融資，預算法又規定地方政府不得舉債，於是，就有人想了一個辦法，我印象當中沒錯的話是中國國家開發銀行，它幫助了地方政府。地方政府不能發債，但企業總可以發債，用企業的名義發，但是為地方政府服務，這就是大家知道的所謂「城投債」。儘管這個產品有缺陷，但它確實在一定程度上緩解了地方政府的融資困難問題，解決了地方政府不能發債從事基礎設施建設的難題，而且是以市場化方式進行運作。我們知道裡面存在很多問題，比如它引起人們對地方債務風險的擔憂，但是總體來說推動了企業債券市場的發展。王國剛剛才提到的債券市場，他也把它看得非常高。而且，我覺得現在更重大的意義是，地方融資平台到了今天會慢慢式微，但是它已經完成了它的一個很重要的歷史使命，就是推動了《中華人民共和國預算法》的修改，地方政府可以發債終於寫進法律，這在中國來說也是一個很大的進步。對於金融領域和財政領域來說都是重大進步。你們知道，我們三十年前讀書的時候，我們看的書裡寫「我們國家一沒有內債，二沒有外債」。當時，我們探討的問題是中國應該要有債，當時要解決這個問題，但是還沒有解決地方政府要有債，今天這個問題解決了，地方政府也可以有債了。

據王國剛指出，本世紀以來，如果沒有地方融資平台，各個地方的經濟社會發展會出現怎樣的情況和趨勢？沒有地方融資平台的支持，各地方的經濟社會發展不知要出多少事，這才是大事，它比融資平台的債務大多了。融資平台中出的事，是發展中出現的問題，應在發展中解決。不發展會怎麼樣？這值得深入探討。

所以，對於金融創新，我們一定要認真地分析，它有推動發展的一面，但是它也有它的問題，不是一個產品出來，包打天下，不是這樣的。所以，我講這兩個例子是想說明，中國本土實際上是有一些有特色的東西，它們有各自的歷史作用。今天，中國金融發展進入了一個新的階段，我們能見到什麼金融創新呢？當前中國金融結構矛盾重重，其中有一項突出的難題就是如何全面普及小微金融。相信在這一領域正在醞釀新的金融創新。

## 市場操作者和金融監管經常互相矛盾

那麼，我們再回過頭來看，如何在金融監管背景下發展金融創新。這個問題實際上對於我們業內的人士來說挑戰比較大。金融監管與金融創新經常是一對矛盾。講到金融監管與金融創新的關係，監管者與市場從業者在動力上各有訴求，但是，最近我看了一些有關行為經濟學、行為金融學的觀點，我覺得有點啟發了。實際上我們的監管者和我們的市場操作者——諸如我們這類人，從行為經濟學的角度來看，實際上是兩類人。按羅伯特・希勒（Robert J. Shiller，又譯為羅伯・席勒）的觀點，華爾街的人、參與創業的企業家們是一種類型的人物，他們都有輕度的躁狂症，他們是一個類風險偏好型的人物；但是，監管機構裡的人是另一類人物，更可能是風險厭惡型的。我也在監管機構工作過，沒待下去，可能反映出我的行為特徵。我覺得就是一些新的經濟學的觀點在發展，這麼分析，可能慢慢會找到一些妥協的辦法。那麼，在這種背景下，有一種觀點認為，美國人首先進行充分的金融創新，然後再進行金融監管，他們是這樣的次序，金融監管是緊隨其後。美國在二十世紀七〇年代以來走過的歷程大概是這麼一個歷程，創新、監管、再創新、再監管，也就是說，市場總是走在前面，先發動。當然它的背景是，在美國，法律沒禁止的都可以幹。這是一種觀點。另外一種觀點就是中國的觀點。沒有完備的金融監管，那就不能叫做金融創新。這個觀點實際上也不是現在的觀點，在上上屆政府的時候，我就很清晰地聽到領導有這樣的觀點，監管都沒想好，我怎麼能讓你創新呢？簡單的例子如國債期貨。當然當時確實是發生了問題。但是，這是一個產品，你可以有辦法解決問題。當時的監管部門認為，在沒想清楚如何監管之前先把它停掉，基本思路是這個思路，到了今天，我覺得從監管的角度還基本是這個思路，實際上，就是風險厭惡型的思路。尤其是現在我們講到經濟改革要重新出發。但是，我們要清醒地認識到，實際上現在重新出發的難度和三十年前相比有一個很大的不同，就是今天我們已經是一個有法制的社會、有規矩的社會、有制度的社會。大到《憲法》，小到地方各個行政部門的各種規章，所有監管部門都說，你要創新可以，我先立規，你要搞產品可以，我先制定新產品的「辦法」。問題在於，等辦法制定出來，我創什麼新呢？這裡面值得探討。

在市場經濟中，是先有充分的金融創新，再有必要的金融監管，還是沒有完善的金融監管就不能開展金融創新？這確實是一個值得進一步探討的課題。對於這個問題，我也沒有完整的結論。但是我覺得如果我們承認在西方成熟市場中確實出現過金融創新，而且它確實推動了經濟社會發展，如果我們也承認中國過去三十多年的經濟改革過程中、經濟發展中，也曾經出現過金融創新，也是有價值的，我想我們的結論就會比較清晰明確。

---

**貝多廣**，於一九八八年在中國人民大學獲得經濟學博士學位。曾擔任中國國際金融有限公司董事總經理、第一創業摩根大通證券有限責任公司首席執行官。在這之前，先後在中國財政部和中國證監會工作。現為中國國民小微金融投資有限公司董事局主席、中國證券業協會創新發展戰略專業委員會副主任委員、中國人民大學財政金融學院兼職教授和博士生導師、漢青經濟與金融高級研究院學術委員會委員。長期服務於投資銀行領域。

# 重新認識財政

劉尚希

## 財政是萬花筒

我是搞財政研究的，財政是個什麼東西呢？我到現在還沒有完全搞清楚。我記得小時候有一種玩具，叫萬花筒，轉一下，出現一朵花，再轉一下，出現另一朵花，可以轉出許多不同的花，所以叫萬花筒。其實，我看財政就像是萬花筒，你轉一下，從那裡面可以看到經濟學；你再轉一下，看到的是政治學；再轉一下，看到的是法學；再轉一下，看到的是哲學；再轉一下，看到的是管理學。財政實際上包括了各個方面的學科，從經濟學的角度來觀察，財政學變成公共經濟學；從社會學的角度來分析，現在有財政社會學；從法學的角度看，有財稅法學。財政這門學科到底怎麼去定位？這一點還沒有搞清楚。但是我們現在的定位是**經濟學的應用學科**，這無疑是我們在轉財政這個萬花筒的時候，看到經濟學這朵花兒，就不轉了，所以就只是看到了經濟學，以為經濟學就是全部，定格在這個位置了。這是否合適呢？這是否是財政的全貌呢？毫無疑問，這肯定不是。

## 把財政歸入任何一個學科都是對財政學的割裂

從財政的實際活動來觀察，財政學綜合了政治學、社會學、經濟學、法學，甚至哲學、公共管理等學科，或者說它是上述各門學科的一個交會融合，涉及方方面面。按照現行的學科分類，財政學很難歸入哪一個學科。顯然，把財政定位為經濟學的一個應用學科，只看到了其中的一個方面，儘管是很重要的一個方面，但不是財政學的全貌。財政學現行的定位嚴重限制了財政理論的發展，使財政學局限在經濟學這個框架之內，也使財政實踐總是帶著經濟學的面紗，降格為僅僅是一個經濟手段和經濟槓桿。人們一見到財政，就認為這只是一個經濟問題；一想到財政政策，就認為只是一個經濟政策。這種經濟學思維的泛化，使財政學變成經濟學的一個分支，使財政的實際功能局限於經濟領域，抑制了財政在社會、政治、文化、生態文明等領域應有的作用。十八屆三中全會的《中共中央關於全面深化改革若干重大問題的決定》裡有一句話，這句話非常重要，即「財政是國家治理的基礎和重要支柱」，國家治理僅僅是某一個方面嗎？肯定不是。國家治理是整體性的、系統性的，既然財政是整體性的、系統性的一個基礎，那就不是某一個方面。所以，三中全會《中共中央關於全面深化改革若干重大問題的決定》中關於財稅改革的表述就超出了經濟功能，認為「科學的財稅體制是優化資源配置、維護市場統一、促進社會公平、實現國家長治久安的制度保障」。這表明，財政學是**超越經濟學的一門綜合學科**，我們要反思經濟學理論，也要反思財政學理論，重構財政學的理論體系，實際上是《中共中央關於全面深化改革若干重大問題的決定》給我們提出的一個重大任務。

## 實現效率與公平的融合，是財政的基本職能

那麼，怎樣來重構財政學的理論體系呢？前面的討論提到了收入不平等的問題，法國學者皮凱蒂的《二十一世紀資本論》引發了全球對收入不平等的反思和重視，這個問題與財政有天然的聯繫。從經濟學的角度來觀察，財政與收入分配問題的天然聯繫往往在無意之中被弱化，強化了財政促進經濟增長，提升經濟效率的功能，淡化了財政促進社會公平的作用。現在貧富差距不斷擴大，社會平等的問題更加尖銳地被提出來了，擺到了世界的面前，也擺到了中國的面前，是中國發展面臨的巨大挑戰。這不只是發展面臨的挑戰，更是社會主義旗幟面臨的挑戰。社會主義旗幟自從打出的那一天起，上面就寫有「平等」。鄧小平曾說，社會主義的本質特徵就是共同富裕。如果出現社會兩極分化，那麼社會主義旗幟也就會倒下。這是最大的政治風險。面對這個情況，財政怎麼發揮作用？這是一個值得深入探討的重大問題。這就是說，財政面臨著雙重任務：既要解決效率問題，同時要解決公平問題。剛才我聽幾位師兄師姐發言的時候，都談到了在分配差距大的時候，要發揮財政的作用，透過財政來促進社會公平。那財政如何實現「雙肩挑」的使命？是分別解決，還是綜合起來統一解決？按照現有的學科分類和知識分工的邏輯來考慮，自然是前一種選擇。很顯然，如果我們分別去研究解決效率和公平問題，那就只能說是公共經濟學、財政社會學的任務，變成不同的板塊，服從不同的邏輯。不言而喻，其中的衝突是不可避免的。要用一個統一的邏輯去解決，就要把它們綜合起來，放到一個統一的理論框架中來。我覺得財政學的重構就是要解決好這個問題，把我們過去長期以來認為對立衝突的東西整合到一個新的理論框架之中，並在實踐中融合起來，以制度來保障。**把效率與公平有機地融合起來，我認為這就是財政的**

**基本職能**，也只有財政才能擔當這個使命。如果說長期以來沒有把效率與公平有效融合起來，那首先是認識上的偏差，認為要提高效率，就會損害公平，而保證公平就會有損效率，把二者視為水火不容的東西。這恐怕只是學科分類造成的一種錯覺。正是由於這種錯覺，弄得我們在效率優先還是公平優先的問題上很糾結。其實，一個健康社會需要效率與公平並行，就像是兩個輪子，缺一不可。我們過去長期講效率優先兼顧公平，而現在面對貧富差距擴大，又提出公平優先兼顧效率，這都是一種認識上的誤區。能不能實現可持續發展，能不能跨越「中等收入陷阱」，得看效率與公平這兩個輪子能不能並行。好比人的兩條腿，如果總是用一條腿去「兼顧」另一條腿，就意味著這個人是一個瘸子，那是走不遠的，對一個國家來說，其發展是不可持續的。

所以，經濟社會要可持續發展，中國要真正跨越「中等收入陷阱」，效率和公平就得融合，我們不能以對立的思維考慮效率與公平的問題。那怎麼把效率與公平融合起來，我認為就是靠財政，這是財政這門學科要解決的基本問題，也是國家治理的基礎。若做不到這一點，我們就總是在效率與公平的爭執之中，效率與公平的對立之中，要跨越「中等收入陷阱」也不大可能。從這個角度來說，當前要構建現代財政制度，十八屆三中全會提出的重要任務，也就是要解決這個問題。

## 效率與公平，不是對立的

那麼，從理論上去反思，效率與公平是對立的嗎？也就好比人的兩條腿，人的兩條腿是對立的嗎？是從對立的角度考慮問題，還是從統一的角度考慮問題，我認為這是一個基本理論問題，這很重要。當前流行的許多觀點，實際上是受了過去的那種對立思維的影響。階級鬥爭的理論毫無疑問是對立的思維，在革命戰爭年代需要，而現在則已經過時了。在流行的經濟學裡，政府與市場也是對立的，政府多一點還是市場多一點，總是把兩者對立起來觀察。這種對立的思維方式妨礙我們從統一的角度來思考經濟社會現象。

我們過去學哲學，常常提到「對立統一」規律。我認為應該顛倒過來，先統一，然後才談得上對立，八桿子打不著，怎麼會對立。在中國的傳統文化中，是用「和而不同」來表述的，「不同」未必要對立，「和而不同」，更深刻地揭示了經濟社會的基本狀態，比「矛盾」、「對立」這些概念更有利於我們認識和把握歷史和現實。**不同經濟社會主體的利益是不同的，但未必是矛盾的、對立的，更多的時候是透過合作實現共贏**，否則，經濟社會的發展就無法解釋了。我們常說要解決矛盾，從哲學來分析，真正的「矛盾」是不能解決的，就好比水與火，永遠無法調和。能解決的矛盾都不是真正的矛盾，只是「不同」罷了。由於矛盾的思維廣泛流行，把一些不是矛盾，而僅僅是「不同」的現象也視為矛盾來對待，實際上是把矛盾擴大化了。在當前，這種思維方式亟待調整。用矛盾的思維，看到的世界也自然是矛盾的世界。這好比戴著有色眼鏡來看世界，其道理是一樣的。在中國人民大學，有一個傳統，財政和金融是連在一起的，至今都是財政金融學院，沒有分家。黃達教授曾說，財政金融是一條連襠褲，這個說法現在依然成立。中央銀行搞了一個創新，發行央行票據用於公開市場操作，以替代國債工具，實際上也沒有把這個連襠褲扯開。若是扯開了，成為開襠褲，還能穿嗎？所以，從這個角度看，財政和金融也不是對立的，而是緊密聯繫在一起。中國人民大學一直講財政金融不分家，我覺得堅持這一點是對的，這就反映了中國人民大學對財政金融的理解跟其他大學不一樣，是一種「和而不同」的認識。

再回到財政上，財政這個話題太大了，財政是國家治理的基礎和重要支柱，我們怎麼去構建財政理論，實現財政融合效率與公平這個重大使命？我想，僅僅用過去的「收支平管」來支撐是遠遠不夠的。我感覺學財政非常吃力，要把財政看清楚很不容易。我以前學的經濟學，後來發現不夠，又開始從法學、政治學考慮，現在還得學社會學、哲學。所以，我一開始就得出一個結論，財政到底是什麼，還沒有完全搞清楚。我希望在座的各位在這方面會有更多的發現，能有更高的造詣。

---

**劉尚希**，於一九九〇年在中國人民大學獲得經濟學博士學位。現任職於財政部財政科學研究所，任黨委書記兼所長、研究員、博士生導師，享受中國國務院政府特殊津貼。曾出訪過美國、加拿大、法國、德國、阿根廷、土耳其、澳大利亞、南非等二十多個國家，對國外同領域的問題有較廣泛的瞭解，調查研究的足跡遍及全國所有省市，並在二十多個省市政府部門及大學做過專題性學術演講。多次主持或參與中國國內重大課題研究和國際合作課題研究。目前主要研究方向是公共理論與政策，包括公共風險、公共財政、財政風險、公共分配、公共政策等。

# 好的金融與好的社會

李焰

雖然大多數人在談經濟學、談制度，但是始終圍繞我們社會的發展，圍繞公平，圍繞和諧。這大概代表了中國人民大學代代傳承的精神，就是「立學為民，治學報國」。我準備的PPT恰巧也是關於這方面的內容，題目是「好的金融與好的社會」。為什麼會選擇這個題目？前些日子我看到二〇一三年諾貝爾經濟學獎獲得者羅伯特．希勒寫的一本書，書名是《金融與好的社會》（*Finance and the Good Society*，又譯為《金融與美好社會》）。這個書名挺好，但是翻閱一遍後感覺沒有談及實質問題，內容沒有書名好。希勒在這本書中說，二〇〇八年金融危機後人們對金融以及金融家頗多指責，但金融其實還是能夠幫助實現好的社會，儘管現在有諸多問題，但是等金融家們賺了很多錢以後，可以通過做慈善回饋社會，僅此而已。我覺得遠遠不夠，其實還可以有更好的辦法，就是透過做好的金融實現好的社會。所以，我選擇了「好的金融與好的社會」作為今天的話題。

## 什麼是「好的金融」？

在這個話題下，首先要回答的問題就是：什麼是「好的金融」？回答這個問題首先要從金融的根說起。金融實際上源自實體經濟，也服務於實體經濟。所以從本源的意義上說，**金融如果能夠很好地服務於實體經濟，這個金融就應該是好的金融**。所以，金融好壞的標誌就在於是不是符合它存在的意義。相對於「好的金融」，「壞的金融」顯然就是不能很好地服務於實體經濟了。具體一點講，就是金融過度或者金融不足，這種事很多，王國剛博士也提到這個現象，比如金融危機之前的金融活動是過度膨脹的，如股市泡沫、銀行貸款膨脹等都屬於金融過度。那麼有沒有金融不足呢？現實經濟中有很多企業，它們做得不錯，很有發展潛質，比如有很高技術含量的一些創新企業因為種種原因融資很困難，還比如一些不錯的中小型私營企業相對於國有企業融資就困難很多。這就是金融不足。所以，在我們現在這個社會中，儘管金融特別活躍，但是未必都是好的金融，也存在壞的金融。

在這個意義上，我們對於什麼是好的金融可以有一個初步的總結，就是：好的金融是不多不少，不大不小，恰好符合實體經濟的需要的金融。壞的金融是什麼呢？就是它過多了或者過少了，當然這裡的過多和過少並不一定是總量上的，存在金融資源與金融需求的結構錯配。我們也可以用這樣一句話來形象地刻畫好的金融，就是金融的活水能夠恰好澆灌到實體經濟之樹，或者澆灌到實體經濟之樹的根——這是李克強總理說的話，符合這個標準的金融才是真正的好金融！

但是接下來我們會思考另一個問題：既然金融發源於實體經濟，服務於實體經濟，怎麼會有壞的金融呢？我的回答是，因為金融存在內在的自我膨脹傾向，使本來源於、發端於實體經濟的金融服務，最後可能脫離實體經濟。我在PPT中畫了一些圈，想說明本來金融圈與實體經濟圈完全吻合，它不大不小，不多不少，應該是好的金融。但在金融發展過程中，金融自我膨脹的力量使它脫離產業實體，自我發展去了，結果金融機構越做越大，金融市場越來越複雜，金融鏈條越來越長，金融距離它的原點（出發點）越來越遠，距離它應該服務的企業越來越遠，就做得不好了。所以，一些經濟學家對此有很多深刻的批評，比如諾貝爾經濟學獎獲得者斯蒂格利茨在他的著作《不平等的代價》中指出，美國金融危機之前，企業利潤的百分之四十流入金融中介部門，也就是說企業家創造的社會財富將近一半流入為其服務的金融機構手中，這就是過度金融化。過度金融化的經濟是扭曲的經濟。

當然，金融脫離實體不可能無邊無界，最終還會被拉回到經濟實體身邊，表現為好金融變成壞金融，壞金融藉由金融危機的打擊被縮小規模，被調整結構，盡可能回到好的金融，然後又開始下一次循環震盪。儘管如此，我們發現在歷次震盪中，金融距離它的原點，距離它的出發點，距離它應該服務的實體經濟越來越遠了，所以問題又出現了：到底怎樣才能真正回到原點，形成好的金融？這是一個問題。我後面會有專門的討論。總之，對好的金融的說法，是不大不小，不多不少，恰好符合實體經濟需要的金融。但這種說法還不夠，過於靜態了，過於強調量的多少。如果從社會發展的角度，從金融資源流動方向的角度看，好的金融應該是能夠滿足社會進步需要的金融。這個理解比最初的說法更提升了，它包含了兩個層次的意思。首先，金融要為實體經濟服務，滿足實體經濟的需要。這個說法是要求金融不能脫離實體經濟，自我循環。但好金融還不僅如此，還要能夠滿足社會發展的需要，能夠幫助推動社會的進步。這個說法要求金融資源之水，不僅要澆到實體經濟之樹，而且要澆到最有生命力、最能推動社會進步的企業之樹。關於社會進步，著名經濟學家熊彼特曾經寫了一本關於資本主義社會與企業家精神的書——《經濟發展理論》（*Theory of Economic Development*），將企業家創業精神視作推動社會進步的重要力量，我非常認同他的觀點。我認為在社會發展當中，推動社會進步的最根本力量只有兩個，一個是技術進步，另一個是企業家的創新創業精神。依靠企業家精神，才能推動技術進步應用於實踐，造福於人類，這是推動社會進步的最根本的東西。如果我們的金融能夠把金融活水灌溉到這樣一個企業之樹的根部，金融才真是做對了、做好了。

到目前為止，我可以將「好的金融」的涵義做一個總結，它的內涵可以概括為這樣兩句話：第一，**不脫離實體經濟的金融；第二，能夠幫助實現創業和技術進步的金融。**

## 怎樣做「好的金融」——做小微金融？

知道了什麼是「好的金融」以後，接下來就是如何實現它。這是一個太大的話題，需要有更深入更全面的研究思考，而且今天時間有限，即便我認為是成熟的想法可能也沒有足夠的時間匯報了，只能挑我認為最重要的內容說說。這個最重要的內容就是：在當前這個時代，做「好的金融」的第一要義就是做好小微金融，必須先強調一下，我在這裡說的小微金融，**不僅指為窮人服務的普惠金融，更多的是為創業企業、中小企業服務的金融**。按照我這個定義，小微金融的範圍很大，包括網路上的P2P的借貸、群眾募資、風險投資，還有供應鏈金融、村鎮銀行、行業的互助聯盟、民間自發組織的金融互助會、小額貸款公司、股票市場中的創業板市場、商業銀行的小額貸款等，這些都屬於小微金融的範疇。

為什麼好的金融就是做小微金融？我這樣講不完全是出於道德道義方面的考慮，什麼事情如果沒有天時地利人和，再善良的主觀想法也缺乏實現的依據。關於做小微金融，我有三個非常客觀的理由：

## 第一，順應時代發展的需要

必須承認，人類社會在資訊技術的衝擊下，目前正在朝資訊社會迅速邁進。全世界正處在大工業社會向資訊社會的轉化當中，或者說正處在時代的轉折點，或者已經通過轉折點，進入了資訊社會。無論你是否願意，無論你是企業家、政治家，還是家庭和個人，都實實在在地體會到了資訊化大潮的衝擊。它不僅改變了人們的社交關係、生活情趣，而且改變了企業的經營模式，更改變了政府對國家的治理模式。從經濟角度看，資訊社會帶來的最大好處是降低交易成本。諾貝爾經濟學獎獲得者科斯的研究成果，讓我們知道企業這種經濟組織存在的本質原因是市場交易成本過高。市場交易成本相對於企業內部交易成本越高，企業組織的邊界越大，企業規模越大。隨著資訊技術發展，資訊成本的降低讓市場交易成本下降，企業組織的邊界可以變小了，大而全的企業將會讓位於小而專的企業。所以企業變小將成為不可逆轉的趨勢。與此相對應，是在資訊網路技術支持下的更大範圍的社會分工，更多各具特色的小企業，以及更大規模的社會協同。

其實，資訊技術的發展對企業規模的衝擊已經開始了，這種變化首先從貿易、服務業開始，比如阿里巴巴、京東這樣一些網路電商的平台發展速度這麼快，說明了什麼？說明網路技術大大降低了貿易成本，使很多小電商代替實體店，提供了更多個人創業的機會。二〇一四年夏天我參加了阿里巴巴集團組織的農村電商考察，跑了很多地方，發現網路電商平台的確為農民提供了致富之路，真的是一個村一個村的整體致富。除了電商，還有互聯網金融（網路金融）、網路教育、網路諮詢等服務業的發展，這些都是最有活力、最體現平民創業機會，實現自我就業、致富的實例。隨著綠色能源、3D列印技術的進一步發展，製造業也可以小型化。企業小型化為創業、自我就業帶來越來越多的機會。

如果說大工業時代的大企業需要大金融服務，大金融的商業模式對接大企業需求的話，那麼，資訊時代的小企業需要有與之對接的小微金融。小微金融的發展實在是順應時代呼喚、滿足社會進步的需要。

## 第二，幫助金融回歸實體經濟的原點

我們知道大金融的特點是依賴專門的大型金融機構，因為金融專家具有蒐集和分析資訊的優勢，大型金融機構具有規模經濟的效果。但帶來的問題是，增加了金融的代理成本，集中了社會金融風險，也使金融機構在自我膨脹驅動下，自己和自己玩，越做越大，脫離實體經濟原點。其實，真正好的金融應該是直接金融，去除中介。但過去高昂的資訊成本使得直接金融很難做到低成本、高效率。資訊技術的發展讓我們看到了用低成本、高效率的直接金融替代金融中介的曙光。目前的直接體現就是互聯網金融。關於互聯網金融，我對它評價非常高，它能幫助我們去中介化，降低社會的金融成本，不會讓社會百分之四十的利潤流入金融機構。試想，如果這些利潤用於推動科學技術的發展和創新，讓它們創造更好的技術產品造福人類，豈不比金融街上的所謂金融創新更有價值？而且，直接金融是點對點的金融對接，最終投資者將錢直接投給實業家等最終融資者，中間沒有灑漏，金融與實體經濟的距離拉近了，金融鏈條縮短了，金融產品簡單了，這樣的金融可以做到始終站在它的起點上為實體經濟服務，保證金融之水一點一滴都灌溉到實體經濟之樹，沒有浪費。這多好！這種金融不做，我們還要做什麼金融？我們必須鼓勵支持小微金融發展，因為它是最「接地氣」的，它在灌溉實體經濟之樹的過程當中起到的是滴灌的作用。

## 第三，幫助縮小貧富兩極分化，實現共同創業、共同富裕

《二十一世紀資本論》的作者是法國經濟學家皮凱蒂。這本暢銷書的作者提出，在工業化社會中，財富的分配將會越來越不平等。如果這是事實，怎麼辦呢？今天會議中我聽到的大多數說法是要加強財富的二次分配，透過重稅將富人的錢分給窮人以均貧富。但我以為這是末技，是沒有辦法的辦法，也是有很大副作用的辦法。「授人以魚不如授人以漁」，最好的辦法是鼓勵窮人創業、自我就業。但我相信此話一出立即會招致反駁，比如創業的高風險等。但是我們別忘了，資訊時代企業變小的趨勢，會給普羅大眾提供更多自我就業的機會，創業成功的機率會比大工業時代要高。如果我們每個人都有公平的、風險較低的創業機會，形成數量龐大的中小微企業，大資本、大企業、大富豪的時代就會被小資本、小企業、均貧富的時代替換。這是最理想的結果，比經由重稅來均貧富要好得多。其實，發展小企業對解決社會貧富兩極分化問題的意義，早就被許多有識之士認識到。二十世紀七〇年代一個叫舒馬赫（E.F.Schumacher）的英國經濟學家（也是企業家）寫了一本書，書名為《小的是美好的》（*Small is Beautiful*），作者針對大工業經濟時代大企業帶來的經濟無效率、環境污染、貧富兩極分化問題，提出小的企業才是美好的，並進一步指出可以藉由縮小工作單元，善用地區性人力資源和工作場所幫助企業變小。但遺憾的是，四十年前的資訊技術還沒有發達到足夠的程度，使得地域性的小企業能夠以低的交易成本與大企業媲美，舒馬赫的美好願望無法實現。四十年來人類社會資訊技術的快速發展使舒馬赫的理想有望實現

了，資訊時代提供的技術便利大大推動了小企業發展，並能夠透過小企業、自我就業實現均貧富，這就是技術進步推動人類社會進步的力量！

關於這個問題，我還想再表達一個意思，就是科學技術進步對於推動人類社會平等和諧發展的力量，可能比單純制度設計要大得多。稅收政策手段也好，貨幣政策手段也好，都是以人為干預來均貧富，可能會帶來更大的負面作用。唯有技術進步是自然演進的結果，在這個時候，即使制度沒有變化，技術進步都會把我們推到這個位置上，實現我們所期望的大同社會。只要我們不刻意去阻攔，而是順應時代潮流，透過鼓勵而不是阻礙技術進步和企業家創新，就能夠在很大程度上解決貧富兩極分化的問題。如果我們的金融能夠順應這樣的趨勢，為技術進步和企業家創業、創新提供足夠的金融支持，這個金融不就是好的金融嗎？小微金融對接小微企業，所以小微金融就是好的金融！我們應該發展小微金融。

資訊技術的發展為小微企業發展提供了天時地利，那麼小微金融則為小微企業的發展在天時與地利的基礎上，又加入了人和。所以發展小微金融是大勢所趨，符合時代發展的需要，符合建設和諧社會的需要，符合道與德。因此我呼籲老博士們，發揮你們的能力，支持、支援小微金融的發展。

## 怎樣發展小微金融？

按照剛才我對小微金融的定位，小微金融包括所有為創業企業、中小微企業服務的金融，範圍很大，既有被監管機構認可並監管的小微金融活動，如小貸公司、村鎮銀行、風險投資、創業板市場的金融交易，又有尚未被正式認可或正在等待被認可的小微金融活動，如民間金融組織（比如合會、標會）、行業金融互助同盟、供應鏈金融、P2P網路借貸、群眾募資等。這是一個數量龐大的、特殊的金融群體。與大金融機構等正規部隊相比，小微金融更草根、更游擊隊、更民間化。而且事實上，它們更不受監管者待見，政策上處於被歧視狀態。所以，儘管小微金融是好的金融，需要大力發展，但是它們的生存環境惡劣，除了面臨較高的企業違約風險外，還面臨很高的政策風險。因此，要發展小微金融，在制度上起碼要做兩件基礎性的事情。

## 第一，摘掉有色眼鏡，公平對待小微金融

中國特殊的經濟發展歷史構造了非常發達的大型正規金融機構，基本上沒有民營金融機構的生存空間。長期以來民間金融活動更是被打上「原罪」烙印，被視為金融投機活動而成為監管者打擊的對象。儘管近年來對民間金融活動的態度寬容了一些，但有歧視色彩的有色眼鏡還沒有摘下。在我們的界定中，大量小微金融是以非正規金融、民間金融的形式進行的。如果監管者不摘掉有色眼鏡，小微金融始終是帶著鐐銬跳舞。事實上，小微金融與大銀行這些正規部隊的一個顯著區別是，它完全是順應中小微企業的需要自發產生的，它更「接地氣」、更有生命力，商業模式更靈活多樣。如果我們摘掉有色眼鏡，不因為小微金融群體中出現的一些投機現象而徹底否定它，我們會看到小微金融群體其實是很精彩的，它們五顏六色、豐富多彩，具有金融的原生態，也因此更體現了金融的精髓和民間金融創新的智慧。談到小微金融中的投機活動，必須說，金融交易從來都是投資與投機伴隨，即便是大型金融機構這些正規部隊，同樣存在數量不少的投機活動，如果我們對正規部隊的投機活動視而不見，或者認為批

評後改正就好，而對非正規部隊的投機活動視若仇敵，存有「一旦出現就一棒子打死，堅決消滅之」的心態，那就太不公平了，是嚴重的監管歧視。所以，小微金融的發展需要監管，但最需要的是公正的監管。

我想舉一個真實的例子，告訴大家在民間金融活動中，有這樣一些人和組織，他們的所作所為不僅必須讓我們這些金融專家、學者以及政府官員摘下有色眼鏡，而且讓我們感動和敬佩。河南省鄭州市有一個叫「3＋1誠信聯盟」的組織，目前有上千家會員企業。該組織是介乎於金融機構和企業之間的一個組織，通過合作、共擔風險，幫助企業獲得金融機構的貸款及投資人的支持。這聽起來很像一般的互助合作社，甚至一些小貸公司做的事情。但當我們走進「3＋1誠信聯盟」時，發現它們做的事情遠遠超過簡單的借貸互保。「3＋1誠信聯盟」以營造和諧大家庭方式，增加聯盟成員之間聯繫的緊密度；以幫助經營者成為成功的企業家的心態，為會員企業提供經營管理的服務和諮詢，使來自五湖四海的中小企業家感受濃濃的鄉情、親情和友情；以誠信為理念，倡導企業家遵誠守信，降低借貸的違約風險。而這些做法與理念的背後，是聯盟組織者對中小微企業家勇敢、執著創業精神的尊重與敬佩，這使得誠信聯盟的所有做法都體現了耐心引導和扶持幫助。比如，聯盟倡導企業家誠信，在「3＋1誠信聯盟」宣言中的第一句話就是「我是經營者，我是企業家，我是誠信人」，而且在對成員業績考評中加入誠信積分，積分越高，借貸成本越低，並嚴格風險監控，懲罰失信者。這種看起來費事、與一般貸款人將借款人看做有違約「原罪」大相逕庭的做法，背後隱含的是對企業家「性本善」的相信和對企業家的尊重，所以有先揚善後抑惡，抑惡是為了揚善。聯盟幫助會員以行業自發組織的方式實現互幫、互助、互惠，一方面相互幫助，另一方面依靠監督和風險控制。「3＋1誠信聯盟」把自己定位於非營利性組織，幫助企業獲取盡可能低成本的借款，將扣除營運成本後的收入剩餘用來建立誠信基金，以最終取代盟員繳納的風險保證金，實現完全良性循環。其實，「3+1誠信聯盟」的價值遠在幫助企業融資之上。首先，它可以成為好企業的孵化器：透過提供諮詢輔導，幫助小企業改善管理，減少決策失誤，從而培育好的企業和誠信的企業；其次，它可以成為資源、資訊的交流平台，充分體現網路化的思維與運作，在開放交流中實現企業之間的平等、互助、共贏，並對接更多的服務和商機。更重要的是，「3+1誠信聯盟」的家文化致力於在資金以及其他資源的幫助中給家人以「魚」、「漁」、「譽」、「愉」，這四個「YU」表達了企業家除了收穫生存、經營之外，還收穫聲譽與愉悅、幸福這些更高層次的追求。「3+1誠信聯盟」家的文化、誠信的旗幟、行業自律互助的做法，無不體現了民間組織在幫助解決中小微企業融資困難的聰明智慧，甚至正能量，是真正的好金融。面對它們我們只有敬佩之心！

河南省鄭州市「3+1誠信聯盟」只是眾多從事金融活動的私營組織之一，可以確定還有很多的類似組織扎根於小微企業，服務於小微企業。它們的運作模式和經營智慧不遜於正規大型金融機構，政府要做的是對它們的扶持和正常監管，而不是過度干預和不當監管。同時，從「3+1誠信聯盟」的運作中我們深切感受到，政府扶持小微企業資金與其簡單用於正規銀行的小微貸款貼息，不如用於扶助這些植根於中小微企業的金融及金融服務組織，這樣才會真正放大資助效果。

## 第二，盡快完善社會徵信體系

我們知道金融風險的本質是資訊不對稱，金融專業機構存在的一個重要理由也是依賴專家管理降低資訊不對稱，從而降低逆向選擇和道德風險。小微金融面對萬千中小微企業和個體經營者，與大企業比較，這類企業經營時間短，規模小，知名度低，管理不規範，穩定性差，缺乏完整可信的財務資訊，資訊不對稱程度更高，違約風險更大，並且小微企業可抵押資產少，缺乏擔保能力，對其貸款只能以信用貸款為主。在這種情況下，小微金融對企業的信用評價有更高的要求，對社會徵信體系有更強的依賴。但非常遺憾的是，中國目前的社會徵信體系遠遠落後於實踐需要，現有以銀行為主體的徵信系統主要服務於大中型企業金融，無法解小微金融服務於小微企業之渴。在鄭州市「3＋1誠信聯盟」的案例調查中，我們深切體會到這些植根於小微企業，希望滿足小微企業融資需要的組織是如何艱難地以自己微薄之力全力構建徵信系統，以保護誠信企業不至於因為失信企業的惡意行為受損失，保護誠信大旗不倒。但是，在社會徵信體系極其落後的情況下，惡意逃債者只要離開當地，還可以繼續作為。聯盟組織的威懾力如江河之一滴水。類似的例子在其他小微金融活動中比比皆是，比如網路P2P借貸，之所以在二〇一三至二〇一四年出現那麼多圈錢跑路的騙子，一個重要原因是缺乏社會誠信紀錄，人們無法查驗融資者的以往紀錄，更無法因為失信者的劣跡而給其嚴厲懲罰。社會徵信體系的落後大大降低了失信者的違約成本，提高了投資人的違約風險，長此以往，市場終將被劣幣充斥，最後崩潰。如果我們有極度發達的社會徵信體系，則可以極大地抑制惡意違約、欺騙行為，因為社會徵信體系不僅可以幫助人們準確瞭解借款信用狀況，而且可以對借款人產生威懾力，使其不敢輕易違約，一旦違約則名揚天下，所有商業交易甚至交友都會受影響，走到哪裡都躲不過去。在如此強大的威懾力下，有誰還敢輕易違約？所以，社會徵信體系是發展小微金融事業的基礎，更是小微金融的生命線。加快社會徵信體系建設已經到了刻不容緩的地步。

怎樣才能加快社會誠信體系的建設？這是一個非常重要的話題。徵信體系建設需要大量投入，需要有眾多的個人和企業資訊，怎樣才能有效蒐集這些資訊？是依靠政府的強制命令，還是依賴市場運作？如果依賴市場，應該建立怎樣的規則保證既不侵犯個人隱私，又能有效維護金融交易以及其他商業交易秩序？諸如此類的問題都需要我們做深入研究。據我瞭解，早在十年前關於建設誠信社會的事情就已經成為中國政府、學界關注的焦點，並採用了政府主導的運作模式，由中國人民銀行以及部份地方政府建立了自己的徵信系統。但這麼多年過去了，我們並沒有看到一個有效運作的社會徵信體系，唯一的亮點是中國人民銀行徵信局，但其資訊量十分有限，數據資訊基本來自各大銀行，徵信局只是起到銀行之間資訊交換平台的作用，而且其運作效率低下，基本不為小微金融提供服務。這個事實證明，中國由政府主導的社會誠信體系建設模式基本是失敗的，需要借助市場的力量。本屆政府提出動員全社會力量建立社會徵信體系，這實在是英明之舉。但允許社會力量辦徵信，並不意味政府放任不管，政府在有所不為的時候還要有所為，所謂「為」，就是要透過加快法律法規的制定，為徵信市場建立好的制度規則，並適當給予稅收政策支持與資金支持。

非常幸運的是，在我們高度重視並加快社會誠信體系建設之際，恰好是網路通訊技術快速發展之時。網路技術、網路市場、網路環境為我們全面、快速獲取個人以及企業資訊提供了技術可行性。只要充分利用資訊技術和大數據資源，就可以建成發達的社會徵信體系，其品質可以達到甚至超過歐美等已開發國家用近一百年時間建立的徵信體系。但是，「萬事俱備只欠東風」，就是關於徵信體系的相關立法，如果立法不跟上，徵信體系建設將面臨巨大的司法風險，嚴重阻礙社會誠信水準的提高。另外，還有資訊共享的問題。徵信資訊的價值在於共享，資訊不共享，資訊價值會貶值；資訊共享，會產生

「1＋1」大於2的效果。在鼓勵社會力量辦徵信時，如何透過市場力量引導各方實現資訊匯聚共享，是需要社會各界共同努力的事情。在這方面，行業協會、學術機構以及政府均應該積極發揮自己的作用。

我們應該意識到，社會徵信體系的建設不是某一個企業的事情，也不僅僅是政府的事情，是全社會每一個公民的事情，因為徵信體系的建設不僅關乎金融秩序，而且關乎商業秩序、道德秩序的維護。因此，支持與幫助建設徵信體系，應該成為社會每一個公民的義務。我們希望藉由社會徵信體系的建設，使人人講誠信，尊禮儀，守規則，使中華文明古國「仁、義、禮、智、信」的優良傳統再度發揚。

至此，從好金融到小微金融，從小微金融到社會誠信體系建設，從誠信體系建設到「仁、義、禮、智、信」的社會美德……但是到這裡你們會突然發現話題被引到了社會，沒錯，這就是好的社會，也是「好的金融與好的社會」！

---

**李焰**，於一九九六年在中國人民大學獲得經濟學博士學位。現任中國人民大學教授，兼任中國人民大學小微金融研究中心主任，清華大學中國金融研究中心特聘研究員。曾兼職中國證券市場研究設計中心研究部主任。教育部第一批人文社會科學長江學者特聘教授、遼寧省高等學校攀登學者。目前的研究興趣為民間金融、小微金融。重點是基於網路平台和其他社會網絡的金融交易研究。

# PART 2
# 筆談篇

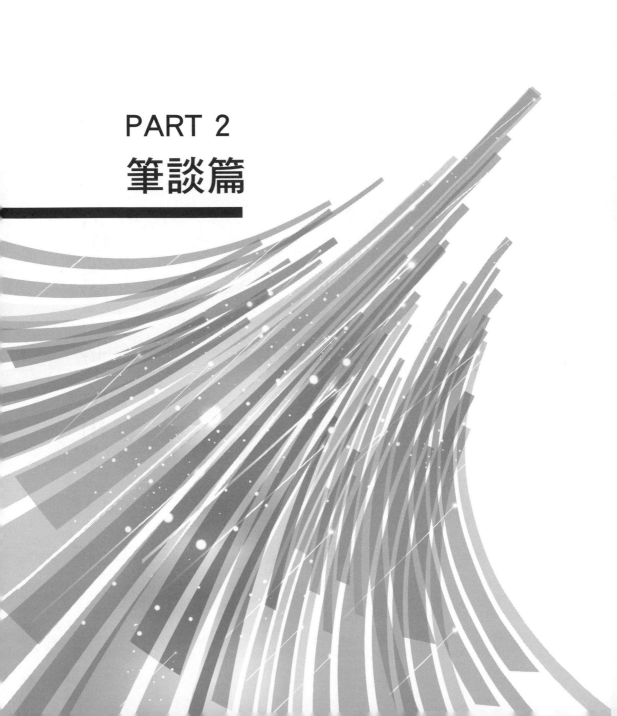

# 論收入分配制度的改革和完善

洪銀興

收入分配制度是經濟社會發展中的一項基礎性的制度安排，是社會主義市場經濟體制的重要組成部份。三十多年來中國發展的成功，在制度上，除了靠市場配置資源外，就是靠打破平均主義的分配體制，建立起了按勞分配為主體、多種分配方式並存的分配體制，允許一部份地區、一部份人先富起來。在人民收入普遍提高的同時，收入分配領域也存在一些亟待解決的突出問題，如收入差距擴大的問題，收入分配秩序不規範的問題，部份群眾生活比較困難的問題。在中國進入新的發展階段後，需要繼續深化收入分配制度改革，優化收入分配結構，調動各方面積極性，促進經濟發展方式轉變，維護社會公平正義與和諧穩定，實現發展成果由人民共享。

## 生產要素參與分配及其實現

分配關係本質上和生產關係是同一的，是生產關係的反面。一個社會實行什麼樣的分配制度，與該社會的基本經濟制度相一致。馬克思認為，「分配的結構完全決定於生產的結構，分配本身就是生產的產物，不僅就對象說是如此，而且就形式說也是如此。就對象說，能分配的只是生產的成果，就形式說，參與生產的一定方式決定分配的特殊形式，決定參與分配的形式。」❶在社會主義初級階段，基本經濟制度已明確為公有制為主體，多種所有制經濟共同發展。這種所有制結構反映在分配制度上就是按勞分配為主體，多種分配方式並存。按勞分配為主體是公有制為主體在分配上的體現，資本、技術、管理等要素參與分配則體現多種所有制經濟的共同發展，也就成為社會主義初級階段分配制度的重要組成部份。

中國共產黨的十四大與確認社會主義市場經濟同步提出：允許屬於個人的資本等生產要素參與收益分配。中國共產黨的十五大提出，允許和鼓勵資本、技術等生產要素參與收益分配。這裡增加了技術要素。中國共產黨的十六大提出，確立勞動、資本、技術和管理等生產要素按貢獻參與分配的原則。這裡增加了管理要素。中國共產黨的十七大報告和十八大報告都提出，健全勞動、資本、技術、管理等生產要素按貢獻參與分配的制度，這裡突出了相應的制度建設問題。十八屆三中全會在堅持上述生產要素按貢獻參與分配的基礎上，又提出了新的要求：各種生產要素的報酬由各自的生產要素市場決定。

生產過程是多種生產要素的結合，包括勞動、資本、技術、管理、土地等要素。其中管理要素也稱為企業家要素。不同生產要素參與分配在馬克思看來就是新生產的價值在不同要素所有者之間的分配。這就是他說的：「這個價值的一部份屬於或歸於勞動力的所有者，另一部份屬於或歸於資本的所有者，第三部份屬於或歸於地產的所有者。因此，這就是分配的關係或形式，因為它們表示出新生產的總價

❶《馬克思恩格斯選集》，三版，第二卷，六九五頁，北京，人民出版社，二〇一二。

值在不同生產要素的所有者中間進行分配的關係。」❷這就是說，分配方式是要素所有權在經濟上的實現。工資、利息、地租分別是勞動力、資本和土地所有權在經濟上的實現。技術和管理要素的報酬也是這樣。

在馬克思的設想中，未來社會的生產資料公有，只有勞動力是勞動者所有的，其他要素如資金、勞動、技術、企業家等都是公有的，相應的就只存在按勞分配，其他要素沒有參與收入分配的要求。而在現實中的社會主義初級階段，基本經濟制度是公有制為主體，多種所有制經濟共同發展。不僅是勞動力，其他要素都屬於不同的所有者。儘管其中的國有企業是公有制企業，但它相對於並存的各種所有制企業對其所有的要素也有所有權的要求。因此在社會主義初級階段，資本、技術、管理等要素都屬於不同的所有者（包括私人）所有。與此相對，所要建立的收入分配制度，**不僅要刺激勞動效率，還要刺激資本、技術、管理等要素所有者的各種要素的投入**，特別是讓一切勞動、知識、技術、管理、資本的活力競相迸發，讓一切創造社會財富的源泉充分湧流，就要在收入分配體制上承認要素報酬，根據資本、勞動、資源、技術和企業家等要素在生產過程中的投入和貢獻取得相應的報酬。

在社會主義初級階段發展生產力的主要約束因素是資本、技術、企業家要素供給不足。單靠按勞分配不可能起到動員勞動以外的要素的作用。生產要素參與分配的關鍵是建立相應的激勵機制。

**一是激勵資本投入**

在現階段，發展經濟需要足夠的資本投入，投入資本的主體不僅有國家，還有企業、私人。在由多元投資主體組成的公司中就有所有者權益的要求。就激勵私人資本的投入來說，不但已經明確有沒有個人財產、有多少財產不能成為政治上先進落後的評價標準，而且要創造條件讓居民得到更多的財產性收入。私人資本投入有兩種類型。一類是私人直接接辦企業僱傭勞動，作為私營企業主獲得資本收入。另一類是居民將一部份不用於消費的收入，購買股票取得股息，購買債券取得債息，也可透過持有企業（包括私人企業）股權的途徑獲取資本收益。承認所有這些不同途徑的資本所有權收入，並且提供不同風險和收益程度的私人投資管道，也就提供了足夠的激勵私人資本投入的機制。

## 二是激勵技術投入

技術投入不僅包括技術人員的直接研發活動，本身屬於創造價值的勞動，也包括其物化的或者資訊化的專利之類的知識產權及產業化的科技成果。因此，激勵技術投入涉及兩個方面：一方面，技術人員直接的研發屬於複雜勞動，理應得到比簡單勞動更高的價值。另一方面，科技人員投入的專利等創新成果的價值應該得到科學的評價，現實中科技成果的價值往往被低估，就如馬克思所說的，「對腦力勞動的產物——科學——的估價，總是比它的價值低得多，因為再生產科學所必要的勞動時間，同最初生產科學所需要的勞動時間是無法相比的。例如學生在一小時內就能學會二項式定理。」❸要解決這個問題關鍵是建立嚴格的知識產權保護制度，保證知識產權的收入得到體現。從而在要素報酬上使技術投入和成果的所有權在分配上得到體現，技術開發所付出的成本得到補償並得到相應的收益。

---

❷《資本論》，二版，第三卷，九九三頁，北京，人民出版社，二〇〇四。

❸《馬克思恩格斯全集》，中文一版，第二十六卷，三七七頁，北京，人民出版社，一九七二。

## 三是激勵經營者成為企業家

企業家體現管理的能力和素養。管理是一種生產要素。在馬克思的勞動價值論中，對管理有兩個方面的界定：第一，它是參與創造價值的勞動；第二，它是資本的職能。這就是馬克思所說的：「一切規模較大的直接社會勞動或共同勞動，都或多或少地需要指揮，以協調個人的活動，並執行生產總體的運動——不同於這一總體的獨立器官的運動——所產生的各種一般職能。……這種管理、監督和調節的職能就成為資本的職能。」❹管理所投入的不僅是直接投入的管理勞動，更重要的是管理的能力，也就是企業家的精神和能力，可以歸結為管理者的人力資本。根據熊彼特的界定，企業家與創新相聯繫。只有不斷地進行產品創新、技術創新、市場創新和組織制度創新的經營者才能成為企業家。經營者要成為企業家除了有充分的經營自主權外，關鍵是在分配機制上承擔創新的風險和收益，也就是獨立的報酬。既能獲得創新成功的收益，也要承擔創新失敗的風險。與此相關的激勵機制包括經營者透過股權、年薪、期權等分配形式參與利潤分享，體現經營者的管理才能及其投入，尤其是在收入分配上鼓勵管理創新就可以促進更多的經營者成為企業家。

在社會主義初級階段，既要堅持按勞分配為主體，又要承認各種要素按貢獻取得報酬。這種分配原則如何實現呢？

在馬克思的分配理論中，在總價值 c＋v＋m中，v＋m是新創造價值，也就是可分配收入。其中 v是勞動報酬，m是剩餘，在資本主義條件下稱為剩餘價值，在中國現階段統稱為利潤。要素的貢獻實際上表現為各種要素對 m增加的貢獻，與此相應的要素報酬實際上是指對 m的分割。

首先是v的分配，即按勞分配取得的勞動報酬按投入的勞動作為衡量標準。勞動投入不僅涉及直接生產過程中的勞動者的勞動，也包括不在生產現場但對生產起作用的技術人員、管理人員，包括企業經營者的勞動，毫無疑問，技術人員和管理人員由於提供的是複雜勞動，因此有更高的報酬。提高勞動者收入，也包括提高技術和管理人員的勞動報酬。其意義在於提高v在v+m中的比重。在企業中，v是作為成本而存在的，m的增加往往是以降低v為前提的。由此產生勞動者收入不能隨勞動生產率提高而提高的狀況，尤其是在企業遇到困難時，企業為保證m而力圖降低v，包括裁員，由此產生一系列的民生問題。顯然，在社會主義初級階段所要強調的按勞分配為主體應該是指在v+m中，v佔更大的比例。

其次是m的分配，即要素按貢獻取得報酬，體現的是各類要素的所有權（使用權）要求。企業就是各種要素的集合。現代經濟學提出的分享剩餘概念指的就是m的分配。長期以來，m都只是被看做資本的報酬。企業的股權結構就是投入企業的資本結構，技術、管理等要素不可能參與m的分配。在現代經濟中，參與創造m的不僅有物質資本要素，還有技術、管理等要素。而且其中的私人產權不僅僅是物質資本產權，還包括專利之類的知識產權、企業家人力資本產權。如果這些要素所有者得到的只是勞動報酬，而沒有分享剩餘，其要素所有權就沒有得到實現，根據現代制度理論，這些要素所有者也會偷懶。在所有權與經營權分離的公司制中，建立經營者分享剩餘索取權之類的激勵機制可以克服因資訊不對稱所產生的各種機會主義行為。因此卓有成效的激勵，應該是技術和管理要素參與m分配，其路徑是要素

---

❹《馬克思恩格斯文集》，一版，第五卷，三八四頁，北京，人民出版社，二〇〇九。

股權化。就是說，企業股權結構中，除了物質資本外，還必須包含技術股權和企業家股權。這就是要素股權化。相應的m分配必須在資本、技術、企業家等要素的所有者之間進行，並以此為基礎進行按股分紅。相應的報酬就是作為資本報酬（利潤）、知識產權收入、企業家股權收入。

需要進一步研究的是勞動者能否參與m的分配問題。儘管勞動者投入勞動取得相應的報酬（v），但是為了形成資本所有者和勞動者利益共同體，可以藉由企業員工持股的方式，參與m的分配，從而真正形成勞動者對企業的所有者利益的激勵。如果勞動者對企業有技術投入，當然有另外的技術股分紅。

知識、技術和管理在股權化時應該還原為多大的資本份額？這就提出要素的市場評價問題。這就是十八屆三中全會所指出的，健全資本、知識、技術、管理等由要素市場決定的報酬機制。要素報酬的市場決定有以下兩個功能。

首先，資本、勞動力、技術、管理等生產要素的報酬價格分別在各自的要素市場上形成，對於有效地配置和使用生產要素起的積極作用是十分明顯的。在市場上形成各種要素的價格，反映各種要素的市場供求關係。準確地反映各種生產要素的稀缺性，體現在要素報酬比例上。企業依據由市場決定的生產要素價格對投入要素進行成本和收益的比較，以最低的成本使用生產要素，要素供給者則依據要素市場價格來調整自己的供給，其效果是最稀缺的資源得到最節約的使用並且能增加有效供給，最豐裕的資源得到最充分的使用。

其次，要素市場上供求關係的評價，同時也是對各種要素的貢獻做質的評價。企業以此為標準給要素定報酬。在一般情況下，尤其是在資本推動型增長階段，各種要素是被資本推動並集合進行生產過程的，資本（物質資本）對經濟增長起支配作用，因此對資本要素的評價較高，分配向資本所有者傾斜。而在現代，在創新驅動型經濟中，知識資本和人力資本比物質資本的增殖能力更強，相應的技術和管理要素收入在m中所佔份額也會增大。

## 收入分配中的效率與公平

公平和效率是任何一個國家政府都要面臨的重大問題。中國在改革開放以前，收入分配基本上屬於保障性分配，追求的是平均主義。實行這種分配政策的結果是普遍的貧窮。在轉向市場經濟體制後，為了加快增長，允許一部份地區、一部份人先富起來，選擇了效率優先、兼顧公平的收入分配體制。效率提高的效應非常明顯，但隨之而來的是，不同地區、不同行業、不同階層居民之間收入差距的明顯擴大，人們對促進社會公平的呼聲又明顯加大。尤其是在中國進入中等收入國家發展階段後，為了跨越「中等收入陷阱」，社會公平問題更為突出。

現在人們所關注的效率與公平關係問題主要是指**收入分配結果的不公平問題**，即收入差距擴大問題。

中國收入差距擴大是在城鄉居民收入都有較大幅度增長的基礎上產生的。目前的收入差距突出表現在四個方面：一是城鄉收入差距在擴大，由二十世紀八〇年代初期的一・九比一擴大到二〇一二年的三・一比一；二是不同行業的收入差距在擴大；三是地區之間的差距在擴大；四是不同階層收入差距在擴大，涉及勞資收入差距，企業中高管與員工之間的收入差距。這些差距疊加可能造成嚴重的收入不平等問題。

根據一些國家經濟發展的經驗，收入差距的擴大和縮小同經濟發展的水準相關。西蒙・庫茲涅茨指出，人均GDP水準和收入分配的不平等程度是按倒U形的形式發展的。也就是說，隨著人均GDP的增長，收入不平等程度起初也是增長的。這種不平等程度在人均GDP達到中等收入水準時（據某些學者的統計分析，一般是在三千美元以後）達到最高點，然後便開始下降。

學術界依據經濟發展的實踐對貧富差距的擴大做了說明：一種解釋是二元結構變動的影響。在二元經濟結構中，經濟增長在現代化的工業部門首先發生，在這個部門，就業量小而生產率高、工資高，而在傳統農業部門中，就業量多而生產率低、工資低。在傳統農業得到改造之前，兩個部門的收入差距將隨著經濟的增長進一步擴大。另一種解釋是發展效應。在發展的初始階段，除了二元結構的初始變動會帶來分配的不均外，外資企業進入，高收入階層的收入在總收入中的比重顯著上升；同時，結構調整會使弱勢行業出現下崗和失業，會使分配不均情況更趨嚴重。還有一種解釋是經濟起飛對儲蓄的影響。經濟起飛需要巨額資金積累，能為之提供巨額儲蓄的只有高收入階層，因此，在經濟起飛時期，收入分配政策向最能提供儲蓄的高收入階層傾斜，由此便擴大收入差距。

雖然按勞分配本身也存在分配結果的不平等，但僅僅是按勞分配不至於會產生如此大的差距，排除某些行業的壟斷因素，按要素貢獻取得報酬是產生較大收入差距的主要因素。不同的人由於擁有的要素存在很大差別，儲蓄能力強的，技術水準高的，經營能力強的，致富能力就強。再加上改革開放提供的發展機會也很多，就如《資本論》所說，「隨著投機和信用事業的發展，它還開闢了千百個突然致富的源泉。」[5]能夠抓住機會的主要是這些人。因此，富者更富的效果也非常明顯。

最近法國經濟學家托馬斯・皮凱蒂在《二十一世紀資本論》一書中對庫茲涅茨的倒U形曲線做了

圖一　一九一〇～二〇一〇年美國收入不平等

說明：美國收入前百分之十人群的收入佔美國國民收入的比重從一九一〇至一九二〇年的百分之四十至百分之五十下降到二十世紀五〇年代的不足百分之三十五（這一下降被庫茲涅茨記錄在案）；之後該比重從七〇年代的不足百分之三十五上升到二〇〇〇至二〇一〇年的百分之四十五至百分之五十。

資料來源：托馬斯・皮凱蒂：《二十一世紀資本論》，二五頁，北京，中信出版社，二〇一四。

修正，他把庫茲涅茨曲線截止的時間段（一九四九年）進一步延伸到二〇一〇年。根據他所掌握的數據，無論是美國還是歐洲，前百分之十的富人家庭收入水準均呈明顯的上升趨勢，由此收入的不平等明顯加劇（見圖二）。根據該書的解釋，收入差距持續擴大的原因主要是兩個：一是**資本收益率顯著高於經濟增長率**，「相對於勞動一生積累的財富，繼承財富在財富總量中將不可避免地佔絕對主導地位，並且資本的集中程度將維持在很高的水準上。」❻二是**大公司的高管收入激增**。「一個可能的解釋是，這些高級管理者的技能和生產率較其他人有了突飛猛進的增長。另一個解釋是，這些高級管理者擁有制定自己收入的權力。」❼

中國收入差距擴大是在城鄉居民收入

❺《資本論》，二版，第一卷，六八五頁，北京，人民出版社，二〇〇四。
❻托馬斯・皮凱蒂：《二十一世紀資本論》，二七頁，北京，中信出版社，二〇一四。
❼同上，二六頁。

都有較大幅度增長的基礎上產生的。從發展的角度研究中國的收入差距擴大問題，在肯定為了效率的提高而適當拉開收入差距的必要性的同時，必須清醒地意識到，收入差距有個容忍度問題。在低收入階段為了謀求發展，人們也可能容忍收入差距的擴大。而在進入中等收入階段後，人們不可能繼續容忍越來越大的收入差距，更不能容忍權利的不公平以及由此產生的收入差距。而且隨著改革的深化，人們對改革成果的分享存在明顯的差異，不斷擴大的收入差距不僅發生在不同地區之間，也發生在不同階層之間。經濟的增長會受到處於相對貧困地位的集團和階層的牴觸。隨之產生的社會矛盾會影響效率，從而影響整個社會經濟持續健康發展的進程。人民不能夠公平合理地分享經濟發展的成果，就不會繼續支持改革和發展。這樣，在新的發展階段所要提出的公平分配，就是指的公平合理的分享經濟發展的成果。

中國改革開放以來，中國共產黨對效率與公平的關係的認識是逐步深化的。十四屆三中全會通過的《中共中央關於建立社會主義市場經濟體制若干問題的決定》提出「效率優先，兼顧公平」的分配原則。十五大報告、十六大報告、十六屆三中全會通過的《中共中央關於完善社會主義市場經濟體制若干問題的決定》都堅持了這個說法。十六屆四中全會提出要「在一部份人、一部份地區先富起來的同時，注重社會公平」。十七大報告和十八大報告指出：「初次分配和再分配都要處理好效率和公平的關係，再分配更加注重公平。」從中可以發現，隨著經濟發展的深入，對效率與公平關係的提法有了新的變化。

效率有兩方面涵義，也就有兩方面相應的公平。一是指資源配置效率，在這裡，市場經濟是天生的平等派，公平就是等價交換的原則。二是指生產效率，即用盡可能少的要素投入生產出盡可能多的產品或服務，涉及單位勞動、資本、土地等要素的生產率。這裡的公平主要是收入分配領域中的公平原則。

按勞分配、按要素貢獻取得報酬都是促進效率的公平原則。在這裡，公平與效率是同一的。

但是公平只可能是相對的，公平權利隱含著不平等。可以從馬克思關於按勞分配的分析中做出這種判斷。按勞分配之所以能促進效率提高，就在於它的公平。「平等就在於以同一尺度——勞動——來計量。」[8]多勞多得，少勞少得。「這裡通行的是調節商品交換（就它是等價的交換而言）的同一原則。」[9]但是，「這種平等的權利，對不同等的人來說是不平等的權利。」原因是以同一尺度去計量不同的個人，就會產生不同的結果。不同的勞動者的體力和能力有差別，不同勞動者贍養的人口有差別。「因此，在勞動相同，從而由社會消費基金中分得的份額相同的條件下，某一個人事實上所得到的比另一個人多些，也就比另一個人富些。」[10]根據此分析方法，在現階段所進行的除按勞分配以外的按要素貢獻取得報酬的分配原則也有這種公平和不公平。按要素貢獻分配，計量的尺度是公平的，但對不同天賦的個人是照顧不到的，產生不公平的結果也是不可避免的。特別是多種要素報酬可能疊加在同一個人身上，收入分配結果不公平會更為顯著。

顯然，效率與公平的關係不是簡單的誰為優先的問題，而是要從兩個層次處理。首先是**推進促進效率的公平**。收入分配領域的公平原則與資源配置的效率目標是同一的。沒有分配的公平原則就不會有效率。其次是**解決收入分配結果的公平問題**，也就是收入差距問題。在這個層面上的矛盾，與其說是效率與公平的矛盾，不如說是收入分配領域中促進效率的公平與分配結果不公平的矛盾。與此相對，現在所

[8]《馬克思恩格斯文集》，一版，第三卷，四三五頁，北京，人民出版社，二〇〇九。
[9]同上，四三四頁。
[10]同上，四三五頁。

講的分配不公就有兩個方面問題：一是影響效率的分配不公問題，例如以權謀私問題、壟斷收益問題，都會影響效率，這種不公問題需要克服。二是效率提高所產生的收入不平等問題。

針對效率提高所產生的收入不平等問題，從政治經濟學角度分析需要以下認識：

第一，雖然公平不等於收入的平等，不等於健康狀況的平等，也不等於任何其他具體結果的平等。但是結果公平仍然非常重要。在社會主義條件下，全體人民都要分享發展的成果，不能出現貧富兩極分化。

第二，機會均等最為重要。現階段機會均等主要涉及三個方面的機會：一是發展機會的均等，如投資的機會、就業的機會均等。二是競爭機會的均等，如公平的競爭環境，規範的市場秩序，公平地獲取市場資源和資訊。中國正在推進的市場經濟體制改革，一方面明確由市場決定資源配置，另一方面建設和完善統一開放、競爭有序的市場體系，其中包括進行反壟斷調查。這種改革就是在提供公平的機會，均等的市場環境。三是政府以更平等的方式提供更多的公共服務、資訊和市場，保證所有人的財產權。機會均等可以縮小結果的不公平，但仍然會產生收入差別。

第三，推進起點公平。從表面上看，分配的不平等在很大程度上是由要素參與分配導致的。但從深層次分析，生產要素參與收入分配產生收入差距的根本原因是，不同的個人所擁有的要素存在很大差別。因此解決收入不平等的關鍵在於縮小不同個人所擁有的參與分配的要素差別。其結果既能做大蛋糕，又能推進結果的平等。在知識和技術成為參與收入分配的要素，而且在收入分配中具有較高權重的情況下，推進教育公平尤其是高等教育的大眾化，增加對低收入人群的人力資本投資，其意義就在於克服由起點不公平造成的結果不公平。就如《二十一世紀資本論》所說：「在很長一段時間內，推動更進一步平等的主要力量仍是知識和技能的擴散。」

以上幾個方面的公平得到貫徹，肯定會影響分配的結果。由於各個分配主體所擁有的要素差異的縮小，以及機會的公平，分配結果的差距也可能縮小。在此前提下，承認由要素報酬所造成的分配結果的不平等，「其意義在促使人們投資於教育和物質資本、促使人們去工作、促使人們冒險方面起到重要的作用。」[11]

## 縮小收入差距和共同富裕

馬克思明確指出：在未來的社會主義制度中，「社會生產力的發展將如此迅速……生產將以所有人的富裕為目的」。[12]這意味著共同富裕是社會主義的本質要求。平均主義不是社會主義，貧富兩極分化也不是社會主義。

根據庫茲涅茨的倒U形曲線，收入差距開始縮小的「拐點」在人均GDP達到中等收入國家的階段。中國二〇一三年的人均GDP已接近七千美元，還沒有發現收入差距縮小的趨勢。這意味著縮小收入差距不能等待經濟的自然過程，需要採取改革措施。過去允許「一部份人先富起來」，是要在體制上解決推動GDP增長的動力，現在的改革是要使廣大人民公平合理地分享增長的成果，從而解決大多數人富起來的問題。這也符合鄧小平的戰略思想。他在一九九二年視察南方時就提出，等到沿海地區達到全面小康

[11]《二〇〇六年世界發展報告：公平與發展》，北京，清華大學出版社，二〇〇六。

[12]《馬克思恩格斯文集》，一版，第八卷，二〇〇頁，北京，人民出版社，二〇〇九。

水準後，就要提出先富幫助後富、實現共同富裕的要求。中國在達到全面小康社會水準以後需要縮小收入差距，促進社會公平正義，這體現了社會主義的本質要求。

縮小收入差距不是回到過去吃「大鍋飯」的平均主義分配，而是要在做大蛋糕的基礎上使蛋糕分得更合理。雖然中國的GDP總量達到世界第二，但人均GDP還處於世界的中等水準，人民日益增長的物質文化需要與落後的社會生產之間的矛盾仍然是社會的主要矛盾。社會財富還沒有像泉水一樣湧流，仍然需要透過各種生產要素參與收入分配的體制安排，使勞動、資本、技術、管理等創造財富的活力充分迸發。

縮小收入差距的基本路徑是，保護合法收入，調節過高收入，清理規範隱性收入，取締非法收入，增加低收入者收入，擴大中等收入者比重，努力縮小城鄉、區域、行業收入分配差距，逐步形成橄欖型分配格局。

由於低收入問題突出反映在勞動報酬佔比的下降，因此有必要強調生產要素參與分配條件下的按勞分配為主體問題。

馬克思當年設想的在未來社會中個人消費品的分配實行按勞分配的制度。就如他在《資本論》中所說的，「勞動時間又是計量生產者在共同勞動中個人所佔份額的尺度，因而也是計量生產者在共同產品的個人可消費部份所佔份額的尺度。」⓭在後來發表的《哥達綱領批判》中馬克思又進一步指出：「每一個生產者，在做了各項扣除以後，從社會領回的，正好是他給予社會的。他給予社會的，就是他個人的勞動量。」⓮後來，列寧又把「按勞動（而不是按需要）分配消費品」，「不勞動者不得食」和「對等量勞動給予等量產品」明確規定為社會主義原則。⓯在這裡，按勞分配的社會主義性質表現為消滅對勞動者的剝削。在中國現在所處的社會主義發展階段，雖然存在多種分配方式，還不能完全實現按勞分配，但按勞分配必須為主體，這是社會主義初級階段社會主義基本規定性的重要體現。

據中國社會科學院「社會形勢分析與預測」課題組的分析報告《社會藍皮書：二〇一三年中國社會形勢分析與預測》顯示，中國勞動者報酬佔GDP的比重偏低且呈現出下降趨勢，勞動者報酬佔GDP的比重由二〇〇四年的百分之五十・七下降到二〇一一年的百分之四十四・九。與勞動報酬下降趨勢相對應的是其他生產要素的報酬所佔比重的上升。在生產要素參與收入分配的結構中，勞動報酬比重呈明顯的下降趨勢固然同勞動對收入增長的貢獻相對下降有關，但同按勞分配為主體的社會主義分配原則是相悖的。

在收入分配中體現按勞分配為主體，需要明確以下兩個認識問題：

首先，準確評價勞動在企業效率提高中的貢獻。對勞動報酬佔比下降趨勢的一個解釋是，企業效率提高靠的是勞動以外要素的作用，這些要素得到更高的收入體現效率要求，但不能忽視企業整體效率提高中的勞動貢獻。根據勞動價值論，「不論生產的社會形式如何，勞動者和生產資料始終是生產的因素」。⑯凡要進行生產，就必須使兩者結合起來。生產率的提高、經濟結構的變革，不論是由哪種要素推動的，都可歸結為勞動過程的組織和技術的巨大成就。更何況企業因技術和組織的原因在提高效率的

⑬《資本論》，二版，第一卷，九六頁。
⑭《馬克思恩格斯文集》，一版，第三卷，四三四頁。
⑮《列寧專題文集・論馬克思主義》，二四六—二六五頁，北京，人民出版社，二〇〇九。
⑯《資本論》，二版，第二卷，四四頁。

同時勞動者人數也相應減少了。因此其他要素的作用最終還是要落實到勞動效率的提高上。因此勞動者也應公平合理地分享到增長的成果，其具體表現是勞動報酬增長與勞動生產率提高同步。馬克思當年揭示的資本主義對抗性分配關係的特徵就在於壓低勞動報酬來增加剩餘價值，其中包括提高的勞動生產率表現為資本的生產力而被資本家所佔有。社會主義國家必須保障勞動者的權益，保護勞動所得，尤其是保護在效率提高中的勞動所得。

其次，準確評價勞動者的必要勞動範圍。馬克思在規定社會主義社會按勞分配的原則時有一個明確的表述，即在這個階段，勞動還是謀生的手段。作為謀生手段，勞動報酬的增長不只是限於勞動者的勞動貢獻，還應該包含體現謀生要求的內容。謀生的範圍就是必要勞動的範圍。就如馬克思所指出的，如果我們把工資和剩餘價值、必要勞動和剩餘勞動的獨特資本主義性質去掉，那麼，剩下的必要勞動和剩餘勞動就是一切社會生產方式所共有的基礎，工資體現勞動者的必要勞動。⑰從這一意義上說，按勞分配也有按必要勞動分配的涵義。根據馬克思在比較國民工資時所指出的，決定工資水準的必要勞動因素包括：「自然和歷史發展起來的首要生活必需品的價格和範圍，工人的教育費用，婦女勞動和兒童勞動的作用，勞動生產率，勞動的外延量和內涵量。」⑱很顯然，隨著社會的進步，勞動報酬有增長的趨勢。

按勞分配為主體的要求在初次分配領域就要體現。長期以來，分配理論中的一個誤區是把公平和效率的實現路徑相割裂，認為初次分配講效率，再次分配講公平；相應的分配機制是初次分配靠市場調節，再次分配靠政府調節。這樣一來，在初次分配領域就沒有公平可講了。十七大報告和十八大報告指出：「初次分配和再分配都要處理好效率和公平的關係，再分配更加注重公平。」國民收入的初次分配形成勞動者報酬、企業收入和國家稅收三大收入。由於生產要素參與收入分配基本上都是在初次分配領域進行的，因此勞動報酬偏低的問題不能等到再分配階段再去解決，需要在初次分配領域建立提高勞動報酬比重的機制。其中包括維護勞動權益的法律規範、企業內工資集體協商機制、工資正常增長機制、最低工資和工資支付保障制度等。

縮小收入差距的目標是防止兩極分化。根據馬克思的積累理論，在私人投資和積累的背景下以及收入差距擴大的基礎上就會產生兩極的積累，一極是財富的積累，一極是貧困的積累。根據這個思路，克服兩極分化的根本途徑是財產佔有的公平權利。資本、知識、技術和管理等要素都可歸結為財產。這些私人所有的財產參與收入分配所產生的收入可以歸結為財產性收入。勞動以外的生產要素參與收入分配可以歸結為財產權利的公平。不可否認，財產佔有的差距以及由此產生的財產性收入的差距，又成為收入分配差距擴大的一個重要原因。解決財產佔有上的公平權利，不能走剝奪私人財產的老路，可行的是在體制上提供增加居民財產，從而增加居民財產性收入的途徑。其中包括：為居民提供平等的積累知識資本和人力資本的機會；為居民提供更多的私人投資機會和管道；鼓勵私人創業；保護知識產權及其收入；完善企業股權結構，允許員工持股，鼓勵企業家持股和科技入股。這裡特別要強調農民的土地收益，農民透過宅基地和土地承包權流轉獲取土地收入是提高其收入的重要途徑。

在初次分配領域建立提高勞動報酬比重的機制，主要是針對就業的低收入勞動者。再次分配領域強化公平分配的機制，更為重要的是從社會角度面對導致收入差距過大的兩個問題：一是多種所有制經濟

---

⓱ 參見《資本論》，二版，第三卷，九九二頁。

⓲ 《資本論》，二版，第一卷，六四四頁。

發展以後所產生的過大收入差距；二是不同地區發展差距所產生的過大的收入差距。其途徑除了一般的政府都要做的透過累進所得稅制度對國有企業的高管限薪之類的合理調節高收入外，突出解決低收入問題，尤其是面廣量大的欠發達地區、農村的低收入者以及城鎮困難行業職工和失業者的收入問題。除了對低收入者提供轉移支付和社會保障外，根據中國現實突出需要解決以下兩個問題。

## 一是推進基本公共服務在城鄉、區域之間的均等化

享用教育、基本醫療、公共交通等需要付費的公共服務，不僅要橫向公平（誰享用誰付費），還要縱向公平（按支付能力付費），使低收入群體也有能力享用基本公共服務。在前一時期改革中，市場化的範圍過大，把不該市場化的公共服務部門市場化了，如賣醫院，賣學校，賣公共交通，一些地方政府實際上放棄了公共服務的職能。現在這些公共服務應該還給政府（不排除私人辦學校、辦醫院、辦公交作為補充），以保證低收入者也能上得起學，看得起病，坐得起公交。完善政府為主導的覆蓋城鄉居民的社會保障體系，包括基本養老保險、醫療保障體系和對困難人群的社會救助制度。應當明確，政府在社會保障體系建設中起著主導性作用。

## 二是為低收入者增加收入提供公共條件

「授之以魚不如授之以漁」，現在的低收入者大部份是失業者，或者是在弱勢行業就業。政府提供的公共性條件：一是給失業者提供各種自主創業、自謀職業的條件和機會。二是調整產業結構，發展新的行業，創造新的就業崗位，尋求勞動力從低效率、低收入行業中轉移出來並進入新行業的通道。在農

村，主要途徑是透過工業化和城市化，提供勞動力轉移出農業部門的通道。三是針對結構性失業，加強對勞動力進行各種職業培訓，使之適應新的就業崗位的需求。

從縮小收入差距的角度提出提高人均收入水準，必須要有大多數的概念，也就是大多數人達到平均數。人們一般用人均收入水準來反映民生改善程度，但僅僅這個指標不能反映收入差距狀況。如果一個地區在寶塔尖上的高收入者的收入很高，按簡單的數學一平均，就可能把整個地區的人均收入大大提高，但仔細分析就可以發現平均數會掩蓋收入差距。在人均收入這個平均數以下的人口可能佔大多數。在這種情況下，人均收入的提高掩蓋了收入差距進一步擴大的狀況。因此大多數人達到提高的人均收入指標，才能真正說人民的收入提高了。

十八屆三中全會明確擴大中等收入者比重，努力縮小城鄉、區域、行業收入分配差距，逐步形成橄欖型分配格局。這種兩頭小中間大的收入結構對縮小收入差距有重大的意義。擴大中等收入者比重不是減少高收入者，而是要減少低收入者，必然是使大多數人達到平均數。

中等收入者除了一部份人是勤勞致富外，更多的是依靠創新、創業和經營獲得財產性收入。越來越多的低收入者進入中等收入者群體。這部份人是發展的受益者，也是發展的推動者。而且，中等收入者佔大多數，是穩定向上的結構。貧富兩極之間的中等收入群體越大，社會矛盾也越小。這種社會階層結構，對一個社會無論是發展還是穩定都是最優的。

**洪銀興**，於一九八七年在中國人民大學獲得經濟學博士學位。現任南京大學商學院教授、博士生導師，南京大學人文社會科學榮譽資深教授，長江三角洲經濟社會發展研究中心主任，教育部社會科學委員會副主任委員，江蘇省哲學社會科學界聯合會主席。中共十七大、十八大代表，中共中央馬克思主義理論研究和建設工程首席專家，曾任南京大學黨委書記，中國國務院學位委員會理論經濟學學科評議組成員。一九九一年獲中國國務院學位委員會和中國國家教委頒發的「做出突出貢獻的中國博士學位獲得者」稱號。二〇〇九年六月被加拿大滑鐵盧大學授予名譽法學博士學位。同年入選影響新中國六〇年經濟建設的一百位經濟學家。主要從事經濟運行機制、經濟發展和宏觀經濟的理論和政策研究。

## 參考文獻


1. 衛興華，〈論社會主義共同富裕〉，《經濟縱橫》，二〇一三（一）。
2. 逄錦聚等，《社會主義勞動與勞動價值論研究》（天津：南開大學出版社，二〇〇一）。
3. 《二〇〇六年世界發展報告：公平與發展》（北京：清華大學出版社，二〇〇六）。
4. 托馬斯・皮凱蒂，《二十一世紀資本論》（北京：中信出版社，二〇一四）。
5. 斯蒂格利茨，《不平等的代價》（北京：機械工業出版社，二〇一三）。

# 分配改革的主線：國家、企業、居民三者關係

劉尚希

中國未來的發展能否避開「中等收入陷阱」，能否重啟未來發展新動力，都繫於分配改革。擴大內需，轉變經濟發展方式；弱化分配的非公平性，縮小貧富差距，走共同富裕的道路；保障和改善民生，促進社會和諧，如此等等，都繞不開分配改革。分配格局是在一定經濟、社會和政治體制下，經濟社會發展呈現出來的一種自然結果。這意味著分配改革不是孤立的問題，是無法單獨改革的，需要實施全面、整體的全方位改革。在這個意義上，所謂「分配改革」，實質上涵蓋了各個方面的改革。當前中國各個方面的改革都應當在有利於發展的同時，也有利於分配的公平性，有利於縮小貧富差距，如果改革偏離了這個大方向，無論是什麼目標模式的改革，都將變得毫無意義。

中國共產黨的十八大報告提出了居民收入倍增目標，到二〇二〇年實現城鄉居民人均收入翻一番。這引發社會各界對分配問題的討論，也使中國貧富差距這個當前的焦點問題更受關注。抑制貧富差距，要靠分配改革。但分配改革是綜合性的，十分複雜，沒有捷徑可走。它不只是收入分配制度改革，這既

針對分配流量，也離不開分配存量；既涉及微觀機制，也涉及宏觀體制；既有經濟體制的問題，也有社會體制和政治體制的問題等。從中國的情況來看，分配改革的主線是國家、企業和居民三者之間的關係。從經濟學視角來觀察，這三者也可以是指政府部門、企業部門和居民部門之間的關係，構成相互關聯的經濟循環。在二十世紀九〇年代之前，這三者之間的分配關係已經有很多討論，主要側重於國民收入分配在三者之間的比例關係。但在今天看來，三者之間的關係不只是國民收入在三者之間如何分配的問題，而且涉及更深層次的制度安排。在影響分配的各種紛繁複雜的制度問題中，國家、企業和居民之間的制度考量具有軸心意義，其他各個方面的問題都可歸結到這個軸心上來。三者既是經濟學意義上相互循環的三個基本部門，也是整個分配體系中的三個基本主體。重構國家、企業和居民三者關係，是打開分配這個難題之鎖的鑰匙。

## 幾個基本概念

為了使後面的討論更方便、更清晰，有必要把討論中將會涉及的一些基本概念提前做一個說明和解釋。

### 收入分配和財富分配

收入是一個流量概念，從國家這個整體來說，指一定時期新創造的價值，通常以國民收入或國民生產總值來衡量。**收入分配也就是指一定時期社會增加值的分配**，也是指對社會新創造財富或財富增量的分配。財富通常是指一個存量，對整個國家來說，也就是在一定時點的財富總和。存量是由流量逐年累積而成的，任何一個時點的財富存量都可以分解為兩部份：期初存量加上期間增量。所以，**財富分配包含了收入分配，但不只是收入分配，還包括既有存量的分配**。由於發展不平衡，既有財富存量可以在名義財富不變的條件下發生再分配，如財產增值和貶值引發不同主體之間的財富存量變化。中國城市發展快，在城市的居民財富增值快；農村發展慢，農村居民的財富是相對貶值的，這在房產上表現最為明顯。股權投資也是如此。如果不變現，其名義財富是一樣的，但實際上財富存量已經變了，一旦變現，這種變化就會從潛在的浮現為顯性的。從整體看，不僅收入流量在發生分配活動，財富存量也在時時刻刻發生著分配活動。前者是顯性的，後者是隱性的。這就是說，分配流量和分配存量都是引起貧富變化的重要因素。

而在當前關於分配問題的討論中，大多是在假設分配存量格局不變的條件下來考察分配流量的變化，因此，關於「收入分配」這個分配流量的問題最被關注，而關於「財富分配」這個分配存量的再分配問題往往被忽視了。財富分配格局的變化，一方面是透過分配流量的變化逐年形成的，另一方面是透過發展的變化引起財富再分配。在財富日益金融化的條件下，後一情況對財富分配格局的影響越來越大。從變化所需的時間來觀察，收入分配格局產生明顯變化的時間較短，而財富分配格局產生明顯變化的時間較長，即分配流量變化快，而分配存量變化慢。從這個角度來看，在短期意義上可以假設存量不變，重點關注流量。反過來說，主要關注收入流量的分析，實質上是一種短期分析。就此而言，我們當前關於分配問題的討論多是注重短期和眼前，有明顯的急於求成的傾向。

一個社會的貧富變化，同時與分配流量、分配存量緊密地聯繫在一起，是二者同時發揮作用的結果，但二者的作用並非是孤立的，而是相互影響的。收入分配流量作為財富增量現實地影響分配存量格局，而分配存量又歷史地決定了分配流量的格局，二者構成分配循環。從某一個歷史時點來觀察，分配存量的作用更大、更顯著。它不僅體現為貧富差距的一部份，而且透過財產性收入、人力資本價值對分配流量產生「馬太效應」，富者愈富，窮者愈窮，在流量上體現為收入不平等加劇。就此而言，從存量的視角來觀察其對收入流量變化的影響，對遏制貧富差距具有治本的意義。

## 收入差距、財富差距和貧富差距

在討論分配問題時，這幾個概念時常混用。若不做嚴格區分，它們之間相互指代也無妨。但在理論上，這三個概念有本質區別，不可相提並論。

一是**收入差距**。

這是指分配流量上的差距，即當期新創造價值分配的差距。從居民來看，收入差距包括工資性收入、經營性收入、財產性收入和轉移性收入。在西方國家，財產性收入過去是導致居民收入差距的最重要因素，而現在工資性收入對居民收入差距的影響越來越大。這主要是經營者階層即高管的工資收入快速提高，與普通員工的收入差距迅速拉大。在中國也出現了這樣的情形。公司經營者屬於公司的高級雇員，其工資收入也屬於勞動收入，之所以快速提升，除了與所有者的關係區別於一般員工之外，一個重要方面是經營者的能力作為現代生產要素的作用越來越重要。按照要素貢獻來分配，經營者能力在分配中的地位不斷上升。經營者能力屬於高級人力資本，高管工資提高在一定程度上也反映出人力資本價值在分配中的位置在不斷地向前移。

二是**財富差距**。

這包括兩個方面：收入差距和財產差距。若只用其中一個方面來指稱財富差距是不準確的。正常情況下，財產差距是日積月累的結果，不是一下子造成的，是存量的差距。這既與收入差距有關，也與財產的再分配有關。假如A的年薪五十萬元，財產存量五百萬元；B的年薪十萬元，財產存量五百四十萬元。從收入流量來比較，A更富裕；從存量來比較，B更富裕；綜合來看，二者在財富上處於平等地位。假設的這個例子雖然簡單，但說明了一個道理：選取的角度不同，或者說衡量標準不同，得出的結論就不同，甚至會截然相反。例如，現實生活中一度有開著寶馬去領低保的現象，就是在衡量標準上出了問題，僅僅以收入流量來衡量，忽視了存量所致。

這就是說，收入差距和財產差距在性質上是不同的，不能相互替代。收入流量層面有分配和再分配，財產存量層面也有再分配，二者產生變化的原因和機制不同，收入差距和財產差距所反映出的問題性質也就不同。如果只是從收入流量來觀察分配格局，有可能掩蓋真正的問題。因此，只有對收入差距、財產差距進行綜合考察，才能真正看清楚財富差距。

三是**貧富差距**。

這個概念用得很多，「貧富分化」、「共同富裕」這類概念也都是對貧富的表述。貧富，應當是由收入、財產和消費三個層面複合而成的概念，用其中一個方面是難以來衡量貧富的。顯然，貧富差距涵蓋了三個方面：收入差距、財產差距和消費差距。

從目的來說，收入、財產都是手段，消費才是目的。這既是社會的目的，也是個體的目的。消費是人生存和發展的過程，也是人口、勞動力生產和再生產的過程，收入、財產作為消費的手段，最終都是指向消費這個目的。就此而論，貧富差距的本質是消費的差距，收入、財產只是貧富差距的中介形態。世界銀行關於窮人的定義是基於消費的，即每天消費不足1美元。後來標準提高，但仍是基於消費來定義貧窮。從社會個體的生命週期來說，貧富差距也是體現在消費的差距上，收入和財產除了滿足消費之外，實質上都是社會的。所謂貧窮，是指消費不足，不能滿足人的生存和發展需要；所謂富裕，是指消費充足，可實現人的自由全面發展。在我們的現實語境中，經常談論的「小康社會」、「人民生活水準」，都是指消費狀態。在傳統的政治經濟學中，關於社會主義生產目的的表述，就是指不斷提高人民物質文化生活水準，這也是基於消費的視角。

之所以強調消費對衡量貧富差距的重要性，主要有兩個理由：第一，收入差距、財產差距並不能決定消費差距。據世界銀行專家研究，中國的城鄉消費差距達到六：一，是當前城鄉收入差距三・二：一的近兩倍。消費差距大於收入差距，這與我們的日常觀察似乎是相悖的。之所以出現這種情況，就在於：居民消費等於私人消費加上公共消費，當公共消費在城鄉不平等時，城鄉的消費差距就會大於收入差距。居民收入只對居民私人消費起決定作用，而無法決定居民消費的整體水準。

第二，消費決定人力資本價值，從而決定未來預期分配中的地位。從以生產為起點的經濟循環來看，消費是終點。在這裡，消費是消耗的同義詞。所以，我們長期以來重生產、輕消費，在政策優先的順序上，總是先生產、後消費，這種傾向至今沒有大的變化。中國國民消費率不斷走低，也是與此相關的。但若把消費作為經濟循環的起點來考察，消費並不是消耗，而是實現了資本化，即藉由消費實現人力資本的積累，構成新一輪經濟循環的初始條件。人的身體素質、文化素質、技能素質等人力資本要素都決定於消費。在後工業社會，或者說在知識經濟時代，人力資本的作用已經超越物質資本，人力資本的價值日益凸顯。消費的資本化，無論對社會個體，還是對社會整體，都具有越來越重要的意義。對社會個體或人群來說，消費決定了他們在經濟循環中的分配地位，並透過以下邏輯關聯來實現：消費差距——能力差距（人力資本差距）——收入、財產差距。就此來看，貧富差距往往會透過經濟循環把自身複製出來，並朝著不同的方向演進：貧富差距可能擴大，可能縮小，可能不變。

靜態地觀察，貧富差距體現為收入差距和財產差距；動態地看，貧富差距則與消費內在地聯繫在一起。從前面的分析知道，收入差距和財產差距是相互影響的，把消費考慮進來，收入差距、財產差距與消費差距三者也是相互影響的。要遏制貧富差距，從眼前看，控制收入差距更重要；從未來看，控制消費差距更重要；從發展看，控制財產差距更重要。由此不難得知，僅僅從某一個方面入手，是無法縮小貧富差距的。這需要從整體入手，綜合調治。

## 分析視角

要遏制貧富差距進一步擴大，僅僅關注收入分配制度是遠遠不夠的。即使收入分配制度一時變得合理了，貧富差距還有可能繼續擴大。因為構成貧富差距的不只是眼前的收入流量，還有居民過去積累的財產和人力資本。房產價格快速上漲，城鎮居民的財富大幅度增值，而農村居民財產卻未同步增值，城鄉居民財產差距擴大的速度遠遠快於收入差距擴大的速度。這種財產增值、貶值引起的再分配，不是市場的短期波動所致，而是城鄉發展不平衡造成的。從人力資本價值來看，也是如此。城鎮居民在子女教育、醫療、養老等方面更有保障，城鎮人力資本積累遠遠快於農村，其人力資本回報自然也遠遠多於農村。這意味著農民進城變為市民的門檻更高了，社會流動將變得更加困難，窮者愈窮，富者愈富的公共風險明顯加大。再從城市內部、農村內部看，也有類似的情況。

而要解決收入、財產、消費三個層面所形成的貧富差距，繞不開國家、企業與居民之間的關係。在改革開放初期，或者說是在明確市場化改革之前，上述三者關係是學術討論、研究制定政策的一個重要觀察視角和分析路徑，尤其在處理宏觀分配問題上，更是需要從三者關係來思考。明確市場化導向的改革之後，三者關係被政府和市場的關係所取代，變成了學術討論以及研究制定政策的新視角和新的分析路徑。而在分配問題上，也用初次分配（市場分配）、再分配（公共分配）所形成的居民之間的收入分配關係，替代了三者之間的複雜分配關係，並成為當今流行的一種普遍範式。

其實，討論國富民富、貧富差距、利潤與工資這類問題，運用國家、企業和居民三者之間的關係來分析，是一個比政府與市場關係更好的觀察視角。中國當前遇到的貧富差距問題，已不是政府與市場關係所能涵蓋的。例如，財產差距、消費差距的擴大，從政府與市場的關係無法得到解釋。即使是收入差距，也不是僅僅從市場、政府的分配功能所能說清楚的。在中國，國家不是單一的社會管理者，同時還是一個所有者，擁有巨額的公共資源和公共資產，其公共產權制度對貧富差距具有舉足輕重的作用。而中國的市場也缺乏來自於社會的制約，市場領域的初次分配幾乎是一邊倒地向資方傾斜，勞動者既缺乏集體談判的能力，其權利也缺乏有效的法律保護，因而初次分配從一開始就變得不公平。

把勞動者簡單地納入市場之中，當作一般商品，用勞動力市場供求關係來分析，有點過於簡化了。勞動力雖是商品，但勞動者不是商品。但在當前流行的分析框架中，卻把勞動者也一同當成了商品。在一些企業，甚至包括一些地方政府，沒有把勞動者當「人」看，僅僅被當成生產要素，交給市場自發調節。例如，已成為中國產業工人主體的農民工，長期以來就是完全交給市場來調節的，缺乏作為「居民」的平等待遇。在經濟市場化過程中，我們一不小心，卻發現回到了馬克思所批評的那個時代——勞動者被嚴重異化，成為資本附庸的時代。社會主義的市場經濟本來是要利用市場來發展生產力，而不知不覺之中卻是被市場所利用，被市場「化」掉了許多不該「化」的東西。若是認識不到這一點，遏制貧富差距將是空談。在某種意義上，中國的「市場」已經變成了見什麼吃什麼，大小通吃，力大無窮的一隻怪獸，在它面前，權利、道德、良心，包括本來可以遏制它的公共權力，都正在被一點一點地「化」掉，變成了它的一部份。如果市場不只是在配置資源，還在配置權利和權力，那麼，社會公平只是一個泡影。防止市場的異化，必須重構國家、企業和居民之間的關係。

## 國家與企業的關係

國家和企業的關係，不只是國家收多少稅、費的分配關係，而是政府與企業是否應坐在一條板凳上的問題。這個關係怎麼處理？政府手中有權力，企業手中有資本，二者一旦結盟，相互利用，將會形成「權貴資本主義」，進一步擴大貧富差距。

作為一個開發中國家，發展依然是硬道理。但以加快經濟發展的名義，政府青睞資本，公權向資本獻媚，這在中國已經不是個別的、偶然的現象。這意味著政府與企業已經坐到一條板凳上去了，變成了**利益共同體**，企業得到利潤，政府獲得經濟增長和財政增收。政府的這種「經濟人」思維，使制度構建出現盲點，導致公共風險叢生，引發出一系列嚴重的經濟社會政治問題，而貧富差距擴大只是一個自然的結果。透過制度來構建國家與企業的關係，至少要面對以下三個問題。

## 權力與資本的關係

政府主導型市場經濟條件給權力與資本之間的親近留下了空間。資本不只是一種財產權利，也是一種社會權力，在沒有制衡的條件下，資本這種權力同樣會肆無忌憚，資本噬利的本性可以吞噬一切，包括公共權力在內。實行市場化改革，建立社會主義市場經濟體制的本意是利用資本的這種本性來提高經濟效率，發展社會生產力，而不是讓資本變成社會的主宰。但不幸的是，資本在腐蝕社會的一切，連公權也被征服了，公權成為資本的幫兇。在各種各樣的腐敗案例背後，都有資本的影子。西方資本主義曾經歷過這種情形，結果導致了嚴重的經濟、社會和政治危機。馬克思生活的那個時代，工人革命運動風起雲湧，就是有力的證明。後來世界上社會主義國家的誕生，實際上也是資本主義危機衍生的一種結果。經歷了資本權力肆意擴張的西方國家吸取了歷史的教訓，不得不給資本套上了法制的韁繩。中國還是一個搞市場經濟時間不長的國家，如何規制資本，無任何經驗。在發展的名義下，資本的所作所為都是一路綠燈。血汗工廠、黑磚窯、老闆捲款逃跑、總理替農民工討薪、官商勾結等，諸如此類的事，說明了資本的血腥和噬利本性。**沒有約束的資本只會給社會帶來災難**。如何利用資本發展生產力的積極作用，同時予以嚴格的約束，盡可能減少其對經濟、社會和政治的負面作用，是中國走中國特色社會主義道路面臨的一道難題。

## 生產者與消費者的關係

這是國家作為資本規制者要面對的一個重要問題。當企業對消費者造成了傷害時，政府考慮的通常不是作為「裁判」去平衡生產者與消費者之間的利益，而是想方設法去維護企業的利益，生怕企業受到傷害。尤其是地方政府，對企業製假、售假，睜一隻眼閉一隻眼，不等到出現嚴重問題，沒有中央領導的批示，很少有主動去糾正的。曾經發生的「大頭娃娃事件」、「三聚氰胺事件」，都是事情鬧大了才去解決，並非地方政府事先不知情。這表明，在政府眼中，生產者主權至上，而消費者主權被忽略，以至於整個法律制度體系都是在向生產者傾斜，向生產者讓步。消費安全之所以成為解決不了的老大難問題，就與此聯繫在一起。大病致窮，消費不安全也會致窮。健康是一個國家積累人力資本的基礎，國民的身體素質不僅事關經濟發展，而且事關國防安全。在這個意義上，**消費者主權被忽略將會導致長期風險，經濟發展也會因消費者信心喪失而不可持續**。作為開發中國家，為了加快發展，盡快富起來，對企業給予特殊「關照」也不難理解。但是，現在這種政府和企業過分緊密地綁在一起，已經成為當下的嚴重問題，也隱藏著公共權力與私人資本相互滲透的巨大公共風險。

## 國企與民企的關係

在市場上，國企與民企應當是平等競爭。但國家是國企的所有者，作為所有者的財產權和作為社會管理者的公共權力在實際運行中並不是涇渭分明，這給國企帶來了更大的權利空間。國企改革試圖把國家與國企之間的關係理順，實現政企分開、政資分開，讓國企成為受市場規則約束的經濟主體。但從現實來看，這不能完全做到。表現在行業收入差距上的分配差距，實質上是國企和民企之間的差距。面對這種差距，是把高的拉下來，還是把低的提上去，關係到解決分配問題的戰略思路，需要謹慎抉擇。國企普通員工並非高收入者，頂多是中產者，以拉下來的方式縮小差距，只會使中產者更少，低收入者更多。私企員工收入低，既有私企勞動生產率低的因素，也有壓低工薪的因素。尤其在礦產資源開發、房地產開發領域的私企，私企員工收入低並非私企利薄所致。相反，許多與公共資源相聯繫的私企所有者都上了富豪榜，他們的暴富與公共產權收益的流失是緊密聯繫在一起的。

從國企與民企的關係來說，至少有兩項制度亟待完善：一是**國企制度**，二是**公共產權制度**。前者由於改革不徹底，導致行政壟斷，獲取了許多額外收益；後者導致大量公共產權收益流失，少數人暴富，這同樣導致了分配不公。從更深層次來觀察，這涉及公有制的實現形式問題，如何讓政治上的公有制變成法律意義上的、可操作的公共產權制度，是下一步改革的重點，也是分配改革議題中應有之義。

## 國家與居民的關係

國家和居民的關係包含著多層次的複雜關係。其中既有稅費分配關係，也有公共服務的供求關係；既有居民在公共事務上的委託授權，也有政府承擔的受託責任；既有國家公共權力行使產生的規制性，也有居民自治、自主管理的自主性等等。其中包括經濟、政治和社會多重關係，不過，**起基礎性作用的是國家和居民之間的經濟利益關係**。

就現階段而言，對各級政府來說，加快發展，經濟增長和財政增收是最重要的；而對居民來說，消費狀況的改善是最重要的，包括消費水準的提高、消費差距的縮小和消費安全的加強，二者的目標及其優先排序並非總是一致者。當前熱議的「民生」問題，就反映出國家與居民的關係出現了某種程度的緊張。當前政策重心放到保障民生和改善民生上來，透過公共消費讓發展成果實現更公平的享用，也就是希望緩解這種緊張關係。這對加快人力資本積累，提升人力資本價值，遏制貧富差距無疑是有利的。但在這裡，國家的作用不應僅僅是收入再分配，而是在收入、財產和消費三個層面同時發揮作用，使社會的貧富差距因此縮小。

從分配改革的角度來看，要理順國家與居民的關係，核心是國家與農村居民即農民的關係。這是與中國農民佔多數，農民工成為產業工人主體這個基本國情分不開的。農民的收入、財產和消費這三個方面若能藉由城鄉分治體制改革得以改善，那麼，整個社會的貧富差距就會大大縮小，社會不平等的狀況也能同時大大緩解。

## 農民的收入

國家與農民的收入分配關係這些年來大大改善了，特別是取消針對農民的各種稅費以來，國家基本上不從農民收入中「取」了，相反地，則是實行各種「予」的政策，提供種糧補貼、購買農機補貼、良種補貼、綜合補貼、母豬補貼等；實行新型農村合作醫療、農村養老保險、農村低保等社會保障政策逐步全覆蓋。但這只是一方面，另一方面農民的社會身份卻嚴重阻礙了農民收入的增長。從職業身份看，儘管現在已有許多農民不再是種地的農民，但城鄉分治體制給農民貼上的社會身份標誌卻一直沒有改變。農民，意味著沒有非農戶口，幹工人的活兒，卻沒有工人身份；幹編制內的活兒，卻沒有編制內待遇。農民在購房、就業、創業時都因為身份問題而遇到各種障礙。給農民另類身份，源於所有制關係的不同，雖然各種所有制經濟取得了法律上的平等地位，但農民的社會身份一直保留至今。這種無形的社會排斥使農民進入市場從一開始就處於不平等地位。嚴重的機會不均等，極大地限制了農民收入增長。

## 農民的財產

在二十世紀，城鄉居民之間的財產差距不大。隨著城市的發展和城鎮住房制度實行市場化改革，城市居民的財產大幅度升值。而農民的財產禁錮於集體土地之上，難以升值。農民的房產、宅基地不能轉讓，不能隨著農村的發展而升值。農民承包的土地屬於集體所有，不能自由進入市場，土地收益只能來自於土地經營、土地轉包和土地被徵用所獲得的補償。農民賺錢，可以改善生活，但難以積累財產。因為農民的收入流量一旦轉化為財產存量，就面臨著貶值的命運，無論是用來蓋房子，還是改良土地，都無法獲得財產增值。農民的財產存量在市場之外，城市居民財產在市場之中，經濟發展所體現的財產增值與農民沒有關聯。假如農民想轉讓自己的財產進城當市民，結果發現自己是無產者，竟然無法帶著自己的財產進城。這不僅導致城鄉居民財產差距擴大，也使農民難以變為市民。

## 農民的消費

農民消費水準高低主要取決於私人收入，與國家提供的公共消費關聯不大。這些年來，公共服務向農村傾斜，農民公共消費有所擴大，但與市民相比，差距仍在拉大。城鄉消費差距大於收入差距，主要是由於公共消費的差距導致的。即使進了城的農民工，由於身份不同，其享用的公共消費也遠低於當地居民。消費決定人力資本積累水準。農民消費水準低，其所獲得的人力資本積累也少，進入市場所獲得的回報自然也就很低。這種情況不僅體現在改革開放以來的第一代農民工身上，也反映在第二代甚至第三代農民工身上。這使農民獲得更高收入的機會在能力鴻溝面前變得十分渺茫。

因此，如何盡快推動社會改革，實現城鄉居民身份平等，是抑制城鄉貧富差距擴大的重要切入點。在城鄉分治難以一下子打破的情況下，至少應實行同城平等待遇，使已經進了城的農民能夠逐步扎根城市，能夠在城市積累自己的財產，而不是把賺的錢帶回農村變為再也無法流動的財產存量，這樣，農民才能真正變為市民。有恆產者，有恆心。人口的城鎮化有賴於此。

## 企業與居民的關係

企業是創造財富的部門，也是創造和分配財富的主體；而居民是參與財富分配的主體，也是消耗財富的部門。如果僅僅從這一角度來認識，作為一個開發中國家，創造財富的部門無疑地更重要。其實，與其說居民是消費部門，倒不如說是提供人力資本的部門。現代社會的發展所日益依賴的人力資本，正是靠居民這個部門來提供。在簡化的兩部門經濟循環中，企業部門提供物質財富，居民部門提供人力資本；居民獲得工資，購買企業部門的產品；企業賣出產品，獲得利潤。企業—居民之間形成不斷的經濟循環，經濟、社會在這個循環中獲得發展。

但企業與居民之間的經濟循環是十分複雜的，而且並非總是確定性的。當分配在企業與居民之間出現嚴重的傾斜時，循環就會中斷，也就意味著發生經濟危機。馬克思筆下的資本主義，就時常出現這種危機。經濟循環之中內含著分配的循環，即分配存量—分配流量之間的循環，無論起點多麼合理，經過若干次循環之後，財富總是會積聚和集中，形成少數人富有，多數人貧窮。多數人購買力不足，就會產生相對過剩的生產危機，進而產生社會危機和政治危機。經過危機的強制調整，矛盾有所緩解，經濟循環得以繼續，直到下一次危機的到來。在社會主義市場經濟中，這種情況是否可以避免？結論是：有可能，但取決於是市場經濟支配了社會主義，還是社會主義支配了市場經濟。體現在分配上，就是能否在發展中有效地控制貧富差距。

## 分配流量

利潤與工資的關係。利潤和工資都是當年的增加值，屬於收入流量。收入如何分配，在流行的經濟學理論看來，決定於要素價格。分配問題轉換成價格問題。按照純經濟學觀點，在充分競爭的市場中形成均衡價格，這個價格是合理的，自然地，由要素價格決定的分配也是合理的。利潤與工資的關係，看似是資本與勞動力之間的關係，實質上是資本所有者、資本經營者與勞動力所有者之間的關係。資本經營者儘管拿的也是工資，但追求的目標卻是利潤，與資本所有者的目標是一致的。在市場經濟中，資本僱傭勞動、資本經營者管理勞動，二者是強勢的一方，相比之下，勞動力所有者是弱勢的一方。從企業看來，利潤越高越好，工資越低越好，工資總是被降到能僱到工人的那個最低點。當勞動力供應十分充足的時候，工資低廉。農民工充當了中國的產業工人大軍，工資長期不漲，而且很低。農民工分散、流動，缺乏組織性，其工資被剋扣是普遍現象。農民工加入到產業工人隊伍中的人數越多，工資水準就會越低，勞動報酬在國民收入中的比重也會隨之下降。這使收入流量的分配向資本一方傾斜。農民工的權利沒有法律的保護，加上政府更青睞資本，著力於招商引資，更加劇了收入分配向資方傾斜。

在人口老齡化的背景下，勞動力供應開始下降，工資開始上漲。社會輿論也喚醒了一批產業工人，尤其是第二代農民工，他們更懂得維護自身的權益，這也促使工資上漲。更重要的是政府也意識到，一屁股坐到資方一邊有欠妥當，開始調整政府的立場，透過修訂勞動法，頒佈最低工資標準等措施，工人的權益在一定程度上得到更大程度的保護。但居民積累的人力資本價值偏低，尤其是農民工，主要從事體能勞動，對於需要較高文化素養和技能的複雜勞動，農民工難以勝任。這將從根本上制約農民工收入的增長。因為工資的增長畢竟來源於企業勞動生產率的提高，在企業勞動生產率日益依賴於人力資本積累的條件下，工資增長的潛力實際上來自於勞動者自身積累的人力資本價值。可以預料的是，當物質資本與人力資本在經濟增長中的作用位次發生變化時，過度向資方傾斜的收入分配天平就會開始回調。但前提條件是居民部門的人力資本積累能實現快速增長。顯然，這離不開政府的公共消費。

## 分配存量

資本與財產。資本是企業部門積累的分配存量，財產是居民部門積累的分配存量，收入分配與企業資本和居民財產積累的規模有關。企業部門藉由投資形成資本，當形成的資本在經濟增長中發揮的作用越大時，資本所獲得的收入份額在國民收入中的佔比就會越高。中國經濟增長長期以來主要靠投資推動，這意味著資本的貢獻率大，收入分配自然會向資本傾斜。企業部門在國民收入中的份額與其分配存量有內在的聯繫。居民部門積累的財產也能獲得相應的收入，如租金、利息和紅利等。這也會影響收入流量的分配。但整體來看，居民的財產性收入在居民收入中的份額相當小。

居民積累的財產分為兩塊：一是實物資產，如汽車、房屋；二是金融資產，如存款、股票、債券等。從整個經濟體系來看，居民部門是資金盈餘部門，企業部門是資金短缺部門，居民部門以各種金融資產形式透過銀行中介、資本市場向企業部門提供資金。巨額的居民儲蓄存款透過貸款變成了企業的投資，進而形成了企業資本。企業融資創造的價值相當一部份給了金融中介，如銀行，而真正的資金供應者——居民部門並未得到多少收益。企業部門藉由借錢積累資本，收入份額不斷擴大；金融中介透過信用借貸活動獲得巨額利差收入；而居民的財產——主要是金融資產，卻未能獲得相應的收益。在物價高於利息的條件下，居民金融資產實際在貶值，其一部份價值暗地裡轉移到了金融部門、企業部門，導致財產的再分配。債券、股票透過資本市場同樣也在轉移財產價值，導致居民財產隱性再分配。之所以會導致居民財產的隱性再分配，根源在於金融部門——金融壟斷。利率沒有市場化，說明居民提供的資金並未真正反映市場價值，藉由行政壟斷給企業部門、金融部門提供廉價資金，實際上是在轉移居民財產價值，導致居民財產貶值。這為財富的積聚和集中創造了條件。金融資本與產業資本聯盟，更加速了這一過程。

## 消費

資本化的過程。從企業與居民的關係來看消費，主要是與人力資本有關。企業是生產部門，沒有消費，但企業需要人力資本，這依靠居民部門的消費資本化。居民部門能否給企業部門提供足夠的人力資本，取決於兩個內部因素：一是收入流量在企業與居民之間如何分配，二是居民財產是貶值還是升值。還有一個外部因素，即政府提供的公共消費。這三個因素共同決定了居民人力資本的積累和價值。而居民人力資本積累的狀況又反過來制約著企業部門的效率和創新能力。

從個體來看，消費的資本化與企業無關；從眼前來看，消費資本化與居民的未來收入也無關。但從整體、長期觀察，沒有關聯的卻變成了內在的聯繫。對單個企業和單個居民而言，要看到這種整體的和長期的聯繫是相當難的，這需要政府出面，透過公共消費來加速消費的資本化。在這裡，消費資本化是減少貧富差距的重要前提，也是企業部門和居民部門之間的經濟循環得以延續的重要條件。

## 結語

貧富差距問題，不僅僅是就分配本身進行改革就能解決的，就分配論分配沒有出路。包括收入差距、財產差距和消費差距的貧富差距，其實只是整個制度體系衍生出來的一個結果。只有跳出分配本身，才有可能解決分配差距擴大的問題。其實，馬克思對市場經濟下的貧富差距擴大早就有深刻的洞見，我們當下流行的分析卻是撿起了當年被馬克思批判為庸俗的那一套東西，只看表面現象。要真正弄清楚中國的分配問題，應重新回到馬克思的經濟理論。馬克思的經濟理論救了資本主義市場經濟，我想它照樣也能救社會主義市場經濟。

前面的分析更多地側重於國家、企業、居民之間一種質的關係，即制度關係，其實還有量的關係。從收入流量來說，政府支配多少，企業支配多少，居民支配多少，這就存在國民收入中三者分配比例關係的問題。從財富存量來看，社會財富讓三者各自支配多少合適，決定於國家產權制度結構的設計及其背後的價值理念。

在上述關係中，國家怎麼發揮作用是關鍵性的。國家是立足於更多地參與國民收入、社會財富的分配，即從結果上透過再分配來縮小貧富差距，還是立足於創造更好的體制、政策環境，實現全社會的機會平等、規則平等，即從發展過程來縮小貧富差距？選擇前一種方式，見效快，但持續時間短，治標；選擇後一種方式，見效慢，但可持續，治本。

---

**劉尚希**，於一九九〇年在中國人民大學獲得經濟學博士學位。現任職於財政部財政科學研究所，任黨委書記兼所長、研究員、博士生導師，中國國務院政府特殊津貼專家。曾出訪過美國、加拿大、法國、德國、阿根廷、土耳其、澳大利亞、南非等二十多個國家，對國外同領域的問題有較廣泛的瞭解，調查研究的足跡遍及全國所有省市，並在二十多個省市政府部門及大學做過專題性學術演講。多次主持或參與中國國內重大課題研究和國際合作課題研究。目前主要研究方向是公共理論與政策，包括公共風險、公共財政、財政風險、公共分配、公共政策等。

# 參考文獻

1. 劉尚希，《收入分配循環論》（北京：中國人民大學出版社，一九九二）。
2. 劉尚希，〈擴大公共消費是改善社會公平的關鍵〉，《新華文摘》，二〇一一(九)。
3. 劉尚希，〈貧富差距與共同富裕：從現實到目標〉，《中國經濟時報》，二〇一一年二月二十二日。
4. 李實，〈中國收入分配中的幾個主要問題〉，《探索與爭鳴》，二〇一一(四)。
5. 李敬，〈收入分配、勞動分工多重性及其制度創新〉，《改革》，二〇一一(一〇)。

# 中國財稅體制改革的新階段

高培勇

以中共中央政治局審議通過的《深化財稅體制改革總體方案》為契機，新一輪財稅體制改革已經在中國開始全面啟動。作為圍繞全面深化改革而系統部署的第一項或第一個領域的重大改革，這一輪財稅體制改革呈現出許多不同於以往的新特點、新變化。這些特點和變化實質是新一輪財稅體制改革的靈魂所在，標誌著中國財稅體制改革進入了一個新的歷史階段。

完整而準確地把握新一輪財稅體制改革的新特點和新變化，以不同於以往的改革思維和操作做好改革的相關工作，對於完成改革的決策部署，具有十分重要的意義。

## 致力於匹配國家治理現代化進程的財稅改革

以往的財稅體制改革多是作為經濟體制改革的組成部份在經濟體制改革的棋局上加以部署的。比如一九九四年的財稅體制改革，即是基於建立社會主義市場經濟體制的需要而啟動。對於那一輪財稅體制改革，無論是基本目標還是評估標準，我們一直採用的是「建立與社會主義市場經濟體制相適應的財稅體制基本框架」的表述。

中共十八屆三中全會所部署的則是全面深化改革，其與以往改革的最大不同之處在於，它不是某一個領域的改革，也不是某幾個領域的改革，而是全面的改革、涉及所有領域的改革。因此圍繞全面深化改革而提出的目標，係站在國家治理總體角度、統領所有領域改革的總目標——發展和完善中國特色社會主義制度，推進國家治理體系和治理能力的現代化。在這一背景下，基於這一目標而部署的財稅體制改革，自然要擺脫以往在經濟體制改革領域定位改革目標的局限，而作為國家治理體系的一個重要組成部份，立足於全面深化改革的大背景，服從於全面深化改革的總目標。即財稅體制改革的目標，應當且必須在全面深化改革的總目標統領下加以確定：追隨全面深化改革總進程，對接全面深化改革總目標。換言之，新一輪財稅體制改革的分目標同全面深化改革的總目標是一致的、重合的。

所以，在經濟體制改革取得舉世矚目成就的基礎上，將財稅體制改革融入全面深化改革進程，以國家治理現代化為目標定位，從而在經濟體制、政治體制、文化體制、社會體制、生態文明建設體制和中國共產黨的建設制度等各個領域實現改革和改進的聯動，形成改革的總體效果，是新一輪財稅體制改革相對於以往財稅體制改革的第一個重要變化和突出特點。

這意味著，**我們不僅要將財稅體制改革作為經濟體制改革的重要內容，而且要將其作為國家治理體系的一個重要組成部份**，從局部與全局的集成上謀劃財稅體制改革的具體內容和行動路線，推進國家治理體系和治理能力的現代化。也可以說，新一輪財稅體制改革是一場關係國家治理體系和治理能力現代化的深刻變革。

## 立足於發揮國家治理的基礎性和支撐性作用的財稅改革

以往的財稅體制改革，多是將財政視為一個經濟範疇、在將財稅體制視作一種經濟制度安排的基礎上加以謀劃的。比如一九九四年的財稅體制改革，無論其規模多麼巨大，涉及範圍多麼寬廣，甚至其實際影響絕不限於經濟領域，從總體上看，其主觀立意並未脫出財政作為一個經濟範疇、財稅體制作為一種經濟制度安排的思維局限。

中共十八屆三中全會則在將國家治理體系和治理能力現代化定位於全面深化改革總目標的同時，不僅賦予了財政以「國家治理的基礎和重要支柱」的全新定位，亦對財稅體制的功能與作用給出了「優化資源配置、維護市場統一、促進社會公平、實現國家長治久安的制度保障」的全新闡釋，從而第一次從根本上擺正了財政和財稅體制的位置。既然財政是國家治理的基礎和重要支柱，那麼，它便不僅僅是一個經濟範疇，而是一個事關國家治理體系和治理能力優劣的基礎性的、支撐性的要素。既然財稅體制的功能與作用是可以跨越經濟領域的，那麼，它便不是一種一般意義上的經濟制度安排，而是一種可以牽動經濟、政治、文化、社會、生態文明和中國共產黨的建設等所有領域的綜合性制度安排。

所以，站在國家治理的總體角度，**在推進國家治理體系和治理能力現代化的棋局上，將財政作為國家治理的基礎性和支撐性要素加以打造**，並且，將財稅體制作為全面覆蓋國家治理領域的綜合性制度安排加以構建，是新一輪財稅體制改革相對於以往財稅體制改革的第二個重要變化和突出特點。

這顯然是一個富有重要啟示意義的判斷。

其一，作為一項極為宏大的工程，推進國家治理體系和治理能力的現代化，當然要從構築其基礎和支柱做起。全面深化改革可以也應當從財稅體制改革破題，財稅體制改革不僅要著眼於財稅體制自身的完善，而且要立足於為全面深化改革「鋪路搭橋」——以構築作為國家治理的基礎和重要支柱的一系列行動，為中國共產黨和中國國家事業發展、為人民幸福安康、為社會和諧穩定、為國家長治久安提供一套更完備、更穩定、更管用、更有效的國家治理體系和治理能力。

其二，作為經濟體制改革、政治體制改革、文化體制改革、社會體制改革、生態文明體制改革的交會點，在全面深化改革的總棋局中，財稅體制改革事實上是一個重點工程，是可以且應當加以重點推進的，也是可以且應當作為突破口和主線索率先推進的。事實上，財稅體制改革之所以成為圍繞全面深化改革而系統部署的第一個領域的重大改革，之所以在全面深化改革進程中成為整個社會的聚焦點，其根本原因就在於此。

## 以建立現代財政制度標識的財稅改革

以往的財稅體制改革多著眼於財稅體制的屬性特徵，從建立與社會主義市場經濟體制相適應的財稅體制的立場出發來界定改革的基本取向。比如一九九八年之後，隨著財稅體制改革轉入整體體制機制的構建階段，我們之所以以「構建公共財政體制基本框架」來標識改革方向，其基本依據無非在於，只有公共財政性質的財稅體制而非其他方面性質的財稅體制才是可以與社會主義市場經濟體制相適應的。

新一輪財稅體制改革則站在了人類歷史發展的長河中，從全面認知現代財政文明的高度，破天荒的第一次以「建立現代財政制度」作為改革的基本取向。做這樣的選擇，顯然有著一系列極為深刻的考慮。

第一，經過了三十餘年的發展進程，中國已經躍升為世界第二大經濟體，且正在逼近第一大經濟體。在成為經濟大國的基礎上，如何在經濟、政治、文化、社會、生態文明和中國共產黨的建設等各個方面取得長足進步，從而以現代意義大國的形象和境界立足於今天的世界，不能不作為一種新的發展目標而進入我們的視野。

第二，經過了三十餘年的財稅體制改革進程，中國已經初步建立了適應社會主義市場經濟體制的公共財政體制基本框架。在公共財政建設取得突破性進展的基礎上，如何進一步強化其時代特徵屬性——跟上人類文明的發展進程，打造現代國家財政制度的一般形態，不能不作為一個新的改革目標追求而提至我們的面前。

第三，在中國有關改革的官方話語體系內，迄今為止，以「現代」二字前綴某一領域制度安排的情形，只有「現代企業制度」一個先例。正如當年國有企業制度改革需要以現代化的企業制度作為參照系一樣，當下的財稅體制改革同樣需要以現代化的財政制度為參照系，同樣需要借鑑成熟市場經濟國家財稅體制的一般規則和基本做法。倣傚當年建立現代企業制度的改革思維，以建立現代財政制度為基本取向深化財稅體制改革，其意義肯定不亞於當年的國有企業制度改革。

第四，衡量一個國家的文明程度，除了諸如生產力發展水準、國民道德素養狀況、社會和諧穩定程度等方面的指標外，包括財政治理體系和治理能力內容在內的國家治理體系和治理能力，也是其中的重要考量。故而，適應國家現代化的總進程，從建立現代化的財政制度入手推進國家治理體系和治理能力的現代化，建構現代文明國家形象、提升中國的國際地位，不僅是必要的，更是迫在眉睫的。

所以，從現代財政文明出發佈局財稅體制改革，在關注屬性特徵的基礎上進一步強化其時代特徵，不僅表明中國財稅體制改革邁上了一個新的台階，也是新一輪財稅體制改革有別於以往財稅體制改革的第三個重要變化和突出特點。

將「建立現代財政制度」同「推進國家治理體系和治理能力現代化」的全面深化改革總目標相對接，並用心體會此「現代」財政制度與彼「現代」國家治理之間的內在聯繫，還可以理出如下的邏輯線索：全面深化改革的總目標在於推進國家治理的現代化，實現國家治理現代化的基礎和重要支柱是堅實而強大的國家財政，構築堅實而強大的財政基礎和財政支柱要依托於科學的財稅體制，科學的財稅體制又要建立在現代財政制度的基礎之上。於是，「建立現代財政制度」→「科學的財稅體制」→「國家治理的基礎和重要支柱」→「國家治理體系和治理能力的現代化」，便成為可以勾畫出的有關新一輪財稅體制改革的十分明確而清晰的「路線圖」。

這就要求我們，新一輪財稅體制改革的主要著力點要放在**推進財政制度的現代化上**。因而，我們不僅要總結人類社會財政制度的演變規律，而且要瞄準現代國家財政制度的一般形態，從歷史與現實的結合上建設具有順應歷史規律、切合時代潮流、代表發展方向、匹配中國國情的現代財政制度。

## 經濟發展步入「新常態」下的財稅改革

以往的財稅體制改革，多與經濟的高速增長相伴隨。依托經濟高速增長和財政收入高速增長交互作用所提供的巨大空間，財稅體制改革可以在一個相對寬鬆的條件下展開，主要透過「增量調整」逼近或實現改革目標。一九九四年的財稅體制改革也好，此後其他幾次影響較大的財稅體制改革也罷，都發生於中國經濟的高增長期。

新一輪財稅體制改革則沒有如此幸運，它是在中國經濟增長發生轉折性變化，從而經濟發展步入「新常態」的背景下啟動的。這裡所說的所謂轉折性變化和所謂「新常態」，其要義所指在於如下幾點：其一，經過了三十餘年的高速增長之後，支撐中國經濟增長的產業結構和要素投入結構已經發生變化，中國經濟已經由高速轉入中高速增長平台。其二，在以化解產能過剩為核心內容的經濟結構調整中，企業的兼併重組甚至退出市場也在成為不得不付出的代價。其三，二〇〇八年以來刺激政策所形成的累積和溢出效應仍在持續，宏觀政策的選擇和調控空間由此縮小。

毋庸贅言，在增長速度換檔期、結構調整陣痛期和前期刺激政策消化期的所謂「三期疊加」的新形勢下，財稅體制改革面臨著與前大不相同的一系列新課題和新挑戰。這是新一輪財稅體制改革有別於以往財稅體制改革的第四個重要變化和突出特點。

概括起來，這些新課題和新挑戰主要包括：

首先，不僅財政收入增速隨著經濟增速的換檔而放緩，而且財政支出壓力也在隨著經濟結構調整的陣痛而增大，從而財稅體制改革不得不在一個財政收支形勢相對嚴峻的條件下進行，「增量調整」的傳統改革路徑由此變窄。

其次，不僅財政政策的抉擇要面對因消化前期刺激政策而產生的諸多方面掣肘因素，而且要面對經濟下行壓力而探索新的與經濟增長「新常態」相適應的宏觀調控機制和方式，從而財稅體制改革不得不在一個宏觀經濟形勢相對偏緊的狀態下進行，突破以既得利益格局為主要代表的各種改革障礙變得愈加困難。

再次，不僅財稅體制在經濟增長發生轉折性變化背景下的運行規律尚未充分把握，而且轉變經濟發展方式、保持經濟持續健康發展又亟待財稅體制改革提供新的改革「紅利」，從而財稅體制改革不得不在一個改革壓力相對偏大的情勢下進行，漸進完成改革任務、從容實現改革目標的傳統改革格局難以再現。

這實際上提醒我們，隨著經濟發展步入「新常態」，財政收支也要經歷一個走出特殊的發展時期而回歸正常軌道的過程。當前所說的財政要「過緊日子」，即是從此要「過正常日子」。適應經濟增長的這一轉折性變化，在一個與過去三十餘年大不相同的經濟增長結構基礎上構建起與之相適應的財稅體制新格局，應當成為新一輪財稅體制改革的重要著力點。

**高培勇**，於一九九四年在中國人民大學獲得經濟學博士學位。中國社會科學院學部委員。現任中國社會科學院財經戰略研究院院長、教授，中國社會科學院研究生院教授委員會經濟學部執行委員。兼任中國國務院學位委員會應用經濟學學科評議組成員、中國財政學會副會長、中國審計學會副會長、中國國際稅收研究會副會長等。一九九七年入選全國「百千萬人才工程」計劃。一九九八年入選教育部「跨世紀優秀人才培養計劃」，獲中國國務院政府特殊津貼。主要研究專長為財政經濟理論、財政政策分析。曾先後三次（一九九七、二〇一〇、二〇一三）擔任中國共產黨和國家領導人集體學習主講人。

# 宏觀金融十字路口的若干思考

貝多廣

改革開放三十多年以來，中國金融業經歷了一些分階段的趨勢性變化。從大體劃分來說，前十年是從財政主導型金融結構向銀行主導型金融結構轉變，其內含是政府部門在資金分配中的作用相對減弱，而銀行部門的作用日益增強；中間十年是銀行主導型金融結構向銀行為主、資本市場為輔的金融結構演化，以股票交易所為代表的資本市場開始發揮影響資源配置、推動國企改革的作用；後十年至今是由銀行為主、資本市場為輔的金融結構向多元化金融市場主導型金融結構推進，其目標是形成比較成熟的股票市場、債券市場以及貨幣市場，除銀行以外的各類非銀行金融機構蓬勃發展。不過坦率地說，由於中間十年的轉型不太成功，中國的資本市場沒有在金融結構中真正發揮出其應有作用，因而後十年的趨勢性演化也顯得困難重重。從目前情形來看，銀行仍然在中國金融結構中比重過大，加之其基本上的國有國營特色，中國金融結構相對於發展更快的經濟結構已成為致命的掣肘。從這一意義上說，中國金融業正處於發展的十字路口。

造成這種狀況的原因眾多，金融因其具有系統性風險特徵，因而改革開放的步驟比較謹慎，略顯滯後。國有銀行經過改制上市之後如何進一步走向市場化，在現有的社會經濟格局下無疑是一項重大挑戰。然而，事關金融結構的演變方向，人們對金融改革、金融發展乃至金融創新展開了無數的討論，但對一些重大問題依然眾說紛紜，有些關乎基礎性認識範疇，有些則可能涉及政策選擇。

## 關於利率市場化

從過去三十多年的資金流動變化看，除了銀行系統繼續成長壯大之外，非銀行金融機構也有了超乎想像的發展，其中以資本市場為平台的經營各類證券業務活動的金融機構從無到有，形成了金融業中的子行業。金融業中的三大子行業，銀行業、證券業和保險業成為中國資金流動的三大主要管道。其實，還有第四大管道，就是圍繞著信貸或融資業務開展活動的各類非銀行金融機構，比如信託公司、租賃公司、財務公司、小額貸款公司等等，這幾年表現格外生猛，但它們仍在銀監會（中國銀行業監督管理委員會）監管範圍之內。所以，人們通常習慣於說金融業有三大子行業。證券業包括證券公司、基金公司、期貨公司等等。保險公司雖然主營保險產品，但因為其巨大的資金聚集能力而逐步演變成為資產管理業中的主要力量。儘管如此，到目前為止，中國的商業銀行仍然在中國金融版圖中佔據支配性的地位。可以預見今後相當長時期，商業銀行仍然是金融業的主導領域。

當然，隨著利率市場化進程的推進，以及金融壓抑的進一步放鬆，廣泛意義上的非銀行金融機構會有實質性的成長，甚至假以時日，形成與銀行業分庭抗禮的格局。這種格局是否成立取決於以下三點：第一，金融監管當局將利率市場化的目標確定在透過不斷鼓勵非銀行金融機構發展壯大，以蠶食銀行業在金融資源配置中的現有份額，促成事實上的「金融脫媒」，用市場中的利率來擴大利率市場化的廣度和深度。當然，如果監管當局志在保護現有銀行業的既得利益，只在銀行業範圍內推進利率市場化，同時限制非銀行金融機構的擴張，格局將會是另一種情形。第二，證券業和保險業擺脫子行業的心理誤區，走出證券業和保險業藩籬，走向資產管理的藍海，比如證券公司用各種創新的貨幣替代產品來挑戰銀行的儲蓄產品，保險業用資產管理計劃來分食銀行業的貸款禁臠。當然，這些行為在很大程度上受制於監管當局的眼界和容忍程度。第三，國際上大多數實行混業經營的金融機構被允許自由進入中國市場並推廣它們的金融產品，在中國分業監管分業經營的金融業中產生「鯰魚效應」，衝擊現有的監管限制並帶動中國國內同行如法炮製，形成全面金融創新的態勢。當然，這也取決於監管當局的認知程度和執行力度。

對於非銀行金融機構的發展，在中國向來見仁見智。二十世紀八〇年代叫做「體外循環」，現在時髦的叫法是「影子銀行」。實際上，銀行的特定涵義是指能創造信貸（進而創造貨幣）的金融機構，大多數「影子銀行」並不具備創造信貸的功能，至多是配置信貸的功能，由於沒有信貸擴張的「乘數效應」，對於經濟不會產生膨脹的作用或泡沫，就像發行債券可以替代銀行貸款，但區別在於發行債券是吸收經濟中的閒散資金，而銀行貸款則因為其內在機制可能存在信用膨脹的風險，所以將非銀行金融機構一棍子打入「影子銀行」施加限制，顯然缺乏理論依據。在中國的特定金融背景下，反而應是積極鼓勵各類非銀行金融機構的成長，用市場化的金融業態倒逼相對保守的銀行業的改革和開放。

## 關於儲蓄與投資的關係

人們經常顧慮的一個問題是，非銀行金融機構提供融資的後果往往會擴大投資，從而對中國已經產品過剩的情形裡雪上加霜，造成新的投資過剩。坦率地說，這是一種糊塗觀點。我們從宏觀經濟角度考察，中國現階段投資率較高，不是人為的結果，而是客觀形成的。簡單地說，就是人們獲得一年收入之後，只消費了百分之五十左右，剩下百分之五十都作為儲蓄。儲蓄的形成不是政府計劃的結果，也不是「事前」的概念，而是「事後」的概念，也就是事實上每年都有百分之五十的國民收入沒有被消費掉。儲蓄多了，怎麼用？只有兩條管道，一是投資，二是出口。出口比較好理解，中國國內沒有消費掉，出口給外國人消費，更何況中國多年來以出口為導向，即生產目的就是為了出口。投資稍微複雜一點。這幾年鼓勵對外投資，相當於中國國內居民省下錢到海外進行投資。隨著中國國力增強，對外投資會有很大發展空間，但是短期內未必形成很大規模。還有一種投資實際上就是投資到已經生產出來但沒有消費掉的產品，在統計上叫做存貨投資。從經濟效率上看，這部份投資越少越好。但市場經濟的主要特徵是供大於求，有一定規模的存貨投資也屬正常。超過了經驗指標，可能出現產品過剩，也就是投資過剩。投資中最主要的部份，是基礎設施建設和技術改造，它們的投資資金來源就是依賴當期未消費掉的儲蓄。有這麼高的儲蓄率就一定對應這麼高的投資率。改革開放初期，由於社會儲蓄還沒上來，中國的投資資金缺口靠引進外資來彌補，這會帶來外債負擔甚至宏觀經濟失衡。如今依賴中國國內儲蓄支持的投資，從宏觀總量上說，高枕無憂。反之，如果壓制投資，反而造成充沛的儲蓄無法順利轉化成投資，經濟就會收縮甚至衰退。

許多人擔憂中國投資過剩，實際上是用規範經濟學來討論實證經濟學，規範經濟學解決經濟應該怎樣運行，實證經濟學解釋經濟如何運行發展。即使按規範經濟學來觀察，中國真的不需要投資了嗎？答案顯然是否定的。從現實國情看，中國仍然是開發中國家，比如學校、醫院等公共設施明顯不敷客觀需求。基礎設施如交通、水利、環保等，也存在巨大缺口。僅城市公共交通一項，就遠遠不能滿足日益增長的出行需求。更何況我們需要藍天，我們需要淨水，我們需要更快的資訊網路，我們需要城鎮群之間的捷運網絡，哪一樣都需要不菲的投資。有人擔心投資多了環境會更差。實際上正好相反，要維持良好生態環境需要大量投資。過去很多製造業的投資降低了環保標準，看似短期省了錢，長期卻給社會帶來更大的治理成本。目前大規模的投資是因為中國龐大的人口基數以及相應的巨大需求決定的。幸運的是，這種需求在中國特定的背景下，有可能逐步得到滿足，原因在於中國的傳統文化和消費習慣所形成的高昂儲蓄率。有人預計隨著人口紅利的逐步消失，中國儲蓄率會逐步下降。這愈加說明，我們應該利用這一歷史時期的高儲蓄率，多建設基礎設施，從而為子孫後代積累更多實物意義上的國民財富。

至於部份行業、部份產品是否過剩，實際上這不是宏觀問題，也不是金融問題，而是投資決策問題，可能是投資主體的行為是否理性、是否科學的問題，更像是與經濟是否真正市場化運作有關的微觀經濟與管理問題。

## 關於地方債務風險

與建設基礎設施相關的就是現在很多人議論的地方債務風險問題。很多人告誡，地方政府以各種名目或各種平台承擔的債務性融資會帶來嚴重的債務危機風險。理由是地方政府因其財政收入有限，項目收入不確定，大多缺乏還債能力。如果理解上述儲蓄與投資的關係，對地方債務的宏觀認識問題就迎刃而解。也就是說，當債務發生在中國國內市場並且有實際儲蓄作為依據，宏觀上便不致發生大的失衡。現實困境是，當前的地方債務表現為成本居高，期限偏短，還債高峰即將到來。這是金融問題，具體說就是金融結構尤其是金融工具出了問題。一方面，地方政府大都透過銀行貸款進行基礎設施投資，貸款期限一般較短。另一方面，非銀行金融機構不發達或仍受制於現有秩序，無法提供真正長期穩定低成本的資金。今後更多利用長期債券市場替代單純的銀行貸款，甚至建立較完整的市政債券市場並開展資產證券化業務，僅期限拉長這一點就可以大大緩解現有債務的還債壓力。而一個流動性很強的債券市場本身也有助於降低地方政府融資的成本。從長遠看，在制度上解決地方政府的財權與事權嚴重脫節的現狀，即從財政分配體制上做出安排，有助於從根本上減輕地方政府的融資需求和融資壓力。

當然，現有的地方政府投資決策機制也問題多多，這就需要改革。應建立有效的預算約束機制和科學決策機制，在控制投資規模的同時，提高投資選擇和投資決策的水準。國際經驗是盡可能引入民間投資，採納市場化的投資模式。任何時候都會出現個別地方因失誤無序而造成的局部風險，但大可不必以偏概全，更不必杞人憂天。概言之，目前階段的地方政府債務主要不是減少的問題，而是如何做好的問題。

## 關於社會保障與消費的關係

另一個似是而非的觀點是，中國人之所以不敢消費，是因為擔心養老的壓力，因此要藉由建立國家社會保障制度讓老百姓無後顧之憂，從而大膽積極地擴大消費。消除後顧之憂而變得能掙會花，這從常理上說得過去。但要弄清楚的是，國家社保制度如何建立？

舉凡已開發國家，我們看到，政府透過徵收社會保障稅來充實國家層面的社保基金，或者通過諸如401K等機制鼓勵就業人員增加儲蓄，未雨綢繆。實際上，就是依靠強制性儲蓄來解決後顧之憂。中國的情況正好相反。老百姓主動儲蓄，節儉度日，每家每戶儲蓄的主要目的是教育、醫療以及養老。中國人透過自願儲蓄解決自身的後顧之憂，這是傳統、習慣以及文化等因素所決定的。至於是國家興辦社保、企業興辦社保，還是家庭興辦社保，從資金流量分析來看實際上是一回事。因為國家的社會保障也是由老百姓來提供資金的，不存在有了國家社保，老百姓就擴大消費的行為。除非國家透過其他途徑充實社保基金，比如將國企中的存量國有股份劃轉社保基金，以使老百姓確信，減少儲蓄後擴大消費，日後還會有社保基金「負責」生老病死。即使如此，社會保障與家庭消費之間究竟是怎樣的相關關係，仍然是一種值得觀察的現象。最近的統計數據表明，中國人的社保交費率已在世界各國名列前茅。可以提出的問題是，這麼高的社保交費率是否已經成為居民消費的負面因素？

## 關於金融結構與小微金融

人們越來越認識到金融應該為實體經濟服務。我們由儲蓄結構和投資結構的差異而深入研究金融結構，會觀察到金融結構中的貸款結構、期限結構在很大程度上影響到經濟中的投資結構。

在過去二十多年金融市場化的歷程中，金融從業者得出一個經驗法則，即二八原理，百分之二十的客戶帶來百分之八十的收益。於是，商業性的利益驅動形成金融結構傾斜於高端市場和高端客戶。在人們日益區分出高端市場和大眾市場的差別時，廣大中低端客戶，尤其是農村、中小城鎮等弱勢群體面臨缺乏金融服務的窘境。在金融改革之初，這一問題並不突出。這幾年我們看到，在經濟呈金字塔形狀的結構時，金融服務卻呈現出倒金字塔的結構。這種結構是社會收入分配格局的一定結果，同時又進一步固化或強化了不合理的收入分配結構。前面講到高昂的儲蓄率維持了高昂的投資率，並不是說消費不重要。假若中國的消費能成為經濟成長的第一引擎，中國經濟就可能更加平衡，更加可持續。中國消費率相對較低的原因，主要在於收入分配結構的不合理，即富者愈富，窮者愈窮，廣大低收入人群缺乏有效需求。小微金融可以在很大程度上衝減這方面的弊端。比如消費金融主要透過向低收入人群提供融資來提高他們的消費能力。小額貸款則從供應層面提高小微企業甚至個人的投資激情和投資能力。

可喜的是，近幾年小微金融在中國如雨後春筍般迅速興起，國家決策層面莊嚴提出發展普惠金融的號召，對於優化中國的金融結構，從而促進改變社會結構以及經濟的可持續發展都具有重大意義。對於學術研究來說，因不同地域、不同富裕程度以及不同人群中的分配所形成的金融結構以及如何改變這種結構，應是當今時代特別值得引起重視而且日益緊迫的一大課題。

## 結語

站在宏觀金融的十字路口，前瞻金融結構的演變方向，在銀行金融與非銀行金融兩者之間，非銀行金融因不會引發信貸膨脹而應獲得鼓勵，銀行信貸卻應受到一定限制，以對沖外匯儲備增加後帶來的貨幣擴張壓力。在高端金融與草根金融兩者之間，尤其應鼓勵旨在服務中下階層人群、小微企業的非銀行金融機構，而不是一味壓制。對於普惠金融，則應從更高的意義上也就是從具有很強的社會公平正義角度來認識。

---

**貝多廣**，於一九八八年在中國人民大學獲得經濟學博士學位。曾擔任中國國際金融有限公司董事總經理、第一創業摩根大通證券有限責任公司首席執行長。在這之前，先後在中國財政部和中國證監會工作。現為中國國民小微金融投資有限公司董事局主席、中國證券業協會創新發展戰略專業委員會副主任委員、中國人民大學財政金融學院兼職教授和博士生導師、漢青經濟與金融高級研究院學術委員會委員。長期服務於投資銀行領域。

# 中國小額貸款行業的發展方向

周慕冰

## 踐行小貸行業使命，支持實體經濟發展

自二〇〇五年央行推動試點以來，中國小貸公司發展已經歷十個年頭。作為面向小微企業及「三農」等實體經濟提供服務的專業放貸機構，小貸公司特徵明顯。從單體來看，可總結為三「小」。一是公司規模小。據統計，小貸公司平均註冊資本為九千四百萬元，平均每家員工數僅為十二人。二是服務對象小。小貸公司主要分佈在縣鄉城鎮，服務於「三農」、小型工商企業、個體經營者等小微客戶。三是借貸額度小。據初步統計，全國小貸公司單戶借貸金額在七十萬元左右，有的小貸公司戶均貸款不足六萬元，且年周轉率可達兩次以上，是真正的小額貸款服務。但從整體來看，小貸公司又呈現出三「大」。一是覆蓋範圍大。截至二〇一四年年末，小貸公司總數近九千家，遍佈全國各大縣城及主要鄉鎮。二是貸款總額大。據初步統計，目前全國小貸公司貸款餘額近一兆元，已成為社會融資總量的重要組成部份。三是社會責任大。小貸公司肩負著引導民間融資陽光化、規範化的行業使命，在地方實體經濟發展中發揮著重要作用。

因此，我希望協會處理好小貸公司三「小」和三「大」之間的矛盾和關係，切實履行行業自律、維權、服務和協調職能，引領小貸行業規範發展，匯小微分散之力，成大美融通之勢，充分發揮小貸公司在區域產業鏈、供銷鏈、消費鏈、社交鏈等方面的優勢，打通小微金融服務「最後一公里」，扎根縣鄉基層，縮短融資鏈條，降低融資成本，服務區域實體，支持地方發展。

## 發揮協會引領作用，維護行業整體權益

協會要履行時代使命，明確自身定位，加強窗口指導，維護行業合法權益。一方面，協會要發揮承上啟下的作用。協會的主管部門是中國銀監會，並接受中國銀監會、中國人民銀行指導。協會要積極貫徹落實中央政策和監管要求，組織制定統一的行業標準和業務規範，協助推進小貸行業信用體系建設，防範化解系統性行業風險；同時，協會要切實維護行業權益，深入瞭解小貸公司實際訴求，將行業存在的問題、對政策的意見和建議傳達至中央決策部門和地方監管部門，推動小貸公司統一業務經營規則和監管規則的制定，保障行業持續健康發展。另一方面，協會要發揮內引外聯的作用。試點以來，由於客觀方面的原因，小貸公司在某種程度上還處於初級生長期，發展規範性不夠，存在著這樣那樣的問題，協會要發揮導向作用，引領小貸公司走正道、走康莊大道，避免其走上歪道、走上獨木橋，助推八千多家小貸公司茁壯成長。同時，協會要加強自身建設，淡化行政色彩，發揮行業自律組織在市場經濟中的積極作用，提升面向政府部門、合作機構、新聞媒體及社會公眾的溝通和協調能力，推動解決行業難題，不斷提升協會的公信力、凝聚力和影響力。

## 緊扣國家戰略規劃，促進行業創新發展

當前中國進入經濟發展新常態，經濟由高速增長轉變為中高速增長，銀行等傳統金融機構貸款增速放緩、業務風險升高，小貸公司也同樣面臨著嚴峻挑戰。協會要適應經濟新常態，把握國家戰略、結構調整和產業升級帶來的新空間、新機遇，結合小貸行業發展實際，發揮自身引導和協調作用，推動小貸公司堅持小額、分散的基本原則，發揮小貸靈活、精細、高效的優勢，打造「短、平、快」的產品和服務，滿足小微實體「短、小、頻、急」的融資需求，真正立足基層、扎根草根，面向「三農」、小微等薄弱環節發力，發揮自身比較優勢，實現行業整體發展。為此，一是要探索小額貸款技術。小貸技術專業性很強，但在中國的發展基礎還比較薄弱，協會要發揮行業抱團發展優勢，組織研究借鑑國際先進小微貸款技術，如新加坡淡馬錫、孟加拉格萊珉、德國IPC、法國沛豐等成熟模式經驗，結合地方特點，培育出一套適合中國國情的小額貸款技術。二是要提升貸款投放質效。協會要引導小貸公司緊緊圍繞地方結構調整和產業升級，找準目標客戶，創新產品類別，提供定制化的小額貸款服務，既要做好面向「三農」、小微實體的融資服務，又要加大對地方傳統製造業升級、戰略新興產業發展、農村基礎設施建設的支持力度，還要提高面向民眾消費金融需求的服務能力，同時，避免向高能耗、高污染、高過剩行業的貸款投入。三是要降低小微融資成本。協會要推動小貸公司發揮位處基層、熟悉客戶的優勢，在政策允許和風險可控的前提下，大力發展信用貸款，避免將小貸公司做成重擔保、重抵押的「當鋪」式經營模式，減少貸款中間環節，縮短企業融資鏈條，實現融資時間和資金成本的「雙降低」。

## 夯實風險防控基礎，培育行業合規文化

小貸公司的客戶信用風險偏大，風險防控是小貸行業可持續發展的核心關鍵。協會要引導小貸公司加強風險管理內部控制，促進行業有序發展，守住不發生系統性區域性金融風險的底線，維護金融安全和社會穩定。一是完善公司治理。協會要推動小貸公司依法制定公司章程，建立與公司規模和業務範圍相匹配的治理機制，明確企業組織架構、職責邊界、議事規則、決策程序及履職要求等公司治理制度，促進企業良性發展。二是強化風險管控。協會要引導小貸公司堅持審慎經營和穩健發展，制定符合公司業務特點的審慎經營規則，同時，推動小貸公司建立風險管理制度，遵循全面風險管理原則，規範風險識別、計量、監測和控制，防範化解信用及操作等風險。三是打造合規文化。協會要推動小貸公司充分認識到合規才有真效益、守法才有真發展，積極倡導穩健合規的行業文化，切實推動小貸公司自覺堅守合規底線、執行中央和地方各項監管規定、落實相關監管要求，保障行業平穩前行。

## 加大內外監督引導，提升行業整體形象

目前公眾對小貸行業瞭解不深，甚至將其簡單等同於民間高利貸組織，究其原因，是因為地方小貸公司組織呈塊狀割裂發展，缺乏全國性的發聲主體，難以應對扁平化的網路資訊傳播態勢。協會要發揮全國性組織優勢，加大行業正面宣傳力度，改善媒體和社會公眾對小貸公司的認知，提升行業價值和社會形象。一是加強資訊披露。協會要推動小貸公司完善業務資訊統計與披露制度，加快建立全國小貸公

司統計資訊共享機制，定期對外公開行業數據，突出支持「三農」和小微實體等重點服務內容，展現小貸公司的社會價值。二是引導正面宣傳。協會要利用自身行業話語權優勢，推動建立常態化的媒體溝通機制，維持重點媒體關係，加大日常溝通頻次，發揮協會成員數量多、分佈廣的優勢，透過組織媒體赴小貸公司一線訪談等形式，提高正面宣傳力度，要做到緊扣發展做宣傳，借助宣傳促發展。三是重視輿情管理。協會要發揮行業聲譽風險防控作用，推動建立社會監督機制，暢通公眾交流管道，同時，加強輿情監測和應對，探索建立輿情快速響應機制，提高輿情處理效率，全力減少負面影響。

## 緊跟行業發展態勢，搭建基礎服務平台

協會要結合宏觀經濟發展、國家戰略調整、產業結構升級和行業形勢變化等因素，圍繞數據分析、資源整合及行業自救等關鍵點，加快提升自身服務能力，探索建立行業基礎服務平台。一是搭建資訊交流平台。協會要透過建立全國性小貸公司資訊統計體系，利用大數據分析等資訊技術，針對當前客戶風險整體趨高、欺詐事件屢有發生等情況，研究分析行業經營現狀及潛在風險，並逐步推動建立客戶信用資訊數據庫、接入人行徵信系統等重點工作，提升行業整體風險防範能力。二是搭建行業整合平台。協會要發揮協調優勢，搭建資源整合平台，一方面，提升行業整體創新能力和對外議價能力，另一方面，鼓勵小貸公司資產轉讓，藉由市場化的兼併與整合，提升行業整體競爭力和發展水準。三是搭建行業自救平台。協會要加強跨區域、跨機構的溝通交流，促進經驗共享，推動行業自救機制和重大風險防範體系的建立。

## 發揮協調服務優勢，助推行業監管自律

協會要立足於中央和地方雙層監管治理架構，做好協調聯動，處理好統與分的監管自律關係。一方面，協會要貫徹落實中央相關監管要求，強化同中國銀監會、中國人民銀行以及中央各部委的日常聯動，建立小貸公司重大突發事項報告機制，加強小貸行業整體風險的預測，定期向有關部門報告全國小貸發展情況。另一方面，協會要推動建立與各地方監管機構的聯動協調機制，做好資訊共享和協調聯動，配合地方監管機構建立小貸公司區域性金融風險防範體系、做好轄內小貸公司日常監管工作，同時，堅持全國一盤棋，強化與地方協會的聯動，建立涵蓋全國行業自律組織、地方行業自律組織、地方監管機構的多維、互通、互動的行業監管自律協調機制，推動小貸行業形成以發展帶動創新、以創新反促發展的良好態勢。

---

**周慕冰**，於一九八八年在中國人民大學獲得經濟學博士學位。高級經濟師。曾任中國工商銀行政策研究室主任（其間兼任中國青年企業家協會副會長），中國工商銀行福建省分行黨委書記、行長，重慶市渝北區區長、區委書記，重慶市政府秘書長、辦公廳主任，重慶市政府副市長、黨組成員。現任中國銀行業監督管理委員會副主席、黨委副書記。

# 互聯網金融：成長的邏輯

吳曉求

互聯網金融對傳統金融體系的撞擊，進而引發新的金融業態的出現，可能是未來若干年中國金融面臨的現實。互聯網金融對所有的研究者來說，都是一個全新的研究課題，是一個混沌而不太清晰的世界。互聯網金融的基本內涵、運行結構、理論基礎、商業模式、風險特點、替代邊界、監管標準等，都需要我們做系統而深入的研究。

## 互聯網金融：定義與形態

關於互聯網金融的內涵，雖然目前尚無十分準確的定義，但就其核心要素和基本屬性而言，學者們的認識已漸趨明朗。所謂互聯網金融是基於網路平台的金融，網路平台和金融功能是互聯網金融最重要的兩個要素。關於互聯網金融的基本屬性，我們同意謝平的判斷，也就是互聯網金融既不同於商業銀行的間接融資，也不同於資本市場的直接融資，屬於第三種金融融資模式[1]，因而是一種新的金融業態。[2]

[1] 參見謝平、鄒傳偉：〈互聯網金融模式研究〉，《金融研究》，二〇一二，一二。

[2] 參見吳曉求：〈中國金融的深度變革與互聯網金融〉，《財貿經濟》，二〇一四，一。

在本文的研究中，則是將互聯網金融定義為第三金融業態。

在對互聯網金融做出準確定義之前，我們不妨對業已出現的互聯網金融的形態或業務線進行適當歸類。

從網路平台和金融功能兩個核心要素出發，目前互聯網金融的形態或業務線大體可歸為以下四類。

第一，第三方支付，包括網路支付和行動支付。

第二，網路融資，主要包括三部份：一是基於平台客戶資訊和雲數據的小微貸款和消費貸款；二是**P2P**（peer to peer）平台貸款；三是群眾募資（crowd funding）模式。

第三，網路投資，主要包括兩部份，一是**P2P**和群眾募資平台融資的資金提供者；二是網上貨幣市場基金。

第四，網路貨幣。

關於金融產品的網路銷售及金融資訊的整合、發佈，可歸類於網路對金融業務的支持體系，其本質不屬於金融業務。

此外，還有一種形態是否屬於互聯網金融形態尚存爭議，即傳統金融業務網路化。它是指以網路替代金融中介和市場網點、人工服務，但產品結構、盈利模式並未發生根本性變化。謝平等學者將其納入互聯網金融的範圍，吳曉求則將其定義為金融網路而非網路金融。❸

據此，我們大體可以得出如下判斷：從概念和內容看，互聯網金融有狹義和廣義之分。狹義的或嚴格意義上的互聯網金融是不包括傳統金融業務網路化，即金融互聯網部份；廣義的或寬泛意義上的互聯網金融則包括金融網路部份。

之所以要做這樣的劃分，是因為狹義的互聯網金融與金融網路在商業理念、盈利模式和金融產品的設計規則等「基因」層面存在重大差異，本文後面的研究對此會有深入分析。本文所指的互聯網金融指的是狹義的或嚴格意義上的互聯網金融。

總體看來，我們可以對互聯網金融做如下定義：所謂互聯網金融是指具有網際網路精神、以網路為平台、以雲數據整合為基礎而構建的具有相應金融功能鏈的新金融業態，也稱第三金融業態。

## 互聯網金融：生存的邏輯

要分析網路對金融的滲透，探討互聯網金融的生存邏輯，進而研究互聯網金融對整個金融體系的影響，就必須研究網路是如何滲透到商業領域進而如何顛覆傳統商業模式的。

### 電子商務：互聯網金融的一面鏡子

網路對傳統商業模式的滲透乃至顛覆，對研究互聯網金融的發展有重要啟發意義。而要研究電商模式的形成，就必須瞭解網路對產業整合所具有的特殊功能。

我們知道，網路藉由巨大的黏合作用和資訊整合開創了一個無邊界的社會，這個無邊界的社會變得前所未有的複雜且富有生命力。它正在以悄然無息而又不可逆轉的趨勢創造出一種新的社會組織結構，形成新的社會存在形式，進而徹底改變了人們的生存狀態和生活方式。

❸轉引自螞蟻金股：〈基於互聯網的普惠金融實踐〉，二〇一二・〇九・二三。

網路最基礎的功能是對資訊的整合，從而形成了價值無限的資訊流。人類社會的黏合劑實際上是資訊。資訊的貫通使眾人形成了社會，單一的訊息只有零碎的價值，資訊的黏合具有社會價值。當眾多訊息的黏合被一種機制進行有序地整合而形成了巨大的、無窮無盡的、但結構清晰的資訊流時，一種無邊界的平台就在眼前。人與人之間的關係不再被物理空間所約束，社會的存在方式悄然發生了革命性的變化。這種巨大的變化體現在人的生存狀態、生活方式、文化觀念、消費模式等諸多方面。這個對資訊進行有序整合而形成巨大資訊流的機制就是網路。

網路不僅實現了資訊流在時間和空間上的整合，從個體到整體的整合，由局部到無邊界的整合，而且以此為基礎，推動著物流的整合，進而以其巨大的成本優勢實現了對已有產業的系統整合，塑造了新的競爭格局。網路既是傳統產業的重構者，又是大眾消費模式的牽引者，它在結構層面推動著經濟增長模式的轉型。

如果說網路的資訊整合功能對社會組織結構和生活方式的變革具有重大影響，那麼在資訊流基礎上對物流牽引，進而對已有產業進行重構，則是其具有的巨大經濟意義。

網路進入商業流通後對傳統商業模式的顛覆，進而重構一種全新的商業運行結構（即電子商務（電商模式））就是一個經典案例，阿里巴巴所建構的新的商業運行結構則是諸多經典案例中的精品。

實際上，以阿里巴巴為代表的電商模式除了創造了無邊界的合作平台外，以資訊流的整合牽引物流聚合是其成功的關鍵點。無邊界的平台克服了傳統商業的物理空間、局域和時間約束，人們的消費（購物）過程可隨時隨地完成。在資訊流基礎上的物流聚合使消費者具有無限廣闊的選擇權，而分工基礎上的協作以及無物理空間約束的特點，則極大地降低了商業成本。電商特別是像淘寶網這樣的純平台電商所具有的這些優勢或特點，正是傳統商業模式的根本缺陷所在。網路之所以成為傳統商業的重構者甚至是顛覆者，是因為它們是大眾消費習慣的牽引者、變革者，是一種新的消費模式和商業文化的創造者。

網路在攻克了傳統商業帝國這個古老的產業後，下一個要滲透的一定是金融服務業，它要改變的是傳統金融體系。這是因為金融產業與商業同屬服務業，而且利潤豐厚，其「舞台」之大比商業有過之而無不及。電子商務是互聯網金融的一面鏡子。

## 廣闊的市場空間為互聯網金融的生存和發展提供了肥沃的土壤

從商業的角度看，網路所要重構的產業一定是「產業帝國」，即規模大、服務面廣、利潤厚、具有統一的標準，對經濟活動具有廣泛影響力的產業。金融業具備所有這些要素。

第一，從世界範圍看，截至二〇一一年底，全球金融資產規模達到兩百一十八兆美元，其中，全球銀行業資產規模約佔全球金融資產的百分之三十九，即八十五兆美元。人的一生或多或少都會與金融（如支付、清算、儲蓄、融資、投資、保險、理財等金融服務）相關聯。與商業一樣，金融無孔不入地滲透到人們的生活和經濟活動中，金融是名副其實的「產業帝國」，是產業鏈中的「皇冠」。

第二，就中國的情況而言，金融更像一個臃腫的「產業帝國」。到二〇一三年底，中國金融資產規模達到一百九十二兆八千九百億元人民幣，利潤達到一兆八千七百億元人民幣；其中銀行業金融機構資產一百五十一兆一千五百億元人民幣，佔金融業總資產的百分之七十八・四六，利潤一兆七千四百億元人民幣，佔金融業利潤的百分之九十三・〇五。銀行業中的十六家上市銀行實現的淨利潤佔滬深兩市兩千五百一十三家上市公司的百分之五十一・四二。總體而言，中國金融特別是商業銀行由於缺乏外部的系統性競爭者，其高額利潤有較大的壟斷性，導致創新動力不夠，雖然商業銀行的內部競爭相對充分，但外部壓力明顯不足，迫切需要來自於體系外部的系統性壓力和戰略競爭者。互聯網金融是中國現行金融體系的戰略競爭者，也是中國金融變革的推動者。

第三，在中國，金融這個傳統的「產業帝國」需要新的活力。新的活力來源於「基因」式的變革，來源於體系外部的系統性壓力。這種外部的和系統性壓力的重要來源就是網際網路，就如同傳統「商業帝國」需要網路煥發新的生命力一樣。

與商業相比，無比廣闊的市場空間為互聯網金融的發展提供了更加絢麗的舞台，這是互聯網金融生存和發展的肥沃土壤。

## 金融與網路在功能「基因」上是耦合的

廣闊的市場空間，是互聯網金融生存和發展的重要外部條件，而金融功能與網路技術的耦合，或者說金融功能與網路的技術特性在「基因」層面上匹配，既是互聯網金融生存的必要條件，也是互聯網金融生存的邏輯基礎。

按照現代金融功能理論的劃分，金融系統具有六項基本功能。

第一，跨期、跨區域、跨行業的資源配置。

第二，提供支付、清算和結算。

第三，提供管理風險的方法和機制。

第四，提供價格資訊。

第五，儲備資源和所有權分割。

第六，創造激勵機制。

在上述六項基本功能中，一般認為「資源配置」和「支付結算」是金融最基礎的兩大功能，通常由商業銀行承擔，在中國尤為明顯。對於後四種功能，在不同金融模式和程度上分別由商業銀行和資本市場來承擔，其中風險管理（財富管理）是現代金融最核心的功能。從「基因」的匹配性上看，網路與金融的前四種功能，即「資源配置（融資）」、「支付清算」、「風險管理（財富管理）」、「提供價格資訊」，具有更高的耦合性。後兩種功能的實現更多的是基於一種制度結構和產品設計，但網路平台的植入與此兩種功能的實現並無衝突，從一定意義上說亦有利於這兩種功能的效率提升。

## 互聯網金融：功能耦合性分析

### 互聯網金融可以進一步優化金融的「資源配置」功能

金融學意義上的「資源配置」，是指資金的供給方透過適當的機制將資金的使用權讓渡給資金需求方的過程。這種資源配置過程通常分為兩類，一是吸收存款和發放貸款的過程，主要由商業銀行作為中介來完成；二是資金供給者與需求者以市場為平台直接進行交易的過程，這個市場平台主要是資本市場。我們約定俗成地把前者稱為「間接融資」，後者稱為「直接融資」。

在這兩種融資形式中，間接融資的基礎風險是信用風險，直接融資的基礎風險是透明度。傳統上，在間接融資中，信用風險評估的主要測度除信用紀錄和信譽等級外，更多地側重於現金流、利潤等財務指標和資產（含不動產）規模等指標，緩釋信用風險的機制大多都是抵押、質押和擔保。在直接融資中，透明度的風險主要表現為上市公司的資訊披露是否真實、即時、完整。這兩種融資模式對風險的定義在自身邏輯範圍內沒有問題，但前者（即商業銀行）對信用風險的定義多少有點「富人好信用，窮人差信用」的邏輯；後者則把信用的履約置於法律和道德兩重約束下的「自覺之中」。實際上，個人或企業信用的優劣，是否存在履約風險，通常在實際交易行為中最能體現出來。持續性的、高頻的、以信用為擔保的交易，更能真正地、動態地反映交易主體的信用和履約能力。網路與生俱來的資訊流整合功能，創造了雲數據時代，它顯然區別於以抽樣統計為基礎的小數據時代。網路藉由對雲數據的處理，使人們能夠清晰地看到抽樣所無法描述的細節資訊。顯然，現在的電腦完全具備了這樣的大計算能力。

在網路所創造的雲數據時代，首先是如何獲取數據，其次是網路「開放、平等、協作、分享」的精神為數據的獲得創造了天然的平台，從而較好地解決了經濟活動中的資訊不對稱性問題。或許在這個時代，僅僅雲數據的處理就可能形成新的金融中介，個人或企業的信用資訊無一不體現在其中。這些雲數據中所體現的信用資訊，其實比傳統的信用識別標誌要準確得多。所以，網路在當前主流金融最關心的信用風險識別技術上，顯然更進了一步，使金融識別風險的能力更具時效性、準確性，從而完善了金融識別風險的能力。

既然網路可以更有效地識別信用風險，又解決了經濟活動中的資訊不對稱性問題，那麼以網路為平台的金融顯然更有利於金融的資源配置（即融資）功能的實現。

## 互聯網金融可以進一步改善當前的以商業銀行為主體的支付清算體系，更便捷地提供支付清算服務，使金融的支付清算功能效率大幅提升

在不同的金融結構中，支付清算體系的構建有較大差異。在大多數國家，商業銀行承擔著社會經濟活動中支付清算的功能，在中國尤為如此。中國的商業銀行構建了形式多樣的基於實體經濟交易和少量金融交易的支付清算系統，在全社會支付清算功能中居於絕對主導地位。

就佔主導地位的銀行支付清算系統而言，由於它更多地吸收和運用了現代資訊技術，致使支付清算的技術手段和工具不斷創新、效率有較大提高。這實際上就是網路的巨大作用。這說明基於網路平台的金融，在克服了時空約束的基礎上，加快了資金的流動速度，克服了支付清算資金的「存量化」，最大限度地保證了交易雙方特別是資金接收方的利益。

除了商業銀行運用網路技術改進或創新支付工具和支付體系，從而大大提升銀行體系的支付效率外，以網路為平台游離於銀行體系之外的第三方支付及支付工具是真正意義上互聯網金融的核心元素之一，也是互聯網金融的重要形態。這種具有互聯網金融「基因」的支付工具和支付體系，開始具有「脫媒」的某些特徵。它與商業銀行運用網路技術所創新或改進的支付工具和支付體系相比，貌似一樣或相近，實則有較大的差異，這種差異來自於「基因」的不同。不可將兩者混為一談。

基於互聯網金融平台的支付工具和支付體系，或許由於其「脫媒」和高技術的特性，其靈活、便捷、快速、高效的特點是傳統金融支付工具和支付體系所難以達到的。所以，基於互聯網金融的支付工具和支付體系，既是現有金融包括商業銀行支付工具和支付體系的重要競爭者，也是現有社會支付系統進一步升級的推動者。

### 互聯網金融進一步完善了「財富管理（風險配置）」的功能

互聯網金融對於金融「財富管理（風險配置）」功能的貢獻主要表現在三個方面：一是向下延伸客戶群鏈條，進一步豐富財富管理的功能；二是提供成本低廉、快捷便利的基於財富管理的金融產品行銷網絡；三是推動餘額資金的財富化，有效地擴大了財富管理需求者的規模。在諸多金融功能的實現過程中，財富管理的需求具有較大的隱性特點，格式化或標準化產品及服務對個性化的財富管理影響甚微，因為對個性化的財富管理者來說，對「人」的認同遠高於對「平台」的認同。

在目前的金融狀態下，互聯網金融平台對潛在的非個性化的財富管理需求者來說，具有巨大吸引力。其基本表現形式是，在基於優化資源配置的前提下，追求餘額資金的財富化。「餘額寶」是一個有價值的案例。「餘額寶」類型的、基於互聯網金融平台的財富管理工具最大的貢獻在於，突破了商業銀行餘額資金儲蓄化的傳統，實現了餘額資金的財富化。在這裡，客戶的餘額資金不再是無任何收益的閒置資金，也不是低利率的儲蓄產品。這一功能的突破，極大地延伸了財富管理的客戶端，並對商業銀行固有的儲蓄產品特別是活期儲蓄產品帶來了重大挑戰，進而在客觀上推動了商業銀行傳統業務的競爭和轉型。所以，互聯網金融在「財富管理」功能的拓展上，具有積極的推動作用。

### 互聯網金融對改善金融「提供價格資訊」的功能有積極影響，從而使價格資訊更豐富、更即時、更準確

一般認為，金融提供的價格資訊包含兩類：一是資金價格，即利率，二是資產價格，通常由股票

價格及其指數來表示。前者主要由貨幣市場和銀行體系提供，後者則由資本市場動態即時發佈。網路平台的引入，提高了動員資金的能力和資金的使用效率，加快了資金流轉速度，促進了互聯網金融與現行主流金融特別是商業銀行的競爭，將使利率這一資金價格更即時、準確地反映資金供求關係，進而引導資金的合理流動。在資本市場上，由於交易系統和實時報價系統充分採用了先進的計算機技術和資訊技術，股票價格及其指數已經充分體現了動態、即時的特點，這與網路的技術基礎是一脈相承的。

在電商模式中，基於網路平台的競價機制是一個很好的案例。網路所創造出的無邊界平台，為眾多廠商和消費者以及廠商之間的競價提供了最優的機制。在這裡，價格沒有外部力量的約束，所有價格都是廠商之間、消費者與廠商之間競價的結果。所謂網路對資訊流的整合，一個重要內容就是推動競爭價格的形成。這種價格形成機制遠比傳統市場結構下的價格形成機制合理而透明，網路平台解決了傳統市場結構下所存在的資訊不對稱和成本約束問題，所以，互聯網金融不僅進一步改善了傳統金融「提供價格資訊」的功能，而且也使這個「價格資訊」的內涵得以擴充、豐富。

## 互聯網金融的理論結構

互聯網金融既有與傳統金融相近的理論基礎，更有自身獨特的理論結構。

### 金融功能理論

與傳統金融相比較，互聯網金融並不突出金融組織和金融機構，而是基於金融功能更有效地實現而形成的一種新的金融業態，其基礎理論仍是金融功能理論。

如前所述，互聯網金融的出現和蓬勃發展，一方面使金融功能的實現越來越不依賴於特定的金融組織和金融機構，另一方面又使金融功能的效率在成本大幅降低的同時大大提升。由此，金融功能的內涵得以深化，金融服務的對象大大拓展。

金融功能效率的提升表現在以下幾個方面：第一，突出表現在金融的支付結算功能上。互聯網金融提供的支付結算服務，具有靈活、便捷、快速、安全的特點，這是傳統金融提供的支付結算所難以達到的。第二，表現在資源配置或融資功能上。互聯網金融的資源配置功能或提供的融資服務，是對傳統金融融資功能的結構性補充，它有效地解決了某些特定的資金供給與資金需求的匹配性，完成了在傳統金融結構下所難以完成的某些特定資金供求的撮合，使金融資源配置功能的實現更豐富、更結構化。第三，表現在金融的財富管理或風險管理功能上。互聯網金融實現了財富管理的大眾化，這顯然是對傳統金融財富管理富人化觀念的一種顛覆，使財富管理功能的內涵和外延得到極大的深化和延伸。第四，在金融其他功能的實現過程中，互聯網金融要麼降低了成本，要麼擴展了內涵，要麼提升了效率。

## 「二次脫媒」理論

一般認為，資訊不對稱、市場的不確定性以及由此引發產生的風險管理之需求是金融中介存在的重要原因，也是金融中介理論形成的基礎。[4]然而，互聯網金融所具有的特點正在侵蝕著金融中介賴以存在的基礎，從而使金融中介正在經歷自資本市場「脫媒」以來的第二次「脫媒」。如果說資本市場是金融第一次「脫媒」的推手，那麼互聯網金融就是金融第二次「脫媒」的催化劑。正是基於這種理解，我始終認為，互聯網金融是一種新的金融業態，即第三金融業態。

在互聯網金融中，資訊的不對稱性有了更大的、根本性的改進。網路平台具有資訊發佈即時、資訊探索快速、強大的資訊流整合能力以及對雲數據的有效處理能力，在解決資訊不對稱方面，互聯網金融與傳統金融相比，向前邁出了根本性的一步。因此，傳統金融中介存在的經濟性和必要性受到了嚴重衝擊。金融中介的組織形態亦將發生重要變化。可以預期，基於雲數據的發掘和處理，可能是互聯網金融時代新金融中介的重要形態。這或許是金融第二次「脫媒」的重要副產品。

在金融形態結構化演進過程中，資本市場對於商業銀行而言，是金融的第一次「脫媒」，脫媒的重點在「資源配置」（即融資）功能上。這次「脫媒」推動了金融結構的變革，因而無疑是一次歷史性跨越。之所以是歷史性跨越，是因為金融的第一次「脫媒」推動了金融資源的自由流動和市場化配置，促進了金融體系風險定價機制的形成，完成了資訊從「點對點」到「點對多」、「多對多」的轉變，從資訊封閉到資訊公開的轉型，實現了資金所有者由儲蓄者到投資者角色的轉換，進而建立了財富增長的市場機制。

然而由於資訊技術等因素的約束，金融的第一次「脫媒」並不徹底。網路平台的植入勢必推動金融的「二次脫媒」。金融的第一次「脫媒」，從現象看，似乎是為了規避利率管制，但其實質是金融功能演變使然，是商業銀行提供的金融服務滿足不了資金持有者對高收益、高風險產品的需求。同樣，互聯網金融推動金融「二次脫媒」雖然也可以找到繞開管制的某種痕跡，但其實質也是現行金融體系滿足不了日益多樣化的金融服務需求。

---

❹ Scholtens and Wensveen(2000) 認為，價值增加應是金融中介理論的核心內容之一。

與金融的第一次「脫媒」主要是推動金融活動的市場化不同，互聯網金融推動的金融「二次脫媒」，主要是解決金融的效率和金融服務的結構性匹配問題。這裡所說的金融效率主要表現為靈活、快捷、低成本、相對安全和資訊對稱性。金融服務的結構性匹配主要是指金融服務的廣泛性或普惠性問題。所有這些問題都是金融的第一次「脫媒」所沒有解決或沒有很好解決的問題。

## 新信用理論

信用是金融的內核和基石，也是金融的生命線。信用風險是傳統金融三大風險中的基礎風險。如何評估信用等級，如何觀測、緩釋和對沖信用風險，在現行金融運行框架中已有相對成熟的理論、技術和方法。一般來說，在現行信用評級理論和方法中，信用的優劣、高低通常與企業的資產規模、財務狀況、資金流量和個人的身份地位、收入水準、資產規模等有密切的關係，資產抵押或質押通常也是緩釋風險的主要機制。在這裡，信用與收入、財富、名譽、地位幾乎是同義語。基於雲數據的互聯網金融，從根本上顛覆了傳統金融關於信用的定義和觀測信用的視角。

實際上，經濟主體（企業和個人）的信用狀況，最後都要透過其經濟行為特別是市場交易行為來體現。在金融活動中，金融交易行為是經濟主體信用表現的最好檢驗。網路平台所產生的雲數據客觀地描述了相關交易主體的履約狀況和信用水準，真實地展現了它們的商業行為軌跡。基於對雲數據的挖掘、整理、計算而形成的信用觀測結果顯然比傳統金融對信用的「先驗」評估要真實得多、準確得多、客觀得多。阿里小貸的低不良率就是一個很好的例證。

所以，互聯網金融藉由雲數據來觀測實際交易行為的履約狀況，進而判斷相關經濟主體的信用能力，顯然大大推進了信用理論的內涵。如果說重財務指標、重資產指標等硬指標的信用理論是工業社會的信用理論，進而稱之為傳統信用理論，那麼，基於雲數據大計算、側重於觀測實際交易行為軌跡的信用理論就是網路時代的信用理論，進而也可以稱為新信用理論。新信用理論是互聯網金融存在和發展的重要理論基石。

## 普惠金融理論

二〇〇五年，聯合國提出普惠金融（inclusive financial system）的理念，希望推動建立為社會各階層所有成員提供公平、便捷、安全、低成本服務的金融體系。普惠金融的實質就是將需要金融服務的所有人納入金融服務範圍，讓所有人得到適當的與其需求相匹配的金融服務。普惠金融理念應當是金融服務的最高準則，也是衡量一國金融體系公平性的最高標準。

中國金融體系經過多年的改革在諸多方面取得了巨大成就，但一些深層次的結構性問題仍然相當嚴重，其中金融服務的廣度和深度存在明顯的不足。有調查數據顯示，在中國，大多數有信貸需求的家庭只能透過民間借貸來滿足，四分之三的農村家庭借貸更是依賴於非正規民間管道。[5]大多數小微企業難以從正規金融管道獲得貸款。在中國，金融體系資金配置更多地傾向於大中型企業，特別是國有企業，財富管理的重點主要在高收入群體，而針對數量眾多且十分活躍的小微企業和中低收入階層的金融服務被嚴重忽視。從這個意義上說，中國現行的金融體系本質是一種大企業金融和富人金融。金融服務的嚴

---

[5] 參見西南財經大學中國家庭金融調查與研究中心：《中國農村家庭金融發展報告（二〇一四）》，成都：西南財經大學出版社，二〇一四。

重不平衡性，推動了社會貧富差距的擴大，背離了普惠金融的基本理念。

由於商業規則和運行平台的約束，傳統金融難以實現普惠理念。互聯網金融十分有效地彌補了傳統金融的內在缺陷。它以網路為平台，以資訊整合和雲數據計算為基礎，開創了一個自由、靈活、便捷、高效、安全、低成本、不問地位高低、不計財富多少、人人可以參與的新金融運行結構。在這裡，小微企業可以獲得相應貸款，低收入群體可以享受財富管理帶來的喜悅，消費者可以體驗快捷支付帶來的時間效率，需要資金周轉的小微企業可以找到手持盈餘資金但投資無門的投資者，雖然他們可能面臨比傳統金融更高的風險。這些被傳統金融所忽視的企業、個人終於在互聯網金融上獲得了適當的金融服務。金融服務第一次擺脫了對身份、地位、名望、財富、收入的依賴，顯然它是對普惠金融理念的踐行，而這正是互聯網金融具有強大生命力的源泉。

## 從離散金融到連續金融

金融工具是金融服務的載體，傳統金融本質上是離散金融。離散金融最顯著的特徵就是幾乎所有的金融工具的服務功能都是斷裂的，或者說離散的，它們之間在功能上難以自動或不可能無成本地轉換，金融服務或金融工具之間存在一條人為的巨大溝壑，要跨越這一條條溝壑，消費者（即金融服務的需求者）必須付出不應該由他們付出的成本。這些成本是傳統金融巨額利潤的組成部份。這些溝壑的存在與傳統金融的內在結構渾然一體。

傳統金融為了防範風險，通常都會設立諸多條條框框，至於這些條條框框給客戶帶來多大的效率損失或成本付出，通常不在其視野之中。在傳統金融的運行框架內，為防範風險設立諸多條條框框當然無可非議，但當這些條條框框給社會帶來的效率損失遠超其所獲取的利潤時，就不得不反思其存在的經濟性。所以，傳統金融這種離散金融的服務特點不僅常讓人有不便和僵化之感，還有某種置客戶利益於不顧而追求自身利益最大化的利己主義傾向。雖然金融要盈利，但金融的本質不是追求利潤最大化，透過為社會提供恰當的金融服務，追求全社會的福祉和效率應是金融的最高境界。從這個意義上說，傳統金融的確背離了金融的本質。

與傳統金融不同，互聯網金融是一種連續金融。互聯網金融的所有工具創新都源於客戶的需要而不是自身利潤的需求。第三方支付、基於互聯網金融平台的財富管理等顯然都具有這些特點。互聯網金融的工具可以自由、通暢地轉換，沒有障礙，沒有溝壑，甚至沒有成本，這就是為什麼互聯網金融在中國有廣闊發展前景的原因。連續金融的服務是無縫隙的，工具是自動轉換的，體現了網路精神，即以客戶為本、為客戶創造價值、為客戶提供便利，進而為社會帶來效率。當然，這不是說互聯網金融不需要利潤，而是說這種利潤的獲取是以客戶價值的提升為前提的。這與金融的本質是匹配的。互聯網金融的這種理論和精神代表的是金融的未來。

## 互聯網金融的風險特點

分析、瞭解互聯網金融的風險，是制定互聯網金融監管準則的前提，也是提高監管有效性的重要基礎。互聯網金融作為網路與金融之間跨界融合的產物，雖然其形態發生了重大變異，但其本質仍是金融，這就如同汽車和馬車都是交通工具一樣，雖然它們的外部形態已完全不同。所以，互聯網金融存在著與商業銀行相似的操作風險、技術風險、信用風險、政策風險和流動性風險等，也存在與資本市場相似的透明度風險。不同的是，由於互聯網金融的運行平台和運行結構發生了根本性變化，其業務形態較現行金融存在「基因」上的差異，故風險的形式亦有自己的特點。互聯網金融的風險因其形態或業務線的不同而有所不同。

本文第一部份對互聯網金融的形態或業務線做了如下四個部份的劃分，即(1)第三方支付；(2)網路融資；(3)網路投資；(4)網路貨幣。除網路貨幣本文暫不涉及外，前三種形態所隱含的風險實際上有較大差異，這些風險共同構成了現實的、多樣化的、複合性的互聯網金融風險類型。

## 第三方支付

支付是金融的基礎功能。第三方支付是互聯網金融中最具核心競爭力的功能，也是對傳統金融最具挑戰性的功能。人們通常說的互聯網金融對傳統金融具有顛覆性作用，通常都是指**互聯網金融的第三方支付功能**。

互聯網金融中的第三方支付，按照使用終端形態的不同，通常又分為網路支付和行動支付。網路支付基於個人電腦（PC）終端，行動支付基於手機和平板電腦行動終端。隨著行動終端的不斷普及，行動支付正在成為第三方支付的發展趨勢。無論是網路支付還是行動支付，第三方支付都存在技術風險和操作風險，這一點與傳統金融的卡支付所存在的風險類似。第三方支付所存在的技術風險主要是指所信賴的資訊系統的技術安全和技術容量、駭客攻擊、帳戶資金被盜等。這裡所說的操作風險指的是支付人的操作失誤。從已有的實踐和案例看，不能得出第三方支付所存在的技術風險和操作風險比傳統金融高的結論，但如何提高第三方支付的技術保證，增厚其技術「盾牌」，改善操作上的靈活性、便捷性和安全性，仍是互聯網金融防範風險的重要內容。

## 網路融資

互聯網金融概念中的網路融資是指以網路為平台的融資。本文定義的網路融資主要有三種形式：一是基於平台客戶資訊和雲數據的網路貸款，基本形式是對小微企業貸款和消費貸款。二是基於P2P平台的借貸。P2P是連接投資者和融資者的平台，藉由這個平台實現個人對個人的借貸，也有個人對企業的借貸。三是群眾募資模式，主要利用網路讓小企業或個人展示創意或創業項目，以獲取外部資金支持。群眾募資模式通常有債權式群眾募資和股權式群眾募資等形式。[6]

互聯網金融中基於平台客戶資訊和雲數據的網路貸款與傳統金融的貸款一樣，也存在信用風險。不同的是，這種不進行實地面對面徵信的網路貸款是以平台客戶資訊和雲數據為基礎的，**側重於貸款人的行為數據而不是先驗的資質條件**。從已有的相關數據看，基於雲數據的網路貸款不良率與商業銀行貸款不良率相比，前者似乎更低。

P2P平台融資的風險主要表現在三個方面：一是借款人的資訊披露是否充分，這是P2P最大的風險源；二是缺乏有效的、可持續的風險對沖機制，不存在類似於商業銀行的貸款風險撥備機制，一旦出現借款人較大規模的違約，就有可能出現「跑路」現象；三是政策邊界風險。從形式上看，P2P融資模式離非法集資只差一步，如果存在「資金池」，則可能出現嚴重的政策法律風險。

❻參見螞蟻金服：《基於互聯網的普惠金融實踐》，二〇一二・〇九・二三。

## 網路投資

網路投資主要有兩種形式：一是P2P、群眾募資模式的資金提供者，其投資收益表現為利息、項目或產品回報、股權等。二是網上貨幣市場基金，如餘額寶。從已有數據看，其收益率明顯高於商業銀行活期儲蓄，甚至高於商業銀行定期儲蓄利率。它與互聯網金融的支付體系有自動銜接的功能。

對P2P貸款的投資風險，主要源於借款人的資訊披露是否充分、企業或項目經營狀態以及風險對沖機制是否具備。群眾募資模式的投資風險主要集中在項目或產品是否盈利或是否有良好的市場預期。投資於網上貨幣市場基金的風險，主要是流動性風險，但由於其基礎資產主要表現於同業存款和流行性較好的貨幣市場產品，所以風險一般很低。但如果這種投資產品與支付工具是自動轉換，在支付脈衝高峰期（如每年「雙十一」時期），不排除存在流動性風險的可能性。

綜上分析，可以得出如下初步判斷：一是互聯網金融本質上仍是金融，其不同形態所隱含的風險與現有商業銀行和資本市場等隱含的風險相類似；二是互聯網金融是一種基於「二次脫媒」後的新金融業態，其風險源發生了某種轉型或變異，導致風險類型更加複合。

概括而言，第三方支付中的技術風險更加敏感，脈衝式風險更加突出；網路貸款和與此相對應的網路投資中的信用風險同時疊加了透明度風險，或者說這種信用風險的生成源是透明度風險。敏感度很高的技術風險和作為風險生成源的透明度風險，可能是互聯網金融中最值得關注的風險，而如何構建適當的風險對沖機制，保持互聯網金融融資功能的可持續性，是互聯網金融未來面臨的一大難題。

## 互聯網金融的監管準則

理清風險類型和風險源的重要目的之一是制定相應的監管準則。無論是商業銀行還是資本市場，其所確立的監管準則的本質都是試圖對沖潛在的風險。商業銀行存款準備金制度試圖對沖貨幣的無限創造所帶來的信用無邊際擴張。資金充足率標準所要對沖的風險主要是試圖收縮不良資產率上升引發的金融外部負效應。存貸比的限定是商業銀行資產規模和結構流動性安全的重要閥門。撥備覆蓋是商業銀行資產風險的事後補償機制。透明度則是資本市場「三公」原則實現的基石。由此可見，無論是第一金融業態的商業銀行，還是第二金融業態的資本市場，為了維持運行的常態化，各自均基於自身的風險特點，制定了一套與其風險結構相匹配的監管準則。作為第三金融業態的互聯網金融，必須找到並制定與其風險結構相匹配能有效約束或對沖風險的監管準則。互聯網金融的這套監管準則與商業銀行的監管準則有較大差異，也與資本市場的監管準則有所不同。

那麼，互聯網金融的監管準則是什麼呢？

互聯網金融監管準則的「基石」標準或核心標準是**透明度，外置標準或進入標準是平台技術安全等級**，其目的主要是保證互聯網金融體系內資金的安全、資訊的真實和運行的有序。

從業務線形態看，互聯網金融與商業銀行的功能相似。從「基因」匹配性看，互聯網金融與資本市場更接近。互聯網金融的「二次脫媒」更多地指向商業銀行，或者說互聯網金融主要是繼資本市場之後對商業銀行的「再脫媒」，而對資本市場的「脫媒」作用相對較弱，僅限於資本市場交易環節的「脫媒」而已。正因為對商業銀行和資本市場的這種「二次脫媒」的差異，互聯網金融的風險「基因」與資本市場更為相近。這就是為什麼互聯網金融的監管準則從形式上更接近於資本市場的原因所在。

資本市場的「基石」監管準則所要求的透明度，更多地強調上市公司的資訊披露。與此不同，互聯網金融所要求的透明度更多地指向借款人的資訊透明度，而這正是所有網路平台的核心職責所在，也是互聯網金融有序運行最重要的基礎。

技術安全是互聯網金融的另一條生命線。如果說借款人足夠的資訊透明度是互聯網金融存在和發展的內核，那麼技術優勢和技術安全則是互聯網金融有序運行的外部保障。所以，對網路平台的技術等級要求，顯然也是制定互聯網金融監管的重要標準。

## 互聯網金融的替代邊界

互聯網金融的發展趨勢不可逆轉，其具有的雲數據、低成本、資訊流整合、快捷高效率的特性無疑會對傳統金融業態特別是ROE較高的銀行業帶來嚴重挑戰。但是，我們應當清晰而客觀地看到，這種挑戰有的是帶有顛覆性的、此消彼長式的競爭，具有替代性趨勢；有的是相互促進式的競爭，彼此難以替代。互聯網金融與傳統金融特別是商業銀行的相互競爭，客觀上會推動金融結構的變革與金融功能效率的提升，拓展金融服務的範圍，推動金融產品的創新。

總體而言，互聯網金融將在支付功能上具有明顯的優勢；在資源配置或融資領域，基於平台客戶資訊和雲數據的網路貸款特別是小微貸款，亦具有較明顯優勢；P2P、群眾募資等模式由於滿足了傳統金融難以企及的客戶群（即所謂的長尾客戶）的融資需求，使金融服務的普惠性和結構化得到大幅提升，因而亦有較大空間；對於非個性化資產管理，雖然受到感知、認同在某種程度上的約束，但仍有一定的生存空間。在這些領域，互聯網金融會在不同程度上擠壓傳統金融特別是商業銀行的生長空間。面對這種蠶食式的競爭，傳統金融特別是商業銀行必須調整策略，廣泛運用網路技術，加快改革和創新，進而推動銀行業的技術進步，加快網路與金融的全面融合。

與互聯網金融一樣，商業銀行顯然有自身的比較優勢。如個性化服務、高度的專業性、較高的感知價值、對沖風險的能力，雄厚的資本實力以及對線下大客戶的壟斷等。這些比較優勢使傳統金融特別是商業銀行在大額貸款、個性化財富管理、投資諮詢、資源儲備等方面有難以替代的優勢，而資本市場在財富管理、資產證券化等領域的地位則難以撼動。

在互聯網金融的滲透、競爭和撞擊下，中國金融將呈現如下基本趨勢：現行金融模式和運行結構會發生巨大的變革，金融功能的效率將大大提高，金融服務的結構化功能將不斷完善，金融將從大企業金融、富人金融向普惠型金融轉型。

---

**吳曉求**，於一九九〇年在中國人民大學獲經濟學博士學位。現任中國人民大學校長助理、研究生院常務副院長、金融與證券研究所所長、金融系教授、博士生導師、學位委員會副主席，教育部長江學者特聘教授，全國金融專業學位研究生教育指導委員會副主任委員，中國國務院學位委員會學科評議組成員，中國國家社科基金管理學科評審組成員，中國證監會第九屆發審委委員，中國金融學會常務理事。在宏觀經濟、金融改革和資本市場等領域有深入、獨到的研究。

# 參考文獻

1.金磷：《史上最有深度互聯網金融研報：互聯網改變金融》（北京：百度文庫，二〇一三）。
2.劉積仁、史蒂夫・佩珀馬斯特：《融合時代》（北京：中信出版社，二〇一三）。
3.吳曉求：〈中國金融的深度變革與互聯網金融〉《財貿經濟》，二〇一四・一。
4.謝平、鄒傳偉：〈互聯網金融模式研究〉《金融研究》，二〇一二・一二。
5.螞蟻金服：《基於互聯網的普惠金融實踐》第二版，二〇一四・一〇。
6.西南財經大學中國家庭金融調查與研究中心：《中國農村家庭金融發展報告（二〇一四）》（成都：西南財經大學出版社，二〇一四）。
7.茲維・博迪等：《金融學》（北京：中國人民大學出版社，二〇一三）。
8.克萊・舍基：《人人時代》（北京：中國人民大學出版社，二〇一二）。

# 網路貨幣

謝平　等

本文將討論互聯網金融環境下的貨幣形態，核心觀點是：未來，很多信譽良好、有支付功能的網路社區將發行自己的貨幣，稱為「網路貨幣」（Internet Currency）；網路貨幣將被廣泛用於網路經濟活動，人類社會將重新回到中央銀行法定貨幣與私人貨幣並存的狀態。網路貨幣會挑戰目前的貨幣基礎理論、貨幣政策理論和中央銀行理論。

## 網路貨幣的概念

目前已經出現了網路貨幣的雛形——虛擬貨幣（virtual currency）。典型的例子包括比特幣、Q幣（騰訊公司）、Facebook Credits（Facebook公司）、Amazon Coins（亞馬遜公司）、魔獸世界G幣（暴雪公司）、Linden Dollars（Linden實驗室）。在網路遊戲、社交網路和網路虛擬世界等網路社區中，這些虛擬貨幣被用於與應用程式、虛擬商品和服務（以下統稱為「數據商品」）有關的交易，已經發展出非常複雜的市場機制。

有些虛擬貨幣與法定貨幣之間不存在兌換關係，只能在網路社區中獲得和使用，比如魔獸世界G

幣；有些虛擬貨幣可以透過法定貨幣來購買，可以用來購買虛擬和真實的商品或服務，但不能兌換為法定貨幣，比如Amazon Coins；還有些虛擬貨幣能與法定貨幣相互兌換，還可以用來購買虛擬和真實的商品或服務，比如比特幣、Linden Dollars。歐洲央行的研究表明❶，二〇一一年美國虛擬貨幣交易量在二十億美元左右，已經超過一些非洲國家的GDP。傳統支付企業紛紛進入虛擬貨幣領域。二〇一一年，VISA斥資一億九千萬美元收購PlaySpan公司，該公司處理在線遊戲、電子媒體和社交網路中的電子商品交易；美國運通以三千萬美元收購虛擬貨幣支付平台Sometrics。行動支付發展起來後，虛擬貨幣的便利性、交易功能得到了更充分的體現。

以虛擬貨幣為藍本，我們用以下六個特徵來定義網路貨幣。

第一，由某個網路社區發行和管理，不受監管或很少受到監管，特別是不受或較少受到中央銀行的監管。

第二，以數位形式存在。

第三，網路社區建立了內部支付系統。

第四，被網路社區的成員普遍接受和使用。

第五，可以用來購買網路社區中的數據商品或實物商品。

第六，可以為數據商品或實物商品標價。

其中，第四個特徵是指網路貨幣能用作一般等價物（一些網路社區的成員數超過了很多國家的人口數，比如Facebook每月的活躍用戶已超過十億，而且跨越國界）；第五個特徵指網路貨幣有交易媒介的功能；第六個特徵是指網路貨幣有計價功能。鑑於網路貨幣的購買能力以及所購買之物的價值，網路貨幣有價值儲藏功能。

所以，網路貨幣滿足貨幣的標準定義（在商品或服務的支付或債務的清償中被普遍接受的任何東西），擁有貨幣的三大功能——交易媒介、計價單位、價值儲藏。不僅如此，因為網路沒有國界，所以網路貨幣天生就是國際性的、超主權的。

到目前為止，**大部份網路貨幣本質上都是信用貨幣，存在一個中心化的發行者，其價值取決於人們對發行者的信任**。比特幣則比較特殊，沒有中心化的發行者，更接近貴金屬貨幣，後文將詳細討論。

## 網路貨幣的經濟學

### 與網路社區、網路經濟的關係

網路貨幣可以給網路社區帶來如下好處。

第一，可以對數據產品實現獨立定價。

第二，可以存在網路帳戶，有「財富效用」。

第三，方便網路社區成員之間的交易和支付活動。

第四，增強成員對網路社區的黏性，網路社區有自己的管理規則，類似「俱樂部規則」，成員使用網路貨幣可以得到比法定貨幣（比如人民幣）更高的效用。

---

❶ European Central Bank, 2012, "Virtual Currency Schemes".

第五，擴充網路社區的收入來源，比如網路貨幣的「鑄幣稅」、與法定貨幣的兌換差價以及不活躍成員的網路貨幣殘值等。

第六，促進網路社區中的經濟活動，比如應用程式開發和廣告活動。

第七，沒有現金，不存在假幣。

首先，數據商品與實物商品之間的界限越來越模糊。數據商品與軟體、電子書、音樂、電影、新聞資訊等，在存在形式上沒有差別，都是數位化的資訊流，所引致的消費者真實效用也是相通的。人們（特別是年輕人）也越來越認可數據商品的價值。未來，很多不需要物流的商品和服務都可以在網路上生產、交易、消費，並且在人類經濟活動和消費序列中所佔的比重會越來越大（比如，在網上求醫看病；騰訊公司二〇一二年收入中，來自網路遊戲的收入約兩百二十八億元，佔比達百分之五十一）。在這些網路經濟活動中，不一定要有法定貨幣的使用。

其次，網路經濟活動和實體經濟活動之間的聯繫越來越緊密。設想一個可能的情景：某人生產數據產品（比如空氣品質監測軟體），在某個網路社區出售，獲得一定數量的網路貨幣；然後，他用網路貨幣去麥當勞買漢堡；麥當勞再用收到的網路貨幣去網路社區購買數據產品。在這個過程中，透過網路貨幣的媒介作用，網路經濟活動與實體經濟活動之間實現了完美分工和價值交換，而法定貨幣則被排除在外。

## 網路支付促成的貨幣新形態

在互聯網金融環境下，網路支付將與行動支付、銀行卡等電子支付方式高度整合，真正做到隨時、隨地、以任何方式支付，會使網路貨幣的使用越來越便捷。實際上，在目前的虛擬貨幣案例中，網路社區成員的帳號就可以視為網路貨幣存款帳戶，透過手機上網，高效的行動支付網就形成了。

未來可能的情景是：每個人（企業）都同時擁有網路貨幣帳戶和（在中央銀行的）法定貨幣帳戶；不同網路社區的網路貨幣可以相互兌換，跨網路社區的交易和支付非常方便；網路貨幣與法定貨幣之間的兌換很靈活，趨於可相互交易；網路貨幣不僅用於網路經濟活動，也廣泛參與實體經濟活動；出現基於網路貨幣的金融產品和金融交易，比如針對網路貨幣的股票、債券、存貸款、信用透支等。

到目前為止，人類貨幣形態的發展大致可分為三個階段。

第一個是物物交換階段，不存在貨幣。

第二個是商品貨幣階段。貨幣本身就有價值，比如黃金、白銀等貴金屬，也包括可以兌換為硬幣或貴金屬的紙幣，貨幣創造主要取決於貴金屬的發現和冶煉。

第三個是信用貨幣階段。貨幣本身沒有價值，不一定能兌換為硬幣或貴金屬，其使用價值取決於人們對貨幣發行者的信任。

在信用貨幣的早期階段，貨幣發行者以私人機構為主，私人貨幣佔主導地位。法定貨幣直到引入中央銀行制度後才出現，是由國家通過法律確立的法定償還貨幣，具有強制性（即支付中必須用此貨幣，不能用其他載體）。中央銀行、商業銀行、存款者、借款者共同參與貨幣創造。中央銀行的貨幣性負債，比如流通中的現金、商業銀行在中央銀行的儲備，是基礎貨幣。商業銀行的信貸供給和證券投資導致存款的多倍擴張。不同貨幣按流動性從高到低可以劃分為M1、M2、M3等多個層次。因為中央銀行的信用很好，並且負責支付清算系統，所以法定貨幣替代了私人貨幣。

但目前這種由法定貨幣主導的貨幣制度不是人類貨幣形態演變的終點。一方面，海耶克（Friedrich August von Hayek）、弗里德曼（Milton Friedman，又譯傅利曼）早在二十世紀五〇年代就對這種貨幣制度有過懷疑。海耶克認為，十八世紀以來一直流行的那種認為發行貨幣是政府很重要的一項職能的傳統觀點並不正確。政府在發行貨幣上並沒有天然的優勢，相反，貨幣發行主體單一甚至是造成通貨膨脹、經濟週期性波動的重要原因。因此，他建議採用多貨幣發行主體互相競爭發行貨幣的方式，透過競爭機制維持貨幣發行的穩定，增加人民福利。弗里德曼則設想廢除美聯儲，用一個自動化系統取代中央銀行，以穩定的速度增加貨幣供應量。

另一方面，儘管私人貨幣已不再在大範圍內流通，但一些「準私人貨幣」仍普遍存在。比如，中國二十世紀大學食堂的菜票就是典型的「準私人貨幣」，可以在各食堂買飯菜，可以在小賣部買日用品，同學之間可以相互借貸。在現代社會，各種商品和服務優惠券、信用卡積分、航空里程積分等「準私人貨幣」更是層出不窮。

網路貨幣由網路社區發行和管理，屬於「信用貨幣加上私人貨幣」。我們認為，網路貨幣不會被法定貨幣所替代，主要有兩個原因：第一，在網路經濟活動的很多環節，用戶不一定接受法定貨幣。第二，網路技術的發展，使支付活動可以在中央銀行支付清算系統之外發生。而支付從來就是與貨幣緊密聯繫、一同演變的。因此，未來法定信用貨幣將與網路貨幣並存，成為人類貨幣形態的第四個發展階段。

## 網路貨幣的風險

首先，網路貨幣發行者的信用比不上中央銀行，相關支付功能也比不上中央銀行管理的支付清算系統（比特幣的內在風險主要來自清算法缺乏可靠性）。網路貨幣在交易和支付中不可避免地會遭遇信用風險、流動性風險、操作風險和支付安全問題。

其次，網路貨幣有很強的匿名特徵，監管難度大，可能被用於非法活動（比如洗錢），造成法律風險和聲譽風險。

在針對網路貨幣的存貸款活動出現之前，在網路貨幣的創造過程中不存在中央銀行和商業銀行的分工（即二級銀行體系），也不會產生多個貨幣層次，但網路貨幣的過量發行會造成數據商品的通貨膨脹。而未來，數據商品會進入CPI籃子。但總的來說，數據商品價格實際上是不同數據產品之間的比價（交換比率），會有均衡價格，不會有很大的價格風險。

網路貨幣會透過多種管道影響實物商品的價格，包括：網路貨幣介入實體經濟活動，甚至在一些場合替代法定貨幣，產生「排擠效應」；網路貨幣影響法定貨幣的流動速度，中央銀行不一定知道網路貨幣的發行和流通情況。在這些情況下，中央銀行的貨幣統計和貨幣政策都會受到影響。

網路貨幣對金融穩定的影響，主要來自網路貨幣兌法定貨幣的匯率波動，這在比特幣上表現得尤為明顯。

## 比特幣

比特幣是世界上第一種基於P2P分佈技術在網路發行和交易的電子貨幣，由中本聰[2]在二〇〇八年發明，二〇〇九年一月三日正式運行。截至二〇一三年十二月底，已發行約一千兩百萬個比特幣[3]，按一比特幣可兌換九百美元計算[4]，總市值超過一百億美元，已經超過了六十多個國家的GDP總量[5]。

比特幣的技術基礎是密碼學的發展和網路的普及，最大的特點是不透過中央銀行或第三方機構發行和交易，並因運用現代數位簽名技術而具有較好的匿名性。比特幣在發展早期，得到了技術狂熱份子、反政府主義者和非法交易者的支持。這些人認為比特幣體現了民主精神，是對主權貨幣、銀行體系的挑戰，特別是可以對抗政府在貨幣發行上的壟斷地位以及由濫發貨幣引發的通貨膨脹。隨著比特幣逐步實現與現實貨幣的自由兌換，並涉足現實商品和服務的購買，比特幣越來越受到媒體、政府、學者和民眾的重視，同時也引起了很多爭議。

此外，已經從比特幣衍生出來多種網路貨幣，[6]包括Litecoin、Peercoin、Primecoin等。這些網路貨幣保留了比特幣的主要思想，僅在個別特徵上可以與比特幣區分開來。

### 工作機制

早在一九九八年，Dai Wei就在一個密碼學郵件群裡提出了關於一種新型電子貨幣的思想，「這種貨幣將有無法追蹤的匿名特徵」，並且「政府的作用被排除在外」。[7]比特幣實際上就體現了這種思想的延續和發展，最突出的創新就是分佈式支付系統（見圖一），而不是集中式的支付清算系統。

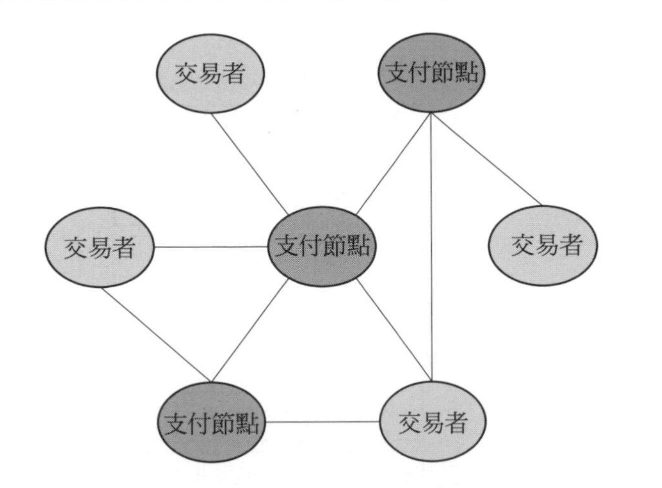


圖一　分佈式支付系統示意圖

在整個分佈式支付網路中，可以有數量不定的支付節點，用於交易確認和整個網路帳戶系統的維護。交易確認分為兩步：第一步，由某個支付節點藉由競爭完成交易有效性的初步確認；第二步，初步確認的消息被廣播到全網路，被全網路認可後，交易的有效性得到最終確認。

作為一種新型貨幣，理論上，比特幣需要解決兩個突出問題：第一，**如何保護交易雙方的隱私；第二，如何避免同一貨幣被多次使用**。對這兩個問題，比特幣均設計了非常巧妙的解決方案。

比特幣藉由公鑰密碼原理來確保交易雙方的隱祕性。公鑰密碼技術可以產生兩把對應的密碼鑰：一把是公鑰（public key），作為貨幣持有者的地址或帳號（類似於

❷ Satoshi Nakamoto, 2008, "Bitcoin: A Peer-to-Peer Electronic Cash System".
❸ 資料來源：http://blockchain.info/charts/total-bitcoins。
❹ 資料來源：https://www.mtgox.com/。
❺ Gross domestic product, 2013,World Bank.
❻ Sprankel, Simon, 2013, "Technical Basis of Digital Currencies", Technische Universitat Darmstadt.
❼ 資料來源：http://weidai.com/bmoney.txt。

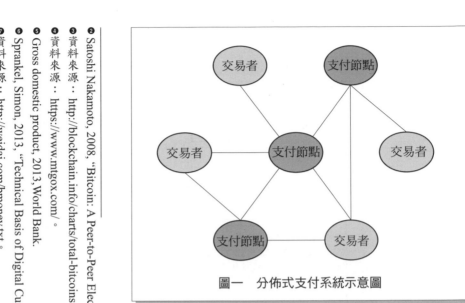

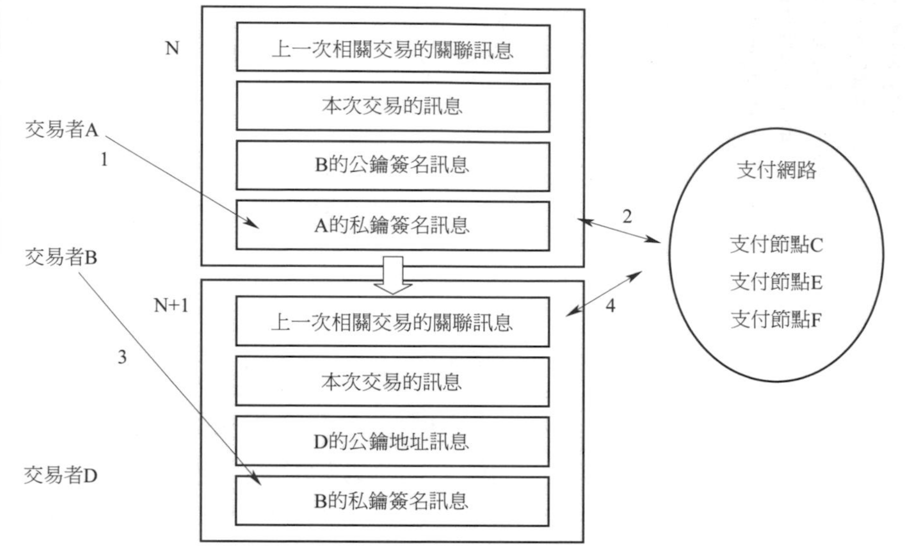


**圖二　比特幣交易示意圖**

銀行帳號）；另一把是私鑰（private key），由貨幣持有者保留。公鑰帳戶可以作為比特幣的接受地址。公鑰帳戶裡的電子貨幣只能透過對應的私鑰來訪問。私鑰被用來確認帳戶中貨幣的轉移支付。公鑰帳戶與電子郵件地址相似，是公開的，為所有用戶所知；私鑰則與電子郵件的密碼相當，需要透過它來實現對資訊的訪問和處理。

圖二展示了公私鑰如何用於比特幣交易。假設在第N個交易中，交易者A希望向交易者B支付若干比特幣，而在第N+1個交易中，交易者B希望使用他從交易N中獲取的比特幣支付給交易者D。這兩個交易分四步進行。

第一步：交易者A生成第Z個交易的資訊，包括上一次相關交易的關聯訊息、本次交易的訊息（包括需要支付的數額）、交易者B的公鑰地址資訊。最後，交易者A會使用他擁有的私鑰對第N個交易資訊進行數位簽名，並發出關於該交易的資訊。

第二步：支付網路中的支付節點獲取交易者A發出的關於第N個交易的資訊後，對交易的有效性進行確認，包括該資訊是否由A發出、A是否擁有所交易比特幣的所有權以及該比特幣有沒有被多次使用等。在該節點完成對交易有效性的確認後，將該確認資訊在支付網路中廣播，最終完成交易資訊在全網路中的確認。

第三步：交易者B生成第N+1個交易的資訊，並使用他的私鑰對資訊進行簽名（具體做法與第一步類似）。

第四步：支付網路會完成對第N+1個交易資訊的確認（具體做法與第二步類似），交易者B成功地將他從交易者A處獲取的比特幣支付給交易者D。

以上是比特幣交易支付的全過程。可以看出，支付系統需要防止同一比特幣被用戶惡意多次使用。在傳統經濟中，重複支付的危險由一個中央結算機構來解決。中央結算機構會對每一筆交易進行確認，並透過集中帳戶來保證交易的連續性，避免同一貨幣被重複用於支付。比特幣則使用分佈式時間戳技術來解決該問題。在比特幣網路中，每一台電腦都有一份關於歷史所有交易的明細清單，稱作交易鏈。新產生的交易必須與交易鏈中的歷史交易進行一致性檢驗，只有透過檢驗的交易才可能作為正常的交易被接受。事實上，新產生的交易會被負責進行交易驗證的程式打包產生新的交易模組，加入到原有的交易鏈後面，構成新的交易鏈。在比特幣網路中，只有一個全局有效的交易鏈，並被分佈式存儲在支付網路的每一個節點中（見圖三）。

為避免交易網路中無效資訊的氾濫，同時防範針對比特幣網路的惡意攻擊，對支付節點產生的新交

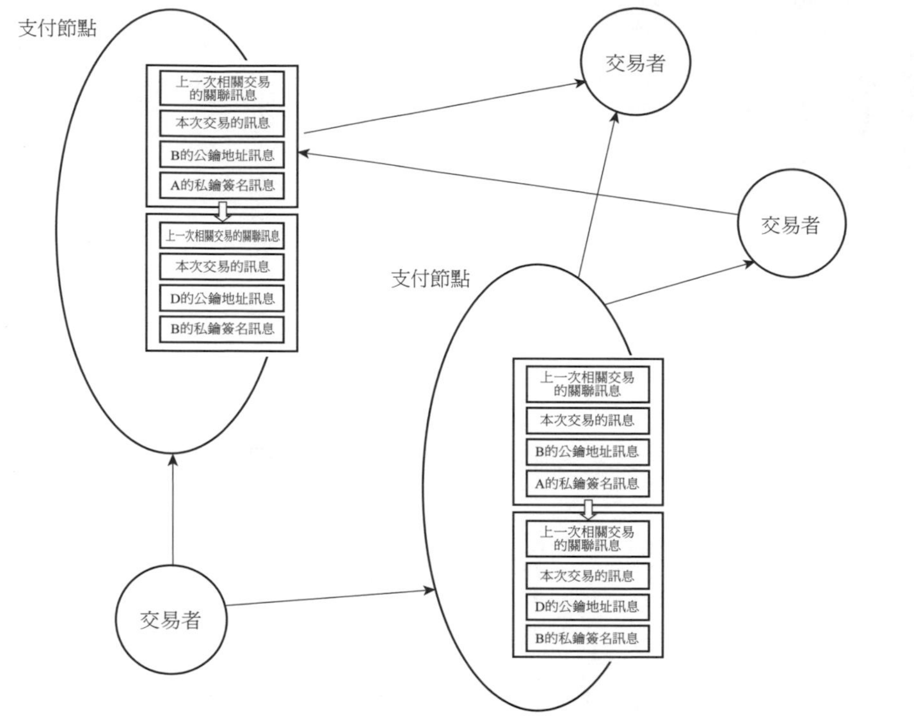


**圖三　比特幣的全局交易鏈圖**

易模組需要進行複雜的計算，這被視為支付節點的工作證明。這樣的計算本質上是一種機率很低的隨機碰撞試驗，需要消耗支付節點大量的計算資源。因此，率先完成工作證明的節點會得到一定獎勵，這個過程被稱為「挖礦」。「挖礦」是新比特幣產生的過程，同時也保證了比特幣支付平台能高效運行。

除了前面提到的核心特徵外，比特幣及其支付機制還有以下特點：第一，比特幣依托於網路，因此可以輕易地跨越國界。第二，分佈式支付系統擁有數量不限的支付節點，因此不容易受到攻擊。換言之，關閉若干支付節點，基本不會對支付體系造成影響。第三，比特幣帳戶具有匿名性，是一串沒有規律的字符，不體現帳戶擁有者的任何特徵。一個人可以擁有無限多的帳戶。第四，低費用。比特幣屬於新型貨幣，尚無監管，持有和交易都無須繳納稅費。即使藉由比特幣交易平台進行貨幣兌換，也只需支付很低的交易費。第五，交易不可逆。與大多數電子貨幣交易不同，比特幣交易無法透過「回滾」機制來取消交易。一旦交易確認，只能透過新的交易來實現帳戶的修復。第六，公開、透明。支持比特幣交易的電腦程式代碼、比特幣的交易歷史數據都在網路上公開，使得比特幣的發行和交易具有很高的透明度。第七，是可分的電子貨幣。比特幣適合一些小微型交易需求，一個比特幣的最小計量單位是0.00000001比特幣。

儘管如此，比特幣的工作機制並非完美。生產新交易模組所需的計算，被認為是消耗了網路的很多資源而沒有太多實際價值。微軟的莫金・巴巴奧夫（Moshe Babaioff）與合作者的研究表明，比特幣「挖礦」的激勵機制可能存在「紅氣球現象」，不利於交易資訊在分佈式網路中傳播❽。比如，有些「挖礦」程式可能修改消息分發代碼，使得其他節點無法收到新的交易資訊。

## 發行機制

前面已經指出，新產生的比特幣由完成交易確認的支付節點獲取。因此，比特幣的發行不需要中央機構，完全點對點、去中心化。比特幣生成機制將發行總量預設在兩千一百萬個。一開始，每完成一

❽ Babaioff, Moshe, Shahar Dobzinski, Sigal Oren, and Aviv Zohar, 2012, "On Bitcoin and Red Balloons".「紅氣球」是美國國防部以前的一個研究項目，參與者需搶先找到隨機拴在美國各地的十個紅色氣球，以獲取四萬美元的獎金。「紅氣球現象」的核心問題是競爭和協作。

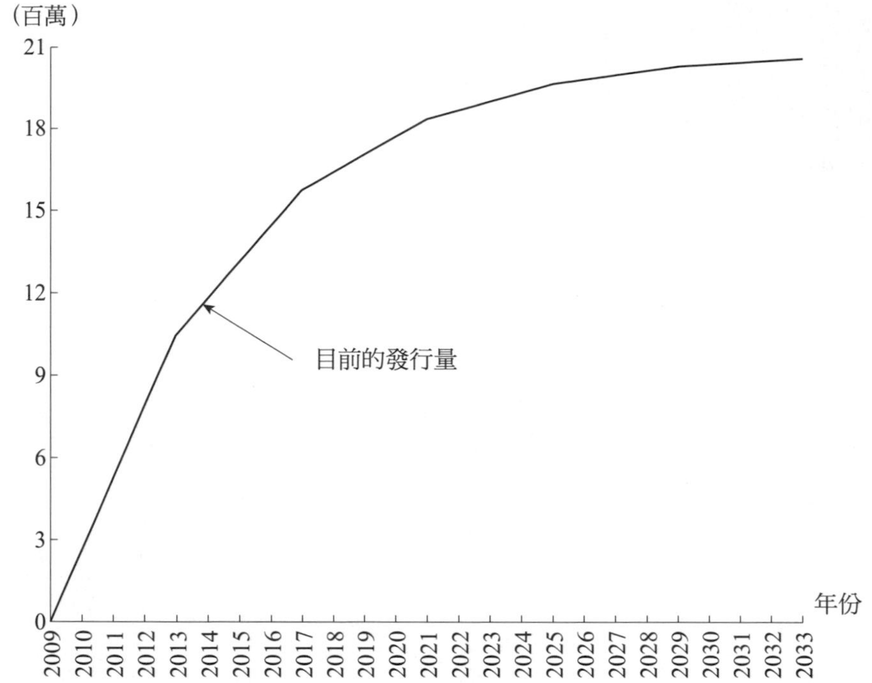


圖四　比特幣發行量（截至二〇一四年一月）

個新的交易模組可以獲得五十個比特幣。這個獎勵每四年將減少一半（見圖四），使得比特幣發行總量在二〇四〇年接近最大。這種可預期的貨幣供給使比特幣有一定的稀缺性，但會造成兩方面的問題。

第一，控制發行總量會使比特幣出現通貨緊縮效應，也就是以比特幣標價的商品或服務的價格會下降，也體現為以美元標價的比特幣價格的上升。這會產生兩個消極影響：一是在比特幣價格上升的過程中，比特幣持有者傾向於將比特幣儲存起來（形象的說法是「把錢藏在毯子下」），而不是用於流通領域。這樣會減少比特幣的流通量，進一步加劇通貨緊縮效應。二是通貨緊縮效應使比特幣的跨期交易很難進行。

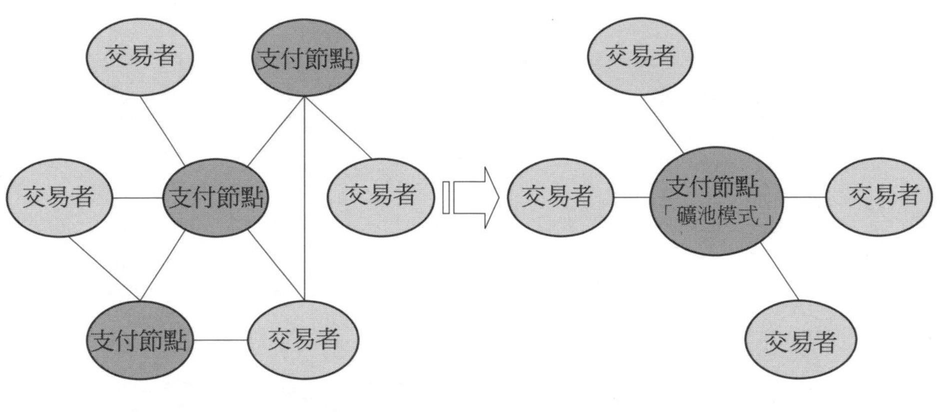


**圖五　比特幣的「礦池」支付模式**

比如，在一個以比特幣為標的的貸款合約中，因為比特幣價格上升，債務人的實際負擔是隨時間的推移而增加的。這就使得基於比特幣的金融產品和金融交易很難出現。這說明，對任何貨幣而言，幣值穩定都很重要，比特幣也不例外。比特幣儘管透過預設貨幣總量上限的方式避免了中央銀行法定貨幣經常出現的通貨膨脹問題，但通貨緊縮會對比特幣的發展產生消極影響。

當然，因為比特幣是基於網路上的電腦程式而產生的，可以藉由修改電腦代碼來重新設定比特幣的發行數量，也可以讓它遵守一定的增長規則。相關建議已經在一些研究中體現，感興趣的讀者可以參閱Palo Alto研究中心西蒙・巴伯（Simon Barber）與合作者的報告⑨。

第二，控制發行總量使「挖礦」收益不斷下降。早期，透過在個人電腦上運行「挖礦」程式可以獲得相應的比特幣。目前，因為「挖礦」需要的計算量越來越大，參與「挖礦」競爭的電腦越來越多，個人「挖礦」的難度也越來越

⑨ Barber, Simon, Xavier Boyen, Elaine Shi, and Ersin Uzun, 2012, "Bitter to Better—How to Make Bitcoin a Better Currency".

大，出現了「礦池」模式（見圖五）。即由多台個人電腦聯合「挖礦」，「挖礦」問題被分解成若干子問題，由各電腦分別承擔，「挖礦」收益也在參與的個人之間分配。

「礦池」支付模式使比特幣的支付體系出現了一定程度的壟斷。如果只有有限可用的支付節點，那麼比特幣與由某一中央機構發行和交易的貨幣就區別不大，從而違背了比特幣支持者鼓吹的純粹民主的初衷。

從長期看，當「挖礦」的獎勵越來越少，以至於沒有新的比特幣產生時，比特幣的支付體系如何有效運行是一個大問題。比特幣的創始人中本聰設想由交易雙方交一定費用來保證支付體系的有效性。目前比特幣協議裡也有交易費用的設計，交易者可以為進行支付確認的節點（「挖礦」機）提供一些費用，但沒有具體規定。實際情況是，無須交易費用也可進行交易確認。

## 應用概況

目前已經形成了相當規模的比特幣在線交易所。在交易所，比特幣可以與大多數主權貨幣進行兌換，兌換價格多數根據需求自由浮動（即實行浮動匯率制）。Mt.Gox是全球最大的比特幣交易所，承擔了超過百分之八十的比特幣兌換交易，每天都會公佈比特幣與主要主權貨幣的報價。此外，有些網站也為用戶直接交易提供服務，比如Bitcoin.local工具支持雙方直接聯繫，並自行完成貨幣交易。

比特幣的一個顯著特點是價格不穩定。二〇一一年六至七月間，比特幣的價格和用戶數出現指數型增加。比特幣價格從二〇一一年初的不足一美元，短時間攀升到三十美元左右，其後在波動中持續增長。圖六顯示了比特幣與美元比價近一年內的波動情況。二〇一三年比特幣價格呈現大幅波動，價格一

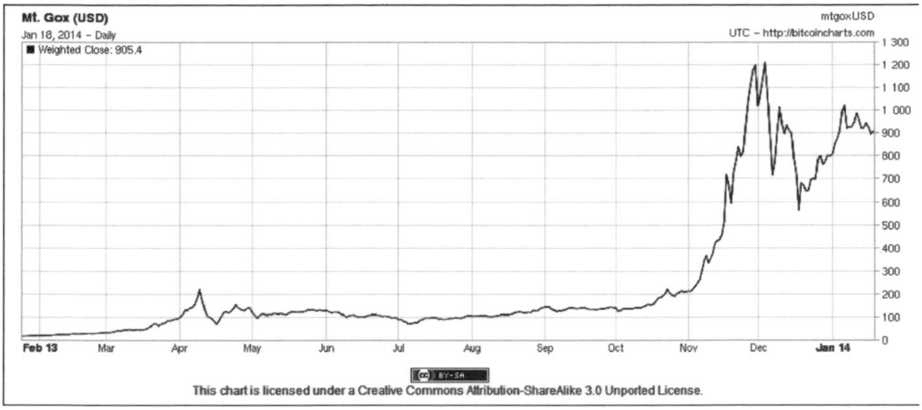


圖六　比特幣價格波動（二〇一三年一月～二〇一四年一月）

度攀升至一千兩百美元，之後迅速回落，持續波動。

現實中，比特幣的使用並不多見，但一些服務商已經接受用戶用比特幣購買諸如電腦軟體、服裝等商品。比特幣的匿名性產生了一些頗有爭議的應用。比如，維基解密（WikiLeaks）在Visa、MasterCard、美國銀行、Paypal等不提供支付服務後，宣稱將接受比特幣捐贈。又比如，「絲綢之路」（Silk Road）以買賣毒品和槍枝而臭名昭著，只接受比特幣支付。卡內基梅隆大學的尼古拉斯・克里斯廷（Nicolas Christin）在二〇一二年的一篇文章中指出，「絲綢之路」每月大概發生一百二十萬美元交易[10]。二〇一三年五月，美國FBI關閉了「絲綢之路」，並獲取了交易的比特幣。

以色列魏茨曼科學研究所的多里特・羅恩（Dorit Ron）和阿迪・沙米爾（Adi Shamir）比較系統地研究了比特幣的交易特徵[11]，包括真實交易者數量、每個帳戶持有比特幣的情況、

[10] Christin, Nicolas, 2012, "Traveling the Silk Road: a Measurement Analysis of a Large Anonymous Online Marketplace".

[11] Ron, Dorit and Adi Shamir, 2013, "Quantitative Analysis of the Full Bitcoin Transaction Graph".

帳戶變動情況、比特幣持有的分佈情況、比特幣交易和儲蓄特徵等，得出了兩個重要結論：

第一，從比特幣產生至今，**大部份比特幣沒有參與流通**，它們被轉入特定帳戶後，就從流通中消失了。顯然，它們被早期持有者丟失了，或者被持有者儲蓄下來，而不是用於交易。另外，百分之九十以上的帳戶交易次數少於十次，並不活躍。

第二，**大多數人只持有數量很少的比特幣**，比特幣分佈高度集中。表一給出了每個帳戶和持有人（可以擁有多個帳戶）比特幣餘額的統計情況。可以看到，百分之九十七的帳戶只持有少於十個比特幣。

表一印證了前面對比特幣通貨緊縮效應的分析，即受比特幣的稀缺性、升值預期等因素影響，比特幣擁有者更多選擇持有，而不是使用。該種行為可能會限制比特幣的推廣和應用。

總的來說，比特幣的價格穩定性和持有者的交易行為將對比特幣的未來發展產生重大影響。

表一　比特幣帳戶餘額情況（二〇一二年五月三日）

| 餘額大於或等於 | 餘額小於 | 持有人（可以有多個帳戶） | 帳戶 |
|---|---|---|---|
| 0 | 0.01 | 2,097,245 | 3,399,539 |
| 0.01 | 0.1 | 192,931 | 152,890 |
| 0.1 | 10 | 95,396 | 101,186 |
| 10 | 100 | 67,579 | 68,907 |
| 100 | 1,000 | 6,746 | 6,778 |
| 1,000 | 10,000 | 841 | 848 |
| 10,000 | 50,000 | 71 | 65 |
| 50,000 | 100,000 | 5 | 3 |
| 100,000 | 200,000 | 1 | 1 |
| 200,000 | 400,000 | 1 | 1 |
| 400,000 | | 0 | 0 |

## 風險與監管

在討論比特幣的風險和監管之前，需要先認清比特幣的性質。

比特幣不是現代意義上的信用貨幣。對信用貨幣而言，不管由私人機構發行，還是由中央銀行發行，貨幣和信用是聯繫在一起的。現鈔和存款準備金等基礎貨幣是中央銀行的負債，存款是銀行的負債。貨幣的發行同時伴隨著信用的擴張，典型過程就是存款的多倍擴張。而關於比特幣不存在債權債務關係，也就是說，貨幣和信用是脫鉤的。從這個意義上講，比特幣更接近於一種貴金屬貨幣，只不過這種「貴金屬」是人類藉由密碼學和網路技術製造出來的。為理解與比特幣有關的很多貨幣現象，可以把比特幣類比成一種人造黃金。比如，比特幣的貨幣總量有限，相當於地球上黃金儲量有限（人類至今都不能利用其他元素大規模合成黃金）；比特幣的「挖礦」過程，與黃金的開採冶煉也是可類比的，都是越往後成本越高。

比特幣的價格受哪些因素影響？信用貨幣的價值由發行者的信用來支撐，當然貨幣發行數量也有很大的影響。貴金屬有內在價值（比如用於裝飾、加工），這對其價格有一定支撐。在金本位時期，如果黃金價格偏低，一些黃金就會退出流通領域，被收藏、熔化或輸出國外，對價格起到提升作用；如果黃金價格偏高，一些黃金就會重新回到流通領域，對價格起到平抑作用。比特幣的價格決定，兼有信用貨幣和貴金屬貨幣的特徵。從根本上講，比特幣的價值取決於人們對比特幣算法可靠性的信任。如果人們發現比特幣的工作機制有漏洞，或者容易被操縱，或者容易出現偽造貨幣，或者容易被駭客攻擊，那麼比特幣的價格會下跌。比特幣「挖礦」消耗的計算資源，相當於比特幣的獲取成本，會影響比特幣價格。

最後，比特幣和貴金屬貨幣一樣，價格都受用來標價的信用貨幣的影響。比如，美元貶值時，比特幣和黃金價格上升，反之亦然。

比特幣處於法律的灰色地帶，這使得比特幣使用者對其廣泛應用存在疑問，主要有以下幾個問題。第一，比特幣是不是一種財富，是否受到法律保護？第二，比特幣是否與現行法律存在衝突？第三，立法者或監管者應該對比特幣採取怎樣的行動？第四，現行法律可以怎樣調整以適應網路電子貨幣的發展趨勢？此外，比特幣的匿名和分佈式支付特徵，使它游離於監管之外，常常被用來洗錢、購買毒品或槍枝等，針對這些非法活動也需要採取應對措施。比如，對比特幣交易徵稅的問題就成為一個焦點。由於缺乏有效的監管，目前比特幣交易無須繳納相應稅費，這促進了比特幣的交易和流通，也迫使監管當局考慮如何制定有關比特幣等虛擬貨幣的稅法。有報導指出，英國當局可能考慮將比特幣當作一種代金幣，徵收百分之二十的增值稅[12]。而挪威、德國、新加坡已經頒佈了相應的稅收條款。

耶魯大學魯本・格林伯格（Reuben Grinberg）在美國法律體系下對比特幣進行了研究[13]，包括與美聯儲貨幣發行權、證券法以及反洗錢相關法律的關係。在貨幣發行方面，《郵戳支付法案》和《聯邦偽造法案》對比特幣有實質性影響。如果不對這兩個法案加以修改，它們將無法適用於比特幣。由於缺少發行機構，比特幣與證券法界定的證券概念也有很大差異。而反洗錢法案對比特幣的發展可能有較大的制約。美國天普大學的尼科萊・卡普拉諾夫（Nikolei Kaplanov）研究了使用比特幣的法律問題[14]，並分析了美聯儲在監管比特幣交易過程中的主要障礙。二〇一三年八月，美國德州聯邦法官裁定比特幣應受《聯邦證券法》的監管。

在對金融穩定的影響方面，IMF的尼古拉斯・普拉薩拉斯（Nicholas Plassaras）從IMF的角度研究了如何應對比特幣對全球貨幣市場的衝擊[15]。比特幣在貨幣交換中的優勢（比如匿名性和去中心化特性）可能使其在國際貨幣交換體系中扮演越來越重要的角色。這將與IMF負責平衡匯率和應對國際貨幣危機的職能產生矛盾。因此，IMF有必要對比特幣採取行動，防止貨幣投機。

監管的不確定性是比特幣發展面臨的最大風險。比特幣的「野蠻生長」引起了各國貨幣監管當局的關注[16]。在歐洲，監管機構聲稱正在密切關注比特幣的發展，並對比特幣等虛擬貨幣可能挑戰中央銀行的貨幣掌控能力提出警告，但尚未對比特幣採取特別的管制措施。在美國，部份監管機構宣稱正在評估比特幣創新帶來的潛在收益及風險。在亞洲，中國、印度等國家不認可比特幣具有貨幣的法律地位，但認為比特幣可以作為特殊虛擬商品進行交易。中國政府二〇一三年十二月宣佈禁止比特幣作為流通貨幣使用，金融機構和支付公司不能從事比特幣等虛擬貨幣業務[17]。這導致零售商停止接受比特幣支付，並促使比特幣價格大幅下跌。與此同時，中國政府表示，個人在風險自負的前提下可以從事比特幣交易。印度是比特幣一個潛在的大規模市場，印度央行於二〇一三年十二月也就比特幣被用於違法活動以及駭客攻擊的風險發出了警告。此後，印度開展了一系列針對比特幣交易所的突擊搜查，該國最大的比特幣

---

⑫ The Wall Street Journal, 2014, "U.K. Weighs How to Tax Dealings in Bitcoin".

⑬ Grinberg, Reuben, 2011, "Bitcoin: an Innovative Alternative Digital Currency".

⑭ Kaplanov, Nikolei, 2012, "Nerdy Money: Bitcoin, the Private Digital Currency, and the Case Against Its Regulation".

⑮ Plassaras, Nicholas, 2013, "Regulating Digital Currencies: Bringing Bitcoin within the Reach of the IMF".

⑯ 參見史蒂芬・福利、喬治・諾布爾、阿瓦提卡・切爾科蒂、克來爾・瓊斯：〈分析：全球各地如何看待比特幣？〉，《金融時報》，二〇一四・〇一・一六。

⑰ 參見中國人民銀行等五部委發佈的《關於防範比特幣風險的通知》，二〇一三・一二・〇五。

交易平台BuySellBitCo.in已經暫停營運。中國香港金管局警示了比特幣可能具有較高的洗錢或者被恐怖份子用於集資的風險[18]。

最後，網路貨幣的流行說明了，點對點、去中心化的私人貨幣（根據密碼學和網路技術設計），在純粹競爭環境下（假設沒有政府監管或干預）不一定比不上中央銀行的法定貨幣（根據貨幣政策來發行和調控）。而且網路貨幣天生的國際性、超主權性，豐富了對貨幣可兌換的認識。未來，隨著網路貨幣的進一步完善，有可能出現「自適應」網路貨幣。這種網路貨幣內生於實體經濟，根據規則自動調整發行量（設想貨幣政策委員會變成應用程式），而不是像比特幣那樣事先限定發行量（從而產生通貨緊縮效應），以保持幣值穩定。

**謝平**，於一九八九年在中國人民大學獲得經濟學博士學位。教授、博士生導師。歷任中國人民銀行政策研究室副主任、非銀行金融機構監管司司長、湖南分行行長、研究局局長、金融穩定局局長，中銀萬國證券股份有限公司董事長，中央匯金公司總經理。現任中國投資公司副總經理。

[18] 參見香港金管局發佈的《虛擬商品的相關風險》，二〇一四年一月。

# 對科技與投資的思考[1]

劉振亞

作為量化投資基金中的傑出代表，數學家西蒙斯（James Simons）所領導的復興科技公司（Renaissance Technology）可謂獨樹一幟——他的大獎章基金（Medallion）在一九八八至二〇〇八年的二十年時間裡創造了年均收益率百分之三十五・六的奇蹟，這還要扣除百分之五的資產管理費以及百分之四十四的投資收益分成等費用，並經過嚴格的財務審計。

不僅於此，歷史上的大獎章基金面對多次金融危機和政策波動都有傑出的表現。一九九四年，美聯儲連續六次加息，大獎章基金淨賺了百分之七十一；二〇〇〇年科技股股災，標準普爾指數下跌了百分之十，大獎章基金卻大獲豐收，淨回報率高達百分之九十八・五；二〇〇八年，全球金融危機，各類資產價格下滑，大部份對沖基金虧損，而大獎章基金淨賺了百分之八十。

美國著名對沖基金觀察家安托萬・伯恩海姆（Antoine Bernheim）曾說過：「西蒙斯才是真正的第一，他超越了喬治・索羅斯（George Soros）、馬克・金登（Mark Kingdon）、布魯斯・科夫納（Bruce Kovner）和門羅・特勞特（Monroe Trout）。」

[1] 摘自劉振亞、鄧磊：《解密復興科技：基於隱蔽馬爾科夫模型的時序分析》，北京：中國經濟出版社，二〇一四。

復興科技公司不是僅僅使用一種方法，而是融合了很多種方法，我們在這裡談的是復興科技公司最主要的方法之一：隱蔽馬爾科夫模型（以下簡稱「HMM」）。為什麼我們會認為HMM是復興科技採用的主要方法呢？因為復興科技公司主要核心人員的研究背景都與此有關。

## 西蒙斯與復興科技公司

復興科技公司是一家很傑出的基金公司，代表人物就是西蒙斯，他是一位優秀的數學家，優秀在哪裡呢？他在二十年的時間裡創造了年收益率百分之三十六的奇蹟，這是一件非常了不起的事情。凡是搞投資的人都在聊巴菲特，而眾所周知，巴菲特的年收益率是百分之二十六左右。

西蒙斯出生於二十世紀三〇年代，二十歲的時候從麻省理工學院數學系畢業，後來到加州大學伯克萊分校讀了數學博士，一九六一年畢業後回到麻省理工學院任教，一年之後又跳槽到哈佛大學任教。可能因為父親是商人的緣故，他也非常具有企業家精神。一九六四年，他進入美國國防研究院任職。這個新單位聽起來很神祕，西蒙斯在那裡主要研究什麼呢？就是研究怎麼破解敵方的密碼，怎麼來編碼使別人破譯不出來。

一九六六年底到一九六七年初，西蒙斯發表了堅決反對越戰的言論。當記者採訪他對越戰怎麼看時，他說就不應該打這個仗，打這個仗就是錯的。當時越戰剛開始，這篇訪談一經刊登，頓時引起了軒然大波，因為報導中特別強調了軍中有人反對越戰。當國防部長知道是西蒙斯說的之後，便毫不猶豫地把他解僱了。「我被解僱的時候感覺自己特別無力，」他說，「我當時就想，如果我是老闆的話就沒人能解僱我了。」

一九六七年，西蒙斯應邀到美國紐約州立大學石溪分校，也就是著名物理學家楊振寧先生曾工作過的學校擔任數學系系主任。當時他才三十多歲，非常年輕，在此期間他潛心於數學研究。當時該校還有一位很有名的數學教授，就是後來回到南開大學的陳省身教授，西蒙斯與他一起發現了數學理論裡著名的陳—西蒙斯理論。

陳—西蒙斯理論對於投資領域的人來說或許有些陌生，但是該理論對其他學科產生了巨大的影響。在二十世紀八〇年代中期，普林斯頓大學教授愛德華・威滕（Edward Witten）發現了該理論在物理學方面的適用性，並稱之為陳—西蒙斯場論。現在陳—西蒙斯理論已經作為一種重要的工具廣泛應用於物理學研究的很多方面，包括弦理論和超引力黑洞的研究。一位從普林斯頓大學跳槽到麥肯錫諮詢公司的數學家丹尼斯・麥克勞克林（Dennis McLaughlin）說：「物理學家們每天都能依靠陳西蒙斯理論發現新的研究方向。」

此後的十年裡，西蒙斯獲得不少獎項，其中最高榮譽是一九七六年獲得美國數學學會的威布倫獎。儘管他在數學研究領域裡成績突出，但具有企業家精神的西蒙斯很快厭倦了單調的科研生活。一九七八年，西蒙斯離開石溪大學成為職業投資人。在真正成立復興科技公司的一九八八年之前，他也辦過一些實業：一九六一年他曾和麻省理工學院的同學投資過一個哥倫比亞地磚和管道公司；在加利福尼亞大學伯克萊分校任教的時候，他曾投資五千美元從事婚禮禮物的生意。這些或許成功或許失敗的投資經歷最終使他轉到了證券行業的投資領域。

## 復興科技中的元老們

除了西蒙斯之外，復興科技最早的幾位元老都是數學家。

一位元老是倫納德・鮑爾曼（Leonard Baum），他是一位很優秀的數學家，曾在復興科技參與過模型研究。倫納德・鮑爾曼是西蒙斯在國防分析研究院的同事，Baum-Welsh算法的發明者之一，該算法主要是用來解決不可觀察變量的最大自然函數計算的問題——也就是說，在丟失了一些觀察值或者變量是不可觀察的情況下，應該如何處理。這個算法，在我們後面談到隱蔽馬爾科夫鏈的時候還會談到，它在語音識別、生物和應用統計中也是很重要的。

第二位元老是詹姆斯・阿克斯（James Ax）。復興科技公司的前身是Axcom公司，後來才改名為現在的復興科技公司，是阿克斯創建的。阿克斯是一位很優秀的數學家，一九六七年也獲得美國數學學會在數論方面的獎項，個性非常強，結果造成兩個人合不來。

最後一位就是亨利・勞弗（Henry Laufer），他也是非常優秀的數學家，曾任普林斯頓大學的數學教授，並在復興科技公司中一直擔任首席研究專家的職務。從復興科技公司退休後，他在石溪大學創辦了量化投資專業。

## 復興科技中的主要研究方法

HMM對復興科技很重要，因為從復興科技主要人員的研究背景來看，最早應該是利用這個模型的。當然，他們自己從來不會承認利用的是哪個模型，這一點是人們對復興科技公司的共識。

為什麼？

這先要從復興科技公司的關鍵人物談起。首先，鮑爾曼是著名的Baum-Welsh算法的創始人，復興科技的核心創始人之一，前面已談過；另外一位是埃爾溫・伯利坎普（Elwyn Berlekamp），復興技術最初的靈魂人物，也是一位數學教授，以及統計資訊方面的專家。他曾在阿克斯和西蒙斯不合的時候把復興科技公司全部買了下來，當然包括阿克斯和西蒙斯兩個人的全部股份。一年之後，公司業務又走上正軌，伯利坎普將公司又出讓給了西蒙斯。很多人說他是全世界最傻的人，但是，他說自己很開心，願意做研究。他現在還在做教授，從事著研究工作。

另外一個重要事件是在一九九三年，復興科技公司花重金把全世界最頂級的HMM專家——劍橋大學數學博士尼克・帕滕森（Nick Patterson）聘請來公司工作。如果復興科技不用HMM的話，那麼根本沒有必要這麼做。

從算法上來說，HMM算法可以用在語音識別和機器翻譯上，也可以用在股市投資上。因為語音識別和機器翻譯都是順序問題，是編碼問題，股市波動也是一個升降的序列問題。

此外，復興科技還把IBM公司Watson實驗室的語音識別專家彼得・布朗（Peter Brown）、羅伯特・默瑟（Robert Mercer）以及該實驗室機器翻譯的主要專家全部挖過來了。

## 什麼是HMM？

下面，我們談談HMM到底是什麼意思。

眾所周知，股價是可以觀察到的，但是有一個大家平時不太注意的問題：相同的股價在不同的狀態下有著不同的意義。比如說三千點對於兩千一百點左右來說就是高的，但是三千點在一個快速上升的牛市裡面可能又是低的，或者是中等的。所以，我們不能光看這個數字，而要看其所處的狀態，這兩個東西要結合在一起看。但是，實際問題是股價所包含的狀態是觀察不到的。我們用什麼辦法能夠把它從股價中提煉出來呢？這個問題很關鍵。

大家都清楚什麼是股價，因為它是可以觀察的，那麼有人可能就會問，到底什麼是狀態？簡單地說，股市有兩種狀態：一種是牛市，一種是熊市。但是，這兩種狀態是不可觀察的，這就需要用可觀察到的數據去估計這個狀態。問題的複雜之處就在這裡：有一些不可觀察的變量，或者說有一些丟失的變量，我們怎麼透過可觀察的變量得到這些不可觀察的變量值，並據此判斷我們所看到股價的真正意義？

由於股市的狀態是不可觀察的，所以我們一定要對這個狀態如何變化做出一些假設。否則，不可觀察又不做假設，那真是看不見摸不著了。該怎麼假設呢？這就需要用到轉換矩陣。換句話說，我們先做以下的假設：如果熊市到熊市的轉移機率，即今天是熊市明天還是熊市的機率是〇・八，那麼熊市到牛市的機率就是〇・二；如果牛市到牛市的機率是〇・九，那麼就只有〇・一的機率明天是熊市。就是因為這個狀態變量我們觀察不到，所以我們要假設它服從這樣一個轉換矩陣。

### HMM三要素：

第一，可觀察的狀態依賴變量（股價）：p1，p2，……，pt；

第二，不可觀察狀態變量（熊牛）：S1，S2，……，St；

第三，狀態轉換矩陣。

| S（t）=熊 | S（t）=牛 | |
|---|---|---|
| S（t-1）=熊 | 0.9 | 0.1 |
| S（t-1）=牛 | 0.2 | 0.8 |

當然，轉移機率矩陣中的機率是〇・九還是〇・一，是〇・八還是〇・二，要透過可觀察的變量來估計。前面說過，不可觀察變量是需要用可觀察變量來估計的。同樣，這個轉移機率的值也是需要從可觀察變量來估計的。要藉由什麼方法把這些值估計出來呢？**Baum-Welsh**很好地解決了這個問題，主要是用**Expecation-Maximization**，簡稱**EM**算法。

因此，**HMM**主要的思想是：人們所看到的股價數據隱含了不可觀察的狀態，這個狀態需要我們首先對它進行相應的假設，然後再估計出來。

## HMM舉例

下面舉例說明觀察值和狀態的關係。假設**p1**是某股票在熊市的一個收益分佈，也就是說，熊市的時候股價在十三元左右，它服從**p1**分佈；**p2**是該股票在牛市的一個收益分佈，也就是說，牛市的時候股價在二十八元左右，這樣，它就服從**p2**分佈。可以簡寫為：

**p1**（x）：某股票在熊市的收益分佈；

**p2**（x）：某股票在牛市的收益分佈。

具體觀察數據如圖一。第一個觀察到的數據是十四・二元，請讀者來判斷一下這個數據是從哪一個分佈中產生的？我們可以認為，第一個觀察到的數據十四・二元最可能是由**p1**分佈（熊市）產生的。因為相對於**p2**分佈（牛市）而言，**p1**分佈（熊市）的可能性更大。也就是說，這個數據肯定是從**p1**和**p2**兩個分佈裡面的一個產生的，但在這兩個分佈裡面，十四・二元更靠近哪個分佈呢？答案肯定是靠近**p1**分佈。換句話說，十四・二元所對應的狀態最為可能是熊市。

第二個可觀察到的數據二十九・四元更靠近**p2**分佈。所以，看到第一個股價數

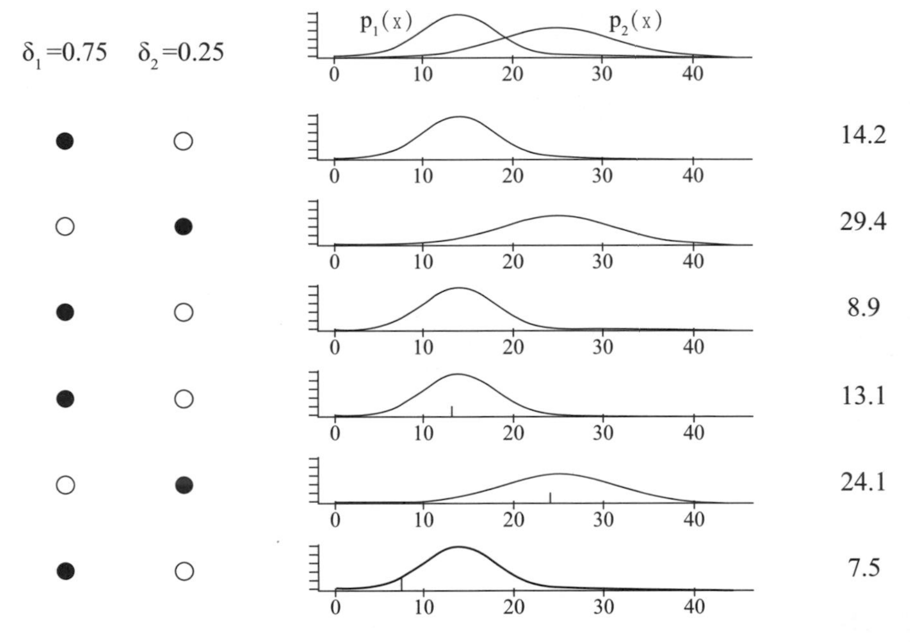


圖一

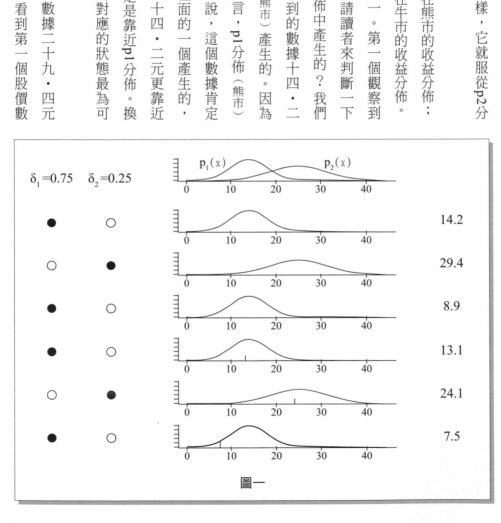

據十四・二元的時候，就會認為這可能處在熊市狀態；看到第二個股價數據二十九・四元的時候，人們可能認為是處在牛市狀態。

當觀察到第三個股價數據八・九元的時候，大家可以看看處於這兩個分佈中的哪一個分佈？可能是p1。如果大家看到第四個可觀察的股價數據十三・一元的時候，也可以很快就肯定是由p1分佈所產生的（熊市狀態），因為它更可能發生。那麼，當看到第五個可觀察數據二十四・一元的時候，這個數據很大可能不是p1分佈所產生的，說明當時狀態是熊市的機率很小；從p2分佈中產生的機率則很大，說明當時狀態是牛市的機率很大。

因此，大家可以看出，平時人們所觀察到的價格，不僅僅是簡單的價格，同時在它的背後還有一個狀態在決定著它。這一點很重要，千萬不要認為股價在什麼時候都是一樣的。

一碗飯可能在吃飽的時候對於你來說是多了；但是當在飢餓的時候，你就會覺得一碗根本不夠。同樣一碗飯在不同狀態下其價值完全不一樣，股價也是如此，處在不同狀態下意義是完全不一樣的，這就是HMM需要解決的問題。

## 股價收益分佈與HMM

如果上面的例子中p1、p2都是正態分佈（normal distribution，常態分配），當然也可以假設它們是很多種其他類型的分佈，還可以用非參數的辦法來解決，這些都沒有問題。為了簡單起見，我們這裡假設其是正態分佈。那麼，這時股價收益的分佈到底是何種情況，是不是符合正態分佈呢？實際上股價的分佈不服從正態分佈，為什麼？從圖二中可以看出，正態分佈是一個鈴鐺，一個標準的正態分佈中，百分之九十五的機率是在±1.96之間。標準正態分佈，-1到+1之間出現的機率將近三分之二；從-1.96到+1.96出現的機率是百分之九十五。

但是，股價收益實際分佈不像正態分佈這麼好，它兩邊有兩個尾巴，即所謂的「肥尾」，如圖三所示。若按照標準正態分佈，在左右兩邊出現這樣的機率幾乎是不可能的。這就需要我們用三個分佈的混合分佈，而不是用一個簡單的正態分佈來描述股價收 益的分佈。

從圖三中我們知道，股價收益的實際分佈會出現「肥尾」——左右兩邊會翹起來。那麼，這種情況應該如何處理呢？應該如何描述這樣一個混合分佈呢？此時，我們就需要用到三個分佈，中間一個分佈，兩邊各一個分佈，來描述股價收益的實際分佈情況。左邊的分佈是熊市；中間的分佈是盤整；右邊的分佈是牛市。這樣，用三個

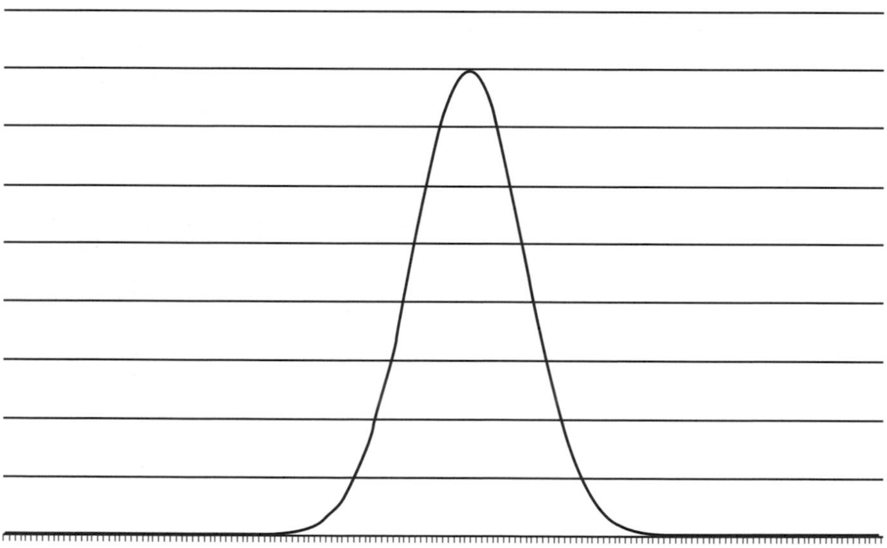

圖二

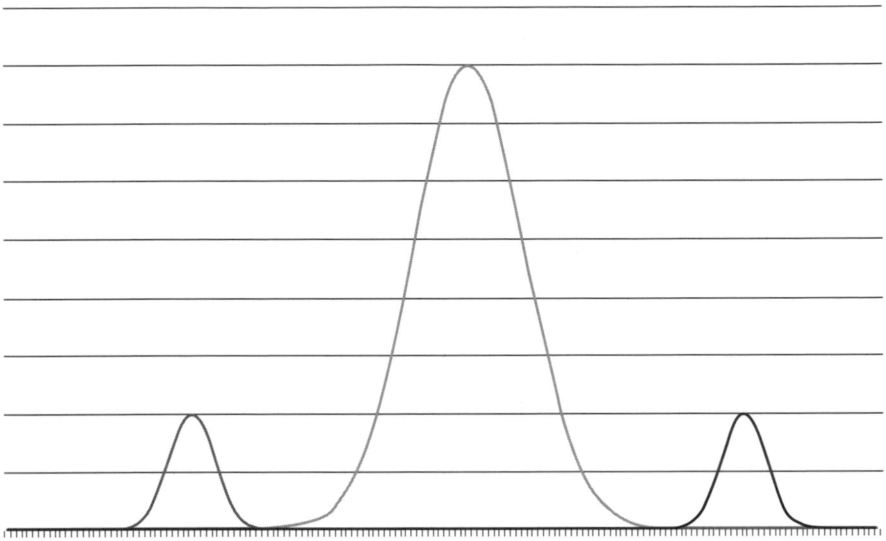

圖三

分佈組成混合分佈的轉移機率矩陣是一個三階矩陣，與前面的二階轉移矩陣一樣，其具體形式見表一：

這時就出現了一個非常重要的問題：我們怎麼把這樣一個股價收益的分佈拆成三個分佈？這裡使用的拆分辦法就是用**Baum-Welsh**算法。使用該算法後，我們就可以知道這三個分佈的均值是多少，方差是多少；拆成的三個分佈有多少比例可能分配在中間這個分佈，有多少比例是分配在右邊這個分佈，有多少比例是分配在左邊這個分佈；以及三個分佈之間的轉移機率矩陣。

一般來說，這三個有可能

表一

| | 熊市 | 盤整 | 牛市 |
|---|---|---|---|
| 熊市 | 0.9 | 0.05 | 0.05 |
| 盤整 | 0.1 | 0.8 | 0.1 |
| 牛市 | 0.05 | 0.05 | 0.9 |

都是正態分佈；也有可能都是泊松分佈（Poisson distribution）；也有可能中間是正態分佈，兩邊是泊松分佈。根據數值算法或EM算法，我們可以得到這三個分佈的均值和方差，而且還能夠得到各個分佈在這個混合分佈的比重；更重要的事情是，我們還能夠得到轉移機率矩陣的估計值。

根據這些轉移矩陣的估計值，我們可以算出處在這三種分佈的期望持續期。這些期望持續期對於我們設計策略來說非常重要。換句話說，假如只允許做多，那麼，我們能夠賺錢的部份只有右面這個分佈。如果右面這個分佈的持續期是四期，我們要花費一期去觀察它，因為只有在一期過後，我們才能夠確認它處在這個分佈。當確認某股票一進入右面這種狀態，馬上就買。為什麼？它還會在這個狀態持續三期。在第四期到來的時候，不管狀態變不變，我們就要減倉。所以，每個狀態的持續期很重要，它是策略設計中很關鍵的要素。

大家在二〇〇六年股市上升的時候很開心，主要是因為右邊這個分佈；而大家在二〇〇八年股市大跌的時候很難受，主要是因為左邊的這個分佈。如果瞭解了上述的期望持續期，那麼我們將會知道：處在這兩個分佈的時間大概有多長；一旦進入到這個狀態裡面以後，還能待多久；該怎麼辦，是加倉還是減倉？

## HMM與交易策略設計

實際上，人們看到的只是股價和指數點位。但是，對於HMM來說，看到的不僅僅是這樣的數據，還可以從股價中分離出不同的狀態：是處在熊市狀態還是牛市狀態；是處在狀態中的第幾個週期。假如狀態持續期是四期，那麼，現在是處在第一期、第二期、第三期，還是第四期？這些資訊對於我們設計投資的策略太重要了。

根據HMM設計策略時，會遇到很多問題。比如說，裁出來的三個分佈都很接近，均值也很接近，這時候該怎麼辦？為了解決穩定性問題，可以取中間值，採取所謂的均值回歸的辦法，過正百分之九十五的臨界點就賣，它肯定會往中間分佈。

上面談的是第一個問題。第二個問題，前面舉的四個期的例子無論如何都要浪費掉一期去觀察所處的狀態，那麼如果我們算出來的持續期只有一・六怎麼辦？持續期不到兩期，這個問題該如何處理？這是一個很頭疼的問題。

第三個問題是持續期取決於轉移機率矩陣，該矩陣的平穩性該如何檢驗？如何檢驗這些估計參數到底是不是穩定的，如果轉移機率估計量不穩定，這個策略的設計也很麻煩。

再一個問題就是當數據量大的時候HMM的參數估計計算時間長短及其時效性，這一點也是很重要的。如果計算時間很長，做高頻交易就會有問題，所以需要權衡。復興科技公司是基於分鐘或者秒的數據在做交易，為什麼？因為EM算法有很重要的一個特點，如果我們都用低頻的數據，例如週數據或者月數據，這樣裁出來的三個分佈就很容易接近，整體混合分佈也比較容易接近於一個非穩態的正態分佈；如果我們用秒的，或者是分鐘的數據，拆出來的三個分佈會離得很遠，很容易判斷，收益的機會就多；而且，這三個分佈不僅離得很遠，每個分佈的持續期也會比較固定，這可能是另一個原因。

實際上，我們用中國股市的週數據計算出來的持續期就是一・六。那麼，根據這個特點怎麼來設計策略呢？這樣的持續週期實在太短了，實際上這個策略很接近於拉里・威廉斯（Larry Williams）的辦法：

先埋伏好，等突破了就自動買入。

## 基於HMM模型的交易策略

本部份設計基於上證指數的一個非常簡單的交易策略，數據來自二〇〇六至二〇一三年每週的上證指數。讀者在學習這個策略的時候一定要注意，不要簡單地死搬硬套到實際中，否則肯定會出大問題。基於上證指數的這個策略是什麼樣的呢？如果現在的股價大於兩個月的均價再加上這兩個月波動的〇・八倍，就買入。換句話說，這是一個突破就買入的辦法，這裡用的突破點是兩個月的均價加上兩個月標準差的〇・八倍。

圖四是基於上證指數二〇〇六年一月至二〇一三年十一月的每週收益和上述策略的運行結果。

有的人會說，這個策略不好。為什麼？圖中大盤最高點已經到四・五倍了，從二〇〇六年的一千多點到二〇〇七年的六千多點增長了四・五

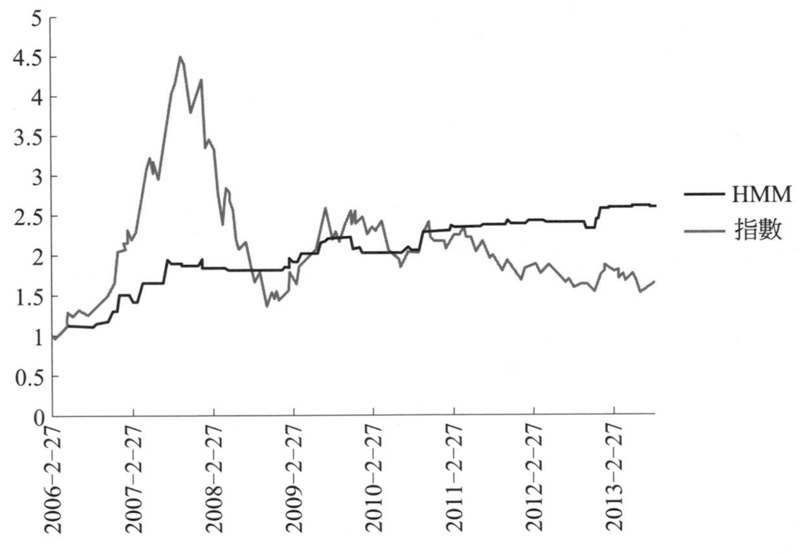


圖四

倍；而採用這個策略才賺到兩倍。

的確，在二〇〇六至二〇〇八年期間這個策略看似不好，收益明顯比大盤低。但是，在大盤二〇〇八年快速下跌的時候，投資者們就體會到了這個策略的好處。這個簡單的策略沒像上證指數一樣給投資者們那麼大的驚喜，同樣，也沒有給他們那麼大的失望。二〇〇八年後這個策略的好處就凸顯出來了，波動比上證指數小，在後面股市的一波反彈中，這個策略也賺到了錢。

尤其從二〇一〇年以後，這個策略一直好於上證指數的表現。

假設允許做空，這個策略會是怎樣的呢？改變是必需的，因為做空的速度快一點。做多和做空二者結合，收益肯定比只做多這個結果要好一些。

## 交易策略的評價問題

大家一定要記住，評價一個交易策略好壞很關鍵、很重要的問題就是，千萬不要只看回報率，一定要看三個數據。

第一個數據當然是回報率，它是很重要的。

第二個非常重要的數據是夏普比率（Sharpe Ratio）。眾所周知，夏普比率是收益除以風險的比值，換句話說，它表示冒一分錢的風險能夠得到多大的收益。這個比值是最重要的，希望讀者在具體應用的時候一定記住。如果夏普比率低於〇・八、〇・九，這樣的策略是不能用來管理大資金的，否則會帶來很多麻煩，比如說最大回撤（MDD）。前面提到的HMM策略回報率是二・六，並沒有比上證指數回報率高多少，尤其是這裡還沒有考慮到交易成本。當然每週做一次交易，成本不一定很高。如果做高頻交易的話，交易成本就會很大。上證指數的夏普比率是〇・三，這個交易策略的回報率是一・二，二者差三倍多一點，說明這個策略明顯好於上證指數。

第三個重要的數據就是最大回撤。表二是上證指數和這個簡單的HMM策略的結果對比：

在這三個數據當中，MDD是最重要的。HMM交易策略只有百分之十的MDD，而上證指數則達到了百分之七十，二者相差七倍。所以，換句話說，如果你能夠忍受和上證指數同樣比例的回撤，那麼你可以把交易槓桿放大七倍，現在的股指期貨就可以很容易地做到這一點。

交易槓桿放大七倍後掙不掙錢呢？當然掙錢。圖五就是放大七倍的結果，這是很嚇人的。如果放大七倍，這個策略可以賺到一百多倍。但是，為什麼我們不採取這個策略？讀者們可以想像一下，開始時的一個億，很快可以賺到一百個億，這是非常令人激動的。但是，這一百個億可能在某個時間點會虧掉六十多個億，這種虧損是否是投資者們能夠承受得了的？如果說能夠承受，那麼這個策略是很好的。

國外機構評價一個交易策略的好壞時，不看其他的，只看MDD和夏普比率這兩個最主要的指標數據。在美國，學投資主要講風險，不講回報。可見，風險在金融研究和實踐中的地位有多麼重要！

對於這個超過百分之六十的大回撤，出現的第一個問題是，沒有多少投資者的心

表二　上證指數和HMM策略的結果對比

| | HMM策略 | 上證指數 |
|---|---|---|
| 回報率 | 2.607 144 | 1.622 555 |
| 夏普比率 | 1.199 93 | 0.367 541 926 |
| 最大回撤 | -0.269 56（10%） | -3.227 77（70%） |

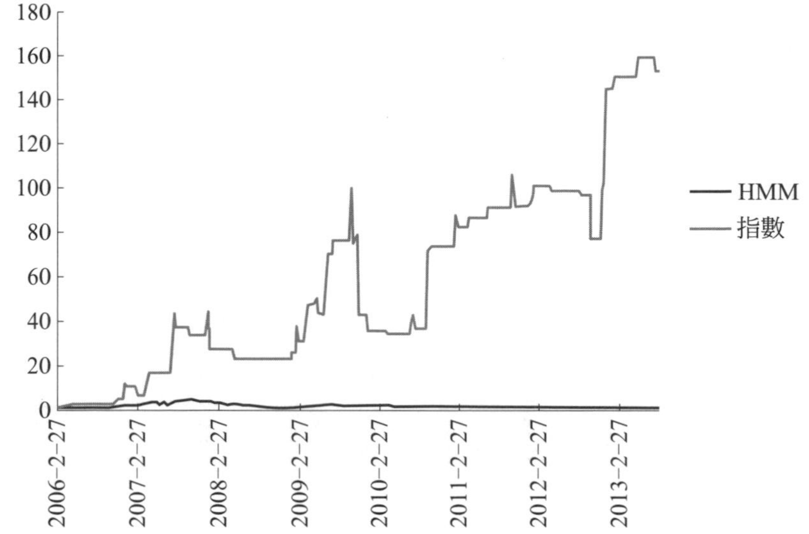


圖五

理素質能夠好到承受得了。第二個問題是，一旦有回撤，投資者就會把錢撤出基金，這樣整個策略就無法繼續下去。所以，基金經理一定要跟客戶說清楚自己策略的歷史最大回撤是多少，問客戶能不能承受這種回撤。如果客戶承受不了，就可以把槓桿降低一下，槓桿放大後的回撤程度是很大的。

大家都知道，基金行業最需要的就是堅持，能堅持下來成為「長青樹」是很不容易的。透過槓桿，盈利可以很容易從兩倍增加到一百多倍，但問題是，面對可能出現的這種百分之六十多的回撤，無論基金經理自己，還是作為投資者的客戶，在心理上都是不可能接受的。

下面，我們再比較一下夏普比率。HMM策略和上證指數二者只差了三・二六倍，我們就將槓桿設定為三・二六倍。在這種情況下，MDD就容易接受得多，而它的收益率是十六倍。所以，今後大家一定不要只談回報率，這沒有任何意義，

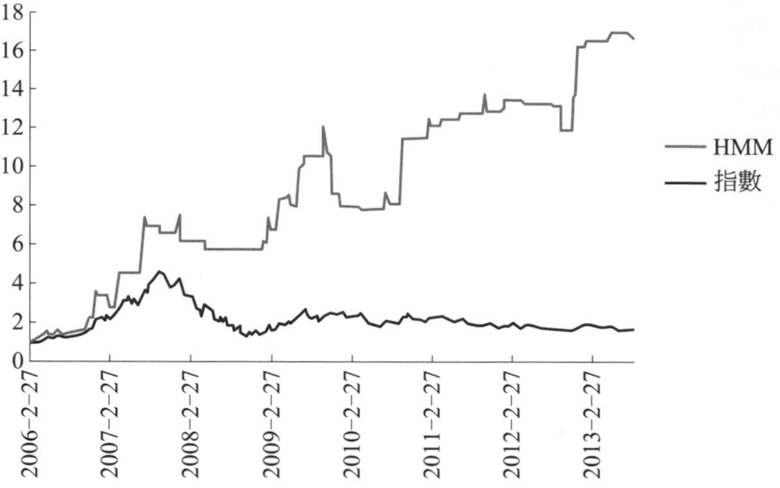


圖六

重要的是夏普比率和MDD。圖六是這個簡單做多的HMM策略放大三．二六倍的結果。

以上策略只是基於HMM設計的一個簡單交易策略，大家可以在這個基礎上做得更加深入一點。

另外要強調的是，夏普比率也有問題，這涉及風險衡量。一般而言，夏普比率用方差來表示風險。所以，要使風險最小，就必須使得整個方差縮小，這樣同時把正向和負向的兩個肥尾都向裡靠。但是，如果我們做，就會希望正向的肥尾越大越好，負向的肥尾越小越好。因此，有人就提出單邊風險問題，例如，$\alpha$風險和一致性風險。

我們這裡的數據用的是週數據。當然，可以用分鐘、秒的數據；考慮更多的因素，交易成本和價格衝擊問題的風險。高頻數據拆開所得到的轉移矩陣穩定性會更好。這樣，策略結果也會更好。很多人都說，復興科技公司實際上每天做數千筆的交易，前一秒鐘上漲，下一秒鐘上漲的機率比明天上漲機率的穩定性可能更高。

## 科技與投資

上面只是舉了一個簡單的基於HMM設計交易策略的例子，大家就會發現HMM的計算量很大。從這裡我們可以看出，投資是科學和技術的結晶，是真正的高科技。

現代投資主要包含三個方面：第一是理論，金融理論、經濟理論，還有其他方面的一些理論；第二就是方法，比如說金融計量方法、計算金融方法、統計方法、單尾風險的衡量方法、小波分析、HMM等；最後一個就是技術，有人說，即使西蒙斯告訴你算法，真正能夠在技術上實現的也沒有幾個。量化投資的技術涉及哪些？常見的有API，還有FIX，這些接口怎麼做？資料庫怎麼設計？研究的時候需要用到Matlab，R等等。

除了技術之外，還要找到比較好的理論和方法，三者的有機結合才是真正的量化投資。

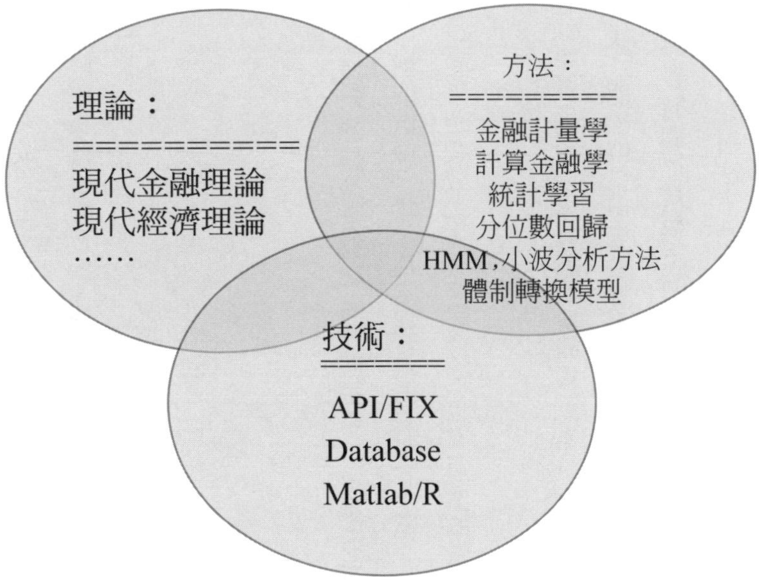


圖七

專做理論的人可能認為數學是量化；專做技術的人認為電腦化是量化；其實，以上說法都不對，真正的量化是上述三個方面的綜合（見圖七）。

同時，真正的量化應該盡量減少人工干預，全部由電腦來做。在一百次交易中，人工干預最多只有三至五次。真正的量化投資過程是研究人員根據歷史的數據和科學的方法，找到一些規律性的東西，形成相應的投資方案，寫出程式，並藉由電腦自動執行。

## 復興科技的核心競爭力

復興科技公司早期在投資策略方面的技術，很可能運用的就是上述突破性的策略。透過HMM把股票收益分拆成三個分佈以後，筆者發現美國的數據和中國的數據一樣，持續期可能只有一・五至一・六次。這樣，就需要預先把單埋好，突破就買。由於不可能來回突破太多次，所以，每次買賣的量是有容量限制的。

復興科技公司真正的核心競爭力在哪裡呢？它的主要競爭力來源於對數學模型本身的深刻理解。比如，世界上真正理解HMM模型的人有多少？理解後，能夠把它用算法實現出來的有多少人？HMM模型有很多假設，它的穩定性怎麼樣？這些估計值在多長時間裡是穩定的？如果這些估計值不穩定，策略是沒有用的。復興科技公司的頂級HMM專家一定有一套辦法來判斷所得到的參數值是否穩定，拆出來分佈是否穩定，他們在這些方面有自己的獨到之處。

復興科技公司的交易品種很多，同時對上萬個合約、個股和指數進行交易。這就是為什麼復興科技公司的資訊科技很厲害的原因，其整個公司的營運全靠電腦，主要資產也都是，沒有其他的固定資產。因此，這也說明復興科技公司的金融計算量是巨大的。

最後，我們應該認識到，對於任何複雜的系統問題，都應分為兩個步驟來解決：首先是找到解決問題的方法；其次，在此基礎上，對解決辦法進行簡化和優化。任何方法過度複雜的話，一定會在實際應用中出現各種各樣的問題。實際上，復興科技公司採用的不應該是很複雜的辦法，應該是一些相對簡單的辦法。當一個解決問題的辦法出現了以後，緊跟著的問題是有沒有更好、更簡化的辦法。

我們上面舉的交易策略例子，只是復興科技公司很多交易策略中的一個。復興科技公司真正的核心在於基於數學模型及其計算結果進行相應的交易策略設計。比如，在上面的例子中，就是將HMM模型的計算結果轉換成拉里・威廉斯的突破策略。當股價突破的時候，透過HMM方法做到心中有數：突破後還剩幾期，還有多長時間去加倉或者減倉。

---

**劉振亞**，於一九九四年在中國人民大學獲得經濟學博士學位。現為中國人民大學財政金融學院和英國伯明翰大學教授、博士生導師，摩根大通期貨有限公司（J. P. Morgan Futures）董事。全球最大管理期貨（CTA）Winton Capital 中國最早的合作者。在金融計量、量化投資、宏觀經濟等領域有深入的研究。從一九九一年以來已出版多本專業著作，並在*China Economic Review*、《世界經濟》等一流雜誌上發表多篇文章。曾獲意大利Dosor國際獎、霍英東青年教師研究基金獎、首屆寶鋼獎教金、首屆吳玉章獎學金等。

# 全面深化改革的三個著力點

方福前

中國經濟體制改革的路線圖是從農村到城市，從重點領域到全面深化；如果說過去三十多年的改革是經濟體制由高度集中的計劃經濟體制向社會主義市場經濟體制轉軌的話，那麼中國共產黨的十八屆三中全會啟動的全面深化改革則是全面建設社會主義市場經濟體制的偉大工程。

過去三十多年中國經濟的年均增長率為百分之九・八，這種高增長的源泉主要是三種紅利：人口紅利、技術進步紅利和改革紅利。蔡昉等學者早已發現，二〇〇九年以後中國農村剩餘勞動力已經由無限供給轉變為有限供給，第二個「劉易斯拐點」大約在二〇一五年左右到來。[1]據中國國家統計局的數據，二〇一二年中國勞動年齡人口（十六至六十歲）淨減少三百四十五萬，這是新中國成立以來中國首次報告勞動年齡人口下降；二〇一三年中國勞動年齡人口又比上年減少兩百四十萬人；二〇一〇年是中國人口年齡結構變化的一個轉折點：這一年中國的人口總撫養比達到歷史最低點，為百分之三十四・二，此後便開始逐年上升，其中，老年撫養比以每年〇・四個百分點的比率上升，少兒撫養比則停止下降，穩定在百分之二十二・二二左右（見圖一）。這些數據說明，促進中國經濟增長的人口數量紅利正在逐漸消失，未來促進中國經濟增長就人口來說主要是要依靠人口品質紅利。而人口品質紅利主要來自勞動者

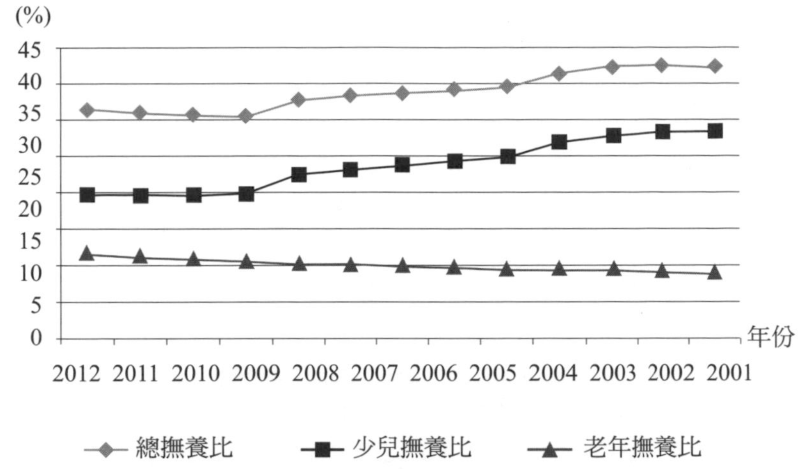


**圖一　二十一世紀以來中國人口撫養比變化**

資料來源：中國國家統計局國家數據

的受教育水準、技術水準和素質的不斷提高，這也可以看作是技術進步紅利的延伸。

一個國家的技術進步主要來源於兩個途徑：技術引進和自主創新。改革開放後的相當長時間，中國的技術進步主要來源於技術引進。成為世界貿易組織成員國的最初三年（二〇〇二至二〇〇四年），中國的高技術進口速度平均每年以百分之三十六・二的速度高增長，但是此後便開始持續走低，近幾年的增速維持在百分之十上下（見圖二）。❷

由上分析可見，未來中國經濟增長的主要推動力是自主創新和體制改革。新常態下的經濟增長應當建立在技術自主創新和全面深化改革的基礎上。中共中央和中國國務院已經提出「大眾創業，萬眾

❶蔡昉：《中國人口與勞動問題報告 No.8：劉易斯轉折點及其政策挑戰》，北京，社會科學文獻出版社，二〇〇七。

❷二〇一〇年中國高技術進口額比上年增長百分之三十三・二，但這一年的增長主要是恢復性增長，由於受到國際金融危機的衝擊，二〇〇九年中國高技術進口額增速為負百分之九・四。

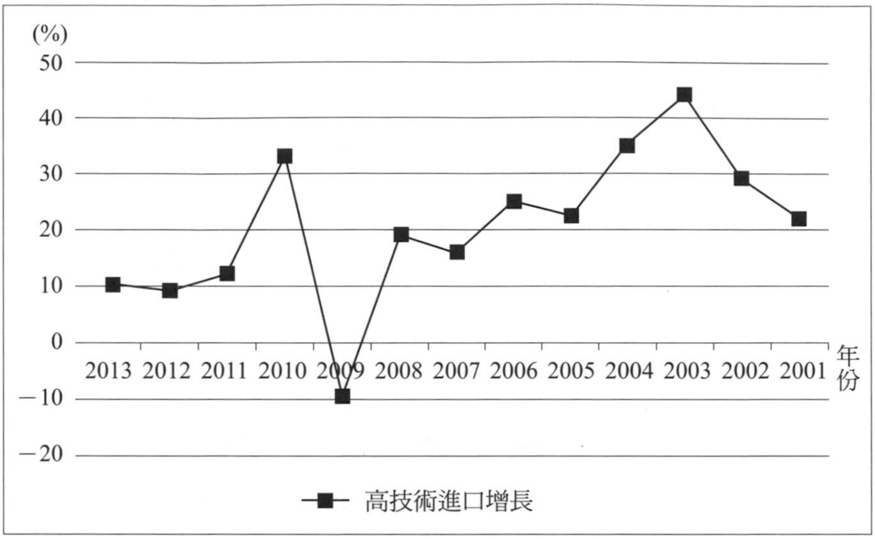


圖二　二十一世紀以來中國高技術進口增速

資料來源：中國國家統計局國家數據

創新」的發展戰略，本文主要就如何促進全面深化經濟體制改革，促進經濟增長，完善社會主義市場經濟體制進行一些討論。

中國共產黨的十八屆三中全會做出了《中共中央關於全面深化改革若干重大問題的決定》，全面深化改革要改革的不但有經濟體制，還有政治體制、文化體制、社會體制、生態文明體制和中國共產黨的建設制度等。就經濟體制來說，需要深化改革的內容也很多，例如轉變政府職能、混合所有制改革、宏觀調控體系和調控方式改革、財稅體制改革、金融體制和資本市場改革、投資融資體制改革等。中國學術界已經就經濟體制改革的主要方面以及如何改革進行了許多研究，這些研究為全面深化經濟體制改革提供了理論依據，指明了改革的方向和路徑。但是，我發現，以下三個方面的經濟體制改革內容是學術界討論不多或沒有討論的，這三個方面也應當作為全面深化經濟體制改革的著力點。

著力點之一，藉由深化改革提高個人與生產要素的自由流動性。

《中共中央關於全面深化改革若干重大問題的決定》提出要「進一步解放思想、進一步解放和發展社會生產力、進一步解放和增強社會活力，……」❸如何進一步解放和發展社會生產力、解放和增強社會活力？關鍵是解放和增強人的活力，提高個人的積極性和創造性。那麼，如何才能激發和提高人的活力？一方面需要提供激勵，另一方面需要提高個人與生產要素的自由流動性，特別是要提高個人由社會底層向社會上層的自由流動性。

所謂個人與生產要素的自由流動性是指個人在不同職業、行業、地區（包括城鄉）和階層之間進退或轉換的自由性和便利性，生產要素（資本、企業家才能）❹在不同地區、不同產業之間進退或轉換的自由性和便利性；這些自由性和便利性要求個人和生產要素的流動是自由的、便利的，除了一些自然和（人與要素）自身的障礙以外，沒有或盡可能少的人為障礙、制度障礙和結構障礙。個人與生產要素的自由流動性的大小可以用交易費用和壟斷指數來度量。一般來說，交易費用越高，壟斷程度越高，個人與生產要素的流動性就會越小。

勞動力和生產要素的自由流動是形成以市場競爭和平等交換為特徵的現代市場體系的必要條件，沒有勞動力和生產要素在不同市場、不同產品生產中的自由流動，就無法形成市場經濟中的競爭，而競爭是優化資源配置、提高勞動生產率和要素生產率的有效途徑。勞動力和生產要素的自由流動性的高低

❸《中共中央關於全面深化改革若干重大問題的決定》，三頁，北京：人民出版社，二〇一三。

❸土地這種生產要素可以在不同用途中流動，它在空間上的流動則受到地理位置的限制。

與市場競爭程度的高低是密切正相關的，提高了勞動力和生產要素的自由流動性，就提高了市場競爭程度，也就提高了資源配置效率。

個人與生產要素的自由流動是保證個人與生產要素實現其價值最大化，發揮其最優效能的必要途徑。俗話說「人往高處走，水往低處流」，個人與生產要素的流動總是受追求自身利益最大化的動機驅使，因此，個人與生產要素流動通常遵循的是正向流動規則——一般是從回報或收益低的地方流動到回報或收益高的地方，也就是俗話說的「從糠籮裡跳到米籮裡」。個人與生產要素的流動有可能出現逆向流動的結果——從回報或收益高的地方流動到了回報或收益低的地方，但是這種逆向流動不是出自個人與生產要素所有者的本意，而是客觀情況或是經濟行為人預期、判斷失誤造成的，因而這種逆向流動是偶然的、非系統性的。因此，個人與生產要素自由流動的結果通常是帕累托改進。

改革開放以來，中國逐步打破城鄉分割，逐步減少生產要素和商品在不同部門、市場和地區之間自由流動的障礙，極大地提高了個人（特別是廣大農民）和生產要素的價值實現，極大地改善了勞動力和資源的配置；恢復高考制度更是為無數年輕人打開了由社會底層流動到社會中上層的通道，為年輕人的更大價值實現和更大社會價值創造提供了機遇。可見，個人與生產要素自由流動的結果不僅僅是帶來個人增收，社會增產，更重要的是帶來個人與生產要素的價值得到更大的實現，個人與生產要素的潛能得到更大的發揮。我們通常說「人盡其才，物盡其用」，但是這個說法應當有一個前提：只有在適當的時間和空間人才能「盡其才」，物才能「盡其用」。人和物的初始配置可能是不當的，是低效率的；只有透過流動，人和物才能改進配置，實現優化配置，發揮最大的潛力，這就是人們常說的「樹挪死，人挪活」的道理。顯然，如果沒有大量的農民流動到城市，人口紅利就沒有辦法實現，如前所述，人口紅利是中國經濟持續高增長的源泉之一。如果沒有創業自由——這以企業家、資本和勞動力的自由流動為基礎，馬雲、王石等人就不可能成為大企業家；如果沒有高考制度和人才流動管道，我們許多科學家和中高級領導幹部可能還是農民或工人。

經過三十多年的改革開放，中國的個人與生產要素的自由流動性有了很大的提高，但是與建立社會主義市場經濟體制的目標相比，與「中國夢」要實現的目標相比，我們的自由流動性還不夠，還有很大的差距。且不說勞動力在城鄉之間流動、資本在不同產業之間流動，個人在不同職業之間流動，產品在不同市場、不同地區之間流動還有許多障礙，甚至個人不改變職業身份在不同地方流動（例如北京的教師流動到上海當老師），居民在不同城市、不同地區之間流動都還有許多障礙。更重要的是，個人在社會不同層級之間的流動性還比較低，個人就學、就業和升職在許多情況下還需要「靠爸」。

不斷降低制度障礙、結構障礙和人為障礙，提高經濟結構和社會結構的彈性，提高個人與生產要素的自由流動性，應當是我們全面深化改革的一項重要任務和目標。可以說，我們過去的改革是透過提供激勵，調動個人和企業的積極性來促進經濟增長和經濟發展，未來的改革主要是藉由提高個人與生產要素的自由流動性來提高資源配置效率，促進經濟和社會發展。自由流動性不足，就會埋沒人才，就會抑制人的積極性和創造性，就會扼殺人的潛能。「只要努力奮鬥，人人都能成功」應當是「中國夢」的題中應有之意。個人與生產要素都能最大限度地發揮其潛能，經濟和社會發展才能有足夠的動力和活力，經濟和社會發展才能是和諧的，可持續的，國強民富才會有保證。

要提高個人和生產要素的自由流動性，除了逐步消除城鄉二元分割和戶籍制度限制以外，還需要進一步消除地方保護主義和由此產生的人為市場分割；淡化個人和生產要素「身份」（例如生產要素的所有制身份）色彩，使不同的個人和不同所有制的生產要素能夠有機會公平地進行充分競爭；除了涉及國家安全的行業以外，盡可能減少政府授權的壟斷，消除各種阻礙勞動力和生產要素進出市場的人為限制和障礙；保護產權，降低產權交易的成本；法律保護公平公正的市場競爭，打擊破壞公平競爭的行為；完善升學和高考制度，形成學籍和分數面前人人平等的規則制度；完善幹部民主選拔制度和幹部競爭制度，用「眾人推選千里馬」替代「伯樂相千里馬」，讓有德有才的人順暢勝出。

著力點之二，地方政府逐步淡出經濟發展的主角作用。

自中國共產黨的十一屆三中全會把全黨工作的著重點轉移到社會主義現代化建設上以來，中國經濟發展一直是雙主體或雙主角——地方政府（主要是地市縣政府）和企業——共同主導的。這是中國經濟體制和經濟發展模式特色的一部份。史正富教授把這種特色概括為「三維市場體制」，即中國的市場經濟體制由中央政府、地方政府和企業這三個主體構成。他把已開發國家由政府和企業構成的市場體制稱作常規市場體制。史正富教授認為，在中國的經濟發展過程中，「地方政府作為一個競爭性的經濟主體系統，和競爭性企業所構成的主體系統幾乎具有同等重要的地位」；這種具有中國特色的市場經濟體制產生了超常的投資力，從而使中國經濟獲得了超常的增長速度，並將繼續保持這種超常增長到二〇四九年。❺

不可否認，改革開放以來的三十多年，中國經濟能夠保持年均接近百分之十的高增長，地方政府功不可沒。地方政府在基礎設施建設、項目投資、興辦企業、招商引資、內引外聯、信用支持擔保、市場環境和市場條件創造（例如提供優惠政策）等方面助推甚至直接推動了經濟增長和經濟發展。

但是，我們應當認識到，地方政府在經濟發展中唱主角，這是中國由高度集中的計劃經濟體制轉軌到社會主義市場經濟體制的必然要求和必然結果，是一種歷史過渡現象。因為在改革開放前，中國還沒有經濟學意義上的企業，政府是唯一的經濟主體，企業只是政府的附屬生產單位；在改革開放後的相當長時間裡，企業作為市場競爭主體和經濟發展主角，還處在培育和發展過程中，還需要政府扶持和提供條件，政府同時還慣性地兼任經濟主體。但是，在社會主義市場經濟體制初步建立了以後，在完善社會主義市場經濟體制的過程中，地方政府應當逐漸淡出經濟發展的主角地位，經濟發展應當由企業來唱獨角戲，不需要政府和企業演雙簧。

從市場經濟的理論和實踐來看，政府和企業在市場經濟中是有明確分工的，二者的活動範圍是有邊界的。簡單地說，在成熟的市場經濟中，企業主要生產私人物品，政府負責提供公共物品和社會服務，政府不需要也不應該生產私人物品。但是目前中國地方政府還承擔著相當多的生產私人物品的任務。例如，地方政府要管本地區上什麼項目，興辦什麼樣的企業，在什麼地方建廠房，某種產品的產量要達到多少，GDP的增長速度要達到多高……這意味著地方政府排擠了一部份企業的市場，搶了企業的「飯碗」。這就是學者們常說的政府「越位」。不難理解，地方政府在經濟發展中發揮的作用越大，在市場運行中越強勢，企業和市場機制的作用就越受到限制，越受到擠壓。❻地方政府在經濟運行中佔據主角

❺參見史正富：《超常增長：一九七九—二〇四九年的中國經濟》，三五—三六頁，一〇七頁，上海，上海人民出版社，二〇一三。

❻江蘇省在中共的十八屆三中全會後提出「強政府＋強市場」的雙強發展模式，並認為改革開放後蘇南的發展實踐就是這種模式，這種模式具有普遍的現實作用。他們強調，「強政府＋強市場」是融合統一的，是在發展實踐中不斷互動演進的。但是他們又解釋說，「強政府」是指政府通過宏觀調控發揮一種營造環境、提供服務、引導方向、調節供求的重要作用；強政府」是「強市場」的守護者，市場能幹好的就交給市場。按照這種解釋，這種「強政府」實際上是「效能政府」、「服務型政府」和「守護型政府」，這與經濟學教科書對政府在市場經濟中的地位和作用的界定沒有多大差別。

地位並發揮強勢作用不可能培育出一個發達的市場經濟體系，不可能形成一個有國際競爭力的企業家群體和企業群體。

現在中國經濟和社會發展中出現的一些矛盾、一些弊端、一些不正之風，甚至一些違法犯罪，與這種地方政府「越位」和強勢有著直接或間接的關係。例如，重複建設，盲目投資，引進外資「拉郎配」甚至越俎代庖，違法徵地用地，亂拆遷，不計成本地大幹快上，不顧環境生態代價上項目、促生產，地方政府融資規模和債務規模失控，數據造假，行賄受賄……中國改革開放後歷次大的經濟過熱和通貨膨脹都與地方政府的超常投資力密不可分。地方政府之所以有這些非效率、超市場常規的行為，一個重要原因是地方政府不需要像企業那樣任何經濟活動都要受成本約束或預算約束，地方政府領導人不需要承擔投資失敗和經營虧損的風險。中國地方政府雖然有財政預算約束，但是地方政府可以創造預算外收入，可以賣土地增加收入，可以透過城市投資建設公司甚至集資等名目來籌資融資。更為重要的是，地方政府有GDP（和稅收）及其增長率最大化的動機，但是沒有利潤最大化的動機，因此它從事經濟活動無須進行成本—收益比較，無須追求成本最小化或利潤最大化。要消除上述這些亂象，必須透過深化改革，讓地方政府逐步退出經濟發展的主要角色，使地方政府成為與中國社會主義市場經濟體制相適應的角色。正如《中共中央關於全面深化改革若干重大問題的決定》明確指出的：「政府的職責和作用主要是保持宏觀經濟穩定，加強和優化公共服務，保障公平競爭，加強市場監管，維護市場秩序，推動可持續發展，促進共同富裕，彌補市場失靈。」這個界定既適用於中央政府，也適用於地方政府。如果說經濟發展是一種球類運動的話，那麼它的運動員只能是企業，政府既不能當運動員，也不能當裁判員，只能當服務員——為運動員撿球，倒茶水遞毛巾，清掃場地，也就是為企業、為居民提供服務、提供保障。

從改革開放以來的發展經驗和實踐來看，中國經濟發展比較快比較好的地方都是政府扶持服務比較好的地方，而不是地方政府唱主角的地方。例如，浙江的溫州、台州，江蘇的蘇州、無錫、常州，廣東的深圳、佛山、東莞，這些地方主要是在政府的扶持服務下由個人和企業唱主角發展起來的。相反，在許多地方政府充當經濟發展主角的地方，在地方政府強勢的地方，不但經濟發展不快不好，而且經濟和社會問題也較多，在中國中西部可以找到不少這樣的案例。

當然，地方政府淡出經濟發展的主角地位需要一個較長的過程，不可能短期內完成。這裡不僅有一個路徑依賴問題，也有一個地方政府和企業在市場經濟體制建立和完善過程中的角色地位消長變化的問題。但是地方政府由經濟發展的主角轉換到經濟發展的服務員和保障者是中國社會主義市場經濟體制改革和完善的方向。在我看來，地方政府真正淡出經濟發展的主角之日，就是中國社會主義市場經濟體制建成之時。地方政府由經濟發展的運動員轉換成經濟發展的服務員應當是中國社會主義市場經濟體制建成的重要標誌之一。

## 著力點之三，分配改革應當重視財富再分配。

收入和財富分配不合理既是中國內需不足，特別是居民消費需求不足的重要原因，也是造成社會矛盾激化的重要因素，這已經成為學術界和政府的共識，因而分配改革現在成為關注度最高的話題之一。近年來，圍繞收入分配改革，學術界提出了不少的思路和建議，政府也採取了許多積極的措施，有些政策措施已經取得了一定的成效。自二十世紀九〇年代中期中國轉向社會主義市場經濟體制建設以來，我們重視的主要是收入再分配——透過稅收、補貼和轉移支付來調節收入分配，近些年我們才越來越多地重視收入初次分配，而財富再分配則很少被討論。

市場經濟下的分配既包括收入初次分配和再分配，也包括財富再分配。我認為，未來中國分配改革的著力點應當轉向財富再分配，重視財富的再分配。

收入分配調整是從流量上調節分配，財富再分配是從存量上調節分配。分配的公平化和合理化既要從流量調節入手，也要從存量調節入手。在中國經濟社會中，不但存在收入分配不公，也存在財富分配不公；社會財富在向一部份人快速集中，一些人已經積累了相當驚人的財富。根據西南財經大學中國家庭金融調查與研究中心二〇一四年二月二十二日發佈的《二〇一四中國財富管理報告：展望與策略》，二〇一三年家庭資產前百分之十的中國家庭擁有的資產佔中國家庭總資產的百分之六十三・九。根據該報告提供的數據，二〇一三年全國家庭資產的基尼係數為〇・七一七，雖然這個數據比二〇一一年有所下降，但仍然高於中國家庭收入的基尼係數❼，這說明中國的財富分配的不平等程度大大高於收入分配的不平等程度。值得注意的是，該報告發現，在致富原因方面，資產前百分之一的富裕家庭中只有百分之五十六・一的家庭是經由創業致富；資產前百分之五的富裕家庭中只有百分之三十七是經由創業致富，而從全國來看則只有百分之十四・一的家庭是經由創業致富。❽

重視財富的再分配，是要提高社會的公平程度。在財富再分配方面，我們有許多工作可做。一是開闢財富流動和轉移的管道，比如說發展慈善事業，發展助殘、助老、助教事業，創建各種基金會，倡導和鼓勵各種捐贈活動和愛心行動。這些財富流動和轉移的管道或形式我們現在都有了，但是還不夠暢通，人為設定的關卡還比較多，比如審批程序還比較複雜，管理還有些過嚴，有些管理辦法實質上是一種限制，這就阻礙了財富的流動和轉移。有些富人想透過慈善、捐贈、基金會等方式來轉移他們的財富，現在可能還有一定的難度，或者這樣做的成本還很高。二是開徵奢侈消費稅，購買高檔奢侈品和大額奢侈消費應當繳納奢侈消費稅。三是適時開徵遺產稅和贈與稅。大多數國家的經濟發展到一定階段都開徵遺產稅和贈與稅。這兩種稅是調節財富再分配的有效手段。有人擔心開徵遺產稅和贈與稅會打擊個人創業和投資的積極性，會造成財富向國外轉移，從而造成中國經濟「失血」。我認為這種擔心是多餘的。個人創業和投資的直接動機是追求利潤最大化和成就感，而不是財富積累的多少；在許多已開發國家，開徵遺產稅和贈與稅少則幾十年，多則幾百年了（例如荷蘭於一五九八年開徵遺產稅），這些國家個人投資和創業的積極性並沒有被削減。現在中國沒有開徵遺產稅和贈與稅，但是一部份富人早已向其他國家轉移財富，而這些國家大多是徵收遺產稅和贈與稅的。

一些富裕人士可能會說：我積累的財富是我辛辛苦苦打拚得來的，是我流血流汗換來的，憑什麼要對我的財富徵稅？甚至有人會說，這不是要「均貧富」、「劫富濟貧」嗎？這個說法部份是正確的，但不完全是真理。確實，除了來路不正的財富，大多數人的財富都是財富所有者的智慧和汗水的結晶，都是大量的腦力和體力付出的結果。但是，一個人的財富，特別是巨額財富，不完全是靠個人努力打拚和冒險獲得的，與社會提供的機會、運氣和他人的貢獻也是分不開的。無論賈伯斯的天分有多高，他一個人也無法開發生產出蘋果系列產品；馬雲很聰明、很智慧，但是他的創新點子也需要他的團隊幫助才

❼中國國家統計局網站二〇一四年一月二十日發佈的數據顯示，二〇一三年中國居民收入的基尼係數為〇・四七三。

❽參見網易財經頻道，二〇一四・〇二・二二。

能實現，他一個人單打獨鬥也不可能成為世界級富豪。因此，富人在身後把一部份財富轉化成稅收和（或）捐款只是對社會、對他人的一種回饋，這和「均貧富」、「劫富濟貧」是兩回事。

中國人非常重視親情，非常重視傳宗接代，因此具有強烈的向其子孫轉移財富的遺產動機。從情理上看，這種動機不難理解。但是這種動機支配的行為似乎不利於富豪後人成長成才，不利於富豪家庭的可持續發展。一個人從他父輩或祖父輩那裡繼承了大量的財富，他往往會失去繼續努力奮鬥的願望和動力，他也沒有生活壓力和競爭壓力，他往往會成為坐吃山空、不思進取的「寄生蟲」，成為頹廢、玩世不恭的「富二代」。這就是人們常說的中國人「富不過三代」的原因。雖然也有富豪持續了三代四代，但畢竟是極少數，而這極少數富豪家庭往往是透過嚴格的家庭教育、良好的學校教育和子孫能力維繫的。如果一個人沒有從他父輩或祖父輩那裡繼承那麼多財富，他就需要努力，就需要打拚，他就不會成為「垮掉的一代」。事實上，幸福是靠奮鬥換來的，而不是他人贈與的。這樣我們就可以理解為什麼比爾・蓋茲只給他的孩子留下供他們讀完大學的費用，剩下的財富全部用來設立比爾和梅琳達・蓋茲基金會。因此，對富人的財富徵收遺產稅和贈與稅，不但可以防止貧富兩極分化，提高社會的平等程度，而且從長期來看，也有利於富豪家庭的可持續發展。世上沒有五百年帝王家，同樣也不會有五百年富豪家。

最後需要指出的是，當前人們在收入和財富方面感覺到的最大不公是財富佔有不公，而不是收入分配不公。所謂財富佔有不公，是指一些人利用權力、地位、關係甚至不法手段佔有一部份社會財富，有些人佔有的財富規模十分驚人，其財富增長往往連非常成功的企業家也望塵莫及。財富佔有不公與收入分配不公是有本質差別的。收入分配不公主要表現為人們的收入和他的貢獻不對稱，有些人貢獻多而獲得的收入少，有些人貢獻少而獲得的收入多，或者貢獻差不多但獲得的收入相差很多，這種收入分配雖然不公，但它在某種程度上還是和人們的貢獻聯繫在一起的，這些收入還和生產過程、生產成果有關。而財富佔有不公則表現為佔有者對生產成果沒有什麼貢獻，與生產過程也沒有什麼關係，甚至對正常的經濟活動造成了負面影響或破壞（例如行賄、受賄破壞了正常競爭，增加了經濟活動的交易費用，褻瀆了法律，敗壞了社會風氣等），就憑寫個條子，簽個字，打個電話或打個招呼幫他人協調了某件事，他就撈取了一大筆財富，中飽私囊。我們在討論和改革收入分配的同時，應當重視並下硬手段來解決財富佔有不公。

---

**方福前**，於一九九四年在中國人民大學獲得經濟學博士學位。現為中國人民大學經濟學院教授、博士生導師，中共中央馬克思主義理論研究和建設工程《當代西方經濟學主要流派》教材首席專家，中國國家社會科學基金學科規劃評審組專家，享受中國國務院政府特殊津貼的專家。兼任中華外國經濟學說研究會副會長、北京外國經濟學說研究會會長。二〇〇五至二〇一四年任中國人民大學《經濟理論與經濟管理》雜誌主編。榮獲首屆國家級教學名師獎（二〇〇三年），獲教育部及北京市教學和科研成果獎十項。主要研究方向為宏觀經濟理論與政策。

# 處於成長期中段的中國經濟及其六大趨勢

楊杜

## 對中國經濟成長階段的基本判斷

### 學習美國好榜樣！

二〇〇九年，中國貿易出口額超過德國成為世界第一，製造業增加值超越美國成為世界第一；二〇一〇年，中國國內生產總值（GDP）超越日本成為世界第二；二〇一三年中國貨物貿易進出口額超過美國成為世界第一；二〇一四年人民幣成為結算貨幣世界第五。無論你是否懷疑這些數據的真實性，或者如何評價這些數字的含意，中國經濟的地位和實力確確實實地成為世人關注的熱點。

從圖一可以看出，美國依然是世界上極具強勢和活力的國家，除去二〇〇八年發生經濟危機之外，美國經濟自二十世紀八〇年代以來一直保持了長期的穩定健康發展，比英國、法國、德國的經濟增長速

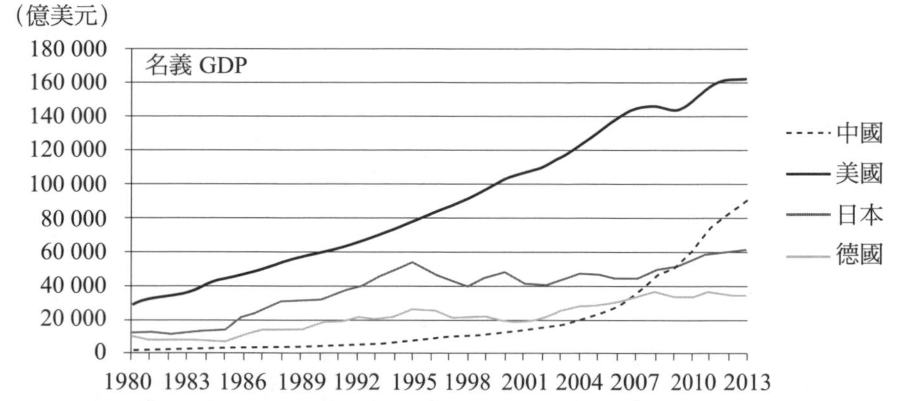


圖一　一九八〇至～二〇一三年美、日、德、中四國名義GDP增長趨勢

資料來源：作者蒐集整理

度要快，比日本的經濟增長趨勢更穩，這不就是我們夢寐以求的發展態勢嗎？中國經濟與美國相比，過去是望塵莫及，現在是望其項背，要想並駕齊驅，依然有很長的路要走，有很多東西要學。

統計數據是由人看的，看統計數據的人的角度和立場不同，結論也往往不一樣。有人強調，中國GDP總量躍居世界第二位，是驚人的發展成就；也有人強調，中國人均GDP只排在世界第八十四位，還差得太遠。經過三十多年的快速發展，中國經濟確實站到了一個新起點上。就拿人均GDP來說，中國從一九七八年人均GDP僅為一百五十五美元的超低起點上，只用了二十三年的時間，到二〇〇一年突破一千美元大關（一千零四十二美元），然後又用了九年時間突破了四千美元大關（四千三百九十四美元），二〇一四年達到六千七百四十七美元。這個速度與過去的「亞洲四小龍」相比也遜色不了多少。實事求是地評價中國這樣一個大國的經濟發展，我們的觀點是：過去的成就很大，未來的道路很長。

魯迅說，世上本來沒有路，走的人多了，便成了路——這是創新和跟隨之路；我們說，世上本來有路，走的人多了，就沒了路——這是擁擠和雷同之路。回顧中國人的近代學習史，我們著實走了一條不尋常的路。二十世紀五〇年代我們學蘇聯，蘇聯解體了！八〇年代我們學東歐，東歐落後了！九〇年代我們學日本，日本經濟泡沫了！最後我們學美國，美國又金融危機了！我們一路學來，磕磕碰碰，自己吃一塹，長一智，別人吃一塹，我們也長一智。已經走在世界經濟發展前列的中國，回頭來看，確實是走出了一條以經濟建設為中心，具有中國特色的和平、和諧發展之路。

縱觀近代大國的崛起，多數是靠霸權和侵略成功的，少有像中國這樣靠自己的勤奮努力而成功的樣本。中國人的優秀品質和改革開放的正確決策，鑄就了今天中國經濟的輝煌。我們認為，現代中國人的優秀品質和相應而來的局限性主要表現為四個方面。第一，善於學習。從小我們就被教育不恥下問，善模仿但不善創新。第二，善於應變。中國人頭腦靈活，服務客戶，善利用規則但不善遵守規則。第三，以人為本。我們提倡和諧社會、中庸之道、以和為貴，但不善於競爭。第四，勤奮刻苦。不知疲倦、沒有休息地勞作，但不善於消費和享受生活。

經濟發展使我們走向了小康社會，但怎麼花錢消費和投資成了問題。世界上很多國家都在借錢生活：日本政府拚命借自己企業和國民的錢，負債超過一千兆日圓，負債率超過百分之兩百五十。歐盟各國之間相互借錢。美國政府借來全世界人民的錢，負債率也超過了百分之百。中國則是借錢給全世界人民，尤其是成為美債的第一大持有者。俗話說，富人借別人的錢，窮人借給別人錢。我們收百分之四的利率買美國國債，美國人拿我們的錢賺取百分之八的利潤率，是因為我們自己找不到利潤率高達百分之八的投資機會。看來，我們還不會花錢，更不善投資，就像某些公司上市前後一樣，上市前靠自己的辛苦努力，經營得很好，上市後籌來的錢不知如何花，投資失誤，成為ST（Special treatment）公司。今後，學會對外投資，由間接投資轉型為直接投資，將產業資本和金融資本協調好，將吸引外資和對外投資平衡好，就是我們需要學習和努力的地方。由學習到創新，由貿易到投資，由中國到全球，由高速到中高速，由擴張到調結構，挑戰實在太多。

## 中國經濟處在成長期的中段

之所以說中國經濟處在成長期的中段，可拿三個數據證明：一是中國經濟總量GDP的成長曲線；二是構成中國經濟脊梁的中國五百強企業營業收入總額的成長曲線；三是中國進入世界五百強企業數量的成長曲線。

「十二五」期間，中國經濟維持略高於百分之七的增長速度，「十三五」及以後稍有下降，果真如此，則可能在未來十五年描繪出形如圖二的曲線，就可以判斷中國經濟總體處於成長中期，即使國際化速度不太快，大企業不大規模走向海外，龐大的中國國內市場（相對於主要西方國家）也能成為支撐中國經濟持續成長的理由。

十年來，大企業的營業收入增長率年平均為百分之二十一，遠高於百分之十的GDP年平均增長率，這表明即使經濟增長率降低，大企業成長率依然可以維持在一個較高位。二〇〇九年增長率大幅下降（只增長百分之六・一），但二〇一〇年又實現了大幅提升（百分之三十一・四四），二〇一一年、二〇一二年、二〇一三年逐年降低到百分之七・七。這表明中國大企業處在動盪的高速成長階段（見圖三）。

圖四是美、日、中五百強企業數量的變化曲線，我們可以很明顯地看到中國企業總體上處於成長

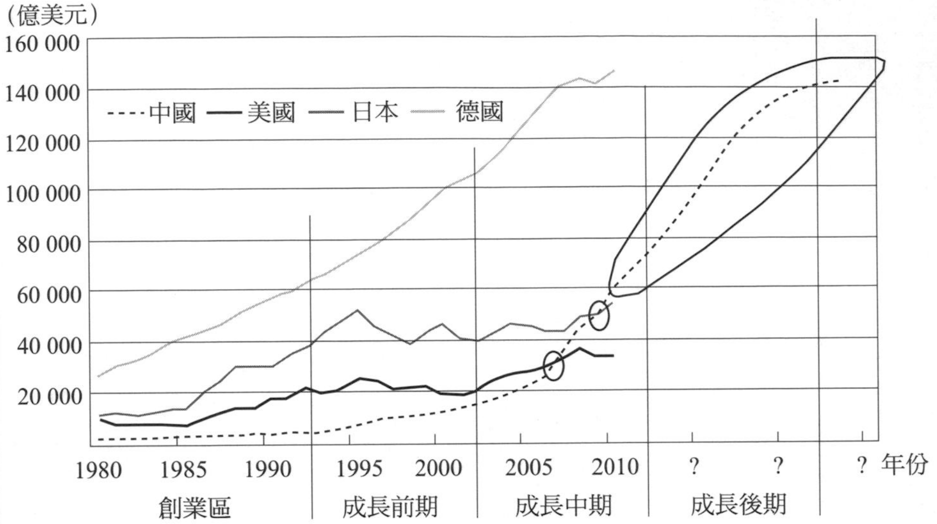


**圖二　中國GDP成長趨勢示意圖**

資料來源：世界銀行網站。二〇一三年後的中國GDP是作者按照中國目前GDP增速進行的預測。

期。美日的大企業總體則處於成熟期或衰退期。

從入圍世界五百強的各主要國家企業的平均規模比較來看，在最新的二〇一四年榜單中，英國企業的平均營業收入為六百一十四億零一百萬美元，法國企業的平均營業收入為六百五十六億九千八百萬美元，德國企業的平均營業收入為七百一十四億四千三百萬美元，美國企業的平均營業收入為六百五十一億三千四百萬美元，中國企業的平均營業收入為五百五十七億兩千六百萬美元，日本企業的平均營業收入為五百六十一億六千八百萬美元，儘管二〇一四年中國大企業的規模有了很大的提高，但規模成長的空間依然很大。

中國企業的基本特徵是個頭小、成長快。世界五百強之外的大企業數據也能給出佐證。博斯公司的一篇報告《二〇一〇年的

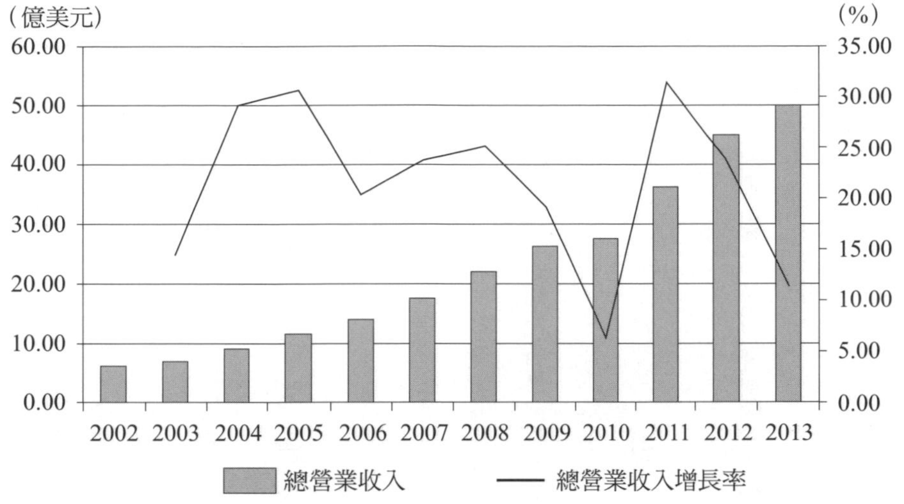


圖三　各年度五百強企業總營業收入

資料來源：《中國企業發展報告》（二〇〇二～二〇〇七），《中國五百強企業發展報告》（二〇〇八～二〇一三），經作者整理。

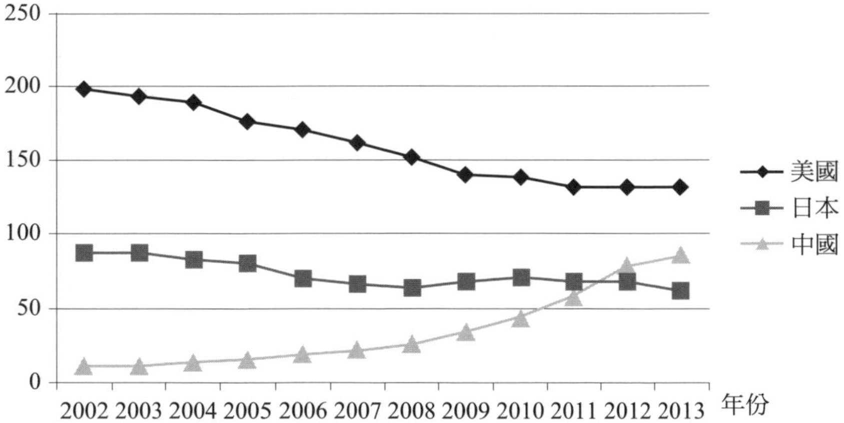


圖四　美、日、中在世界五百強的企業數

資料來源：作者根據世界五百強歷年資料整理

CEO更替：四種類型的CEO》指出：在全球兩千五百家大型上市公司中，中國企業的增長強勁，新上榜的四百一十五家公司中有八十三家中國公司，佔了五分之一。對那些歷來把北美和西歐看做世界商業中心的人來講，約有一半大型上市公司位於北美和西歐之外的事實，顛覆著他們的常識。亞洲經濟體已經成為世界市場的新重心。這會強化大公司在中國的相互競爭，但也預示著未來依然強勁的成長勢頭。我們希望中國經濟有一個穩定的、較長期的成長後期。

## 中國經濟處於「量的成長」到「質的成長」的轉折期

成長分為兩種類型，一類是量的成長，另一類是質的成長。「量的成長」主要靠要素投入，比如資本要素、土地要素、資源要素和勞動力要素等。「量的成長」模式正在受到越來越大的制約，能源短缺、土地短缺、勞工短缺、中小企業的資金短缺也呈普遍現象。

「質的成長」則要靠知識增長、技術創新、結構調整、機制變革和觀念創新。這些對我們是巨大挑戰。所謂「中等收入陷阱」，從本質上說，是已開發國家在貿易規則、技術壟斷、綠色壁壘等方面設置了陷阱，讓後發國家「從陷阱裡跳不出來」所致。中國經濟必須有掀掉陷阱蓋的能力和辦法，才能得到持續發展。

由於在經濟新常態下，有促退因素和促進因素的「對沖」作用，我們對中國經濟是否會迎來「量的成長」的拐點難以做出判斷。

「量的成長」的促退因素包括：一是經濟發展方式的轉變成為主客觀必需。從主觀方面，政府在推動經濟發展方式的轉變，降低對GDP增長率的要求，提出中高速增長的口號。從客觀方面，外需市場萎縮和內部資源要素以及環境保護要求對高增長也有牽制作用。二是在高鐵、核電、礦山等領域的國際化。博斯公司在報告中指出，兩千五百家大型上市公司的四分之一在新興經濟體設立了總部，這意味著它們已經將商業活動進行了戰略性的區域轉移。商業重心轉移一定會繼續加劇世界級企業與中國企業的競爭，中國大企業所提出的產品升級、技術升級和國際化等戰略能否順利實施，都是未知數。三是新一代企業家和職業經理人具有較好的創新精神、良好的技術和教育背景，在網路等領域嶄露頭角，中國年輕人的創業激情不減，但他們是否具有像第一代、第二代那樣超強的企業家精神、持續的艱苦奮鬥精神，還要拭目以待。

「量的成長」的促進因素包括：一是政府為了增加就業和稅收，大企業為了持續的好業績和企業形象而人為地加大投入保持增長。各地政府（作為國企投資人）、各個企業為了政績、業績排名以及因此而來的利益和陞遷而促進量的成長。二是由於企業自身的經營努力，開發新產品，降低成本，提高市場佔有率等，在經濟和市場上升期保持高成長，在下降期依然持續較快成長。三是大公司實施併購重組和多元化戰略，保持整合式成長和多元化新領域成長。

在以上我們能夠想到的幾大因素的複雜相互作用下，我們很難判斷中國大企業「量的成長」是否迎來拐點。但是，從政府「十三五」目標、企業未來戰略規劃的數據再加上直覺判斷看，中國經濟和多數中國大企業的主要動向是在挑戰「量的成長」向「質的成長」轉型。

中國企業創造了持續高速成長的奇蹟，但這個奇蹟也給我們造成了困擾。一是經濟發展太快，環境就承受不了，污染事故就層出不窮，比如礦業、石油、冶金業等；二是生產擴張太快，管理就承受不了，品質安全就出問題，比如食品、藥品安全問題、礦難頻發等；三是企業競爭過度，財務就承受不了，惡性競爭就難以避免，比如資訊科技企業打架、國外市場傾銷等。

今後我們要逐步學會在中高速增長條件下的經濟調控和管理，由外部紅利支撐轉為內部紅利支撐，掌握經濟增長率在百分之七以下，企業營業收入增長率在百分之十以下，甚至更低的新常態下的生存之道。轉型成功或戰略正確的行業或企業會有很大收穫，反之則會消亡。

## 未來經濟發展的六大趨勢

回顧歷史是為了展望未來。過去某些規律性的東西，有些可以延續，有些會發生改變。根據過去的數據分析和某些變化的慣性，我們認為以大企業為代表的中國經濟有六大趨勢，即公司規模兩極化、生產集中度強化、經濟經營全球化、技術高新價值化、經濟虛擬化和責任多重化。

### 公司規模兩極化趨勢

由於中國市場的大規模，市場空間的大縱深，即使外需市場沒有大的恢復和提升，更換了三駕馬車的頭馬——「消費馬」成為頭馬——中國經濟規模還會繼續擴張。但是，並不是所有產業、所有公司都能平均地獲得增長。那些還沒有充分發育的產業，那些兼併收購戰略更為成功的公司繼續做大做強的機會更大。

從歷史數據我們看到，中國經濟最顯著的特徵，不是大也不是強，而是長。從公司層面看也是如此：與同行業世界級企業巨頭相比，我們的大公司不但在規模上差距巨大，而且在實力上也無法匹敵，中國經濟和公司其實是走在由小變大、由弱變強的成長路上。我們享受的不是規模效益，不是強勢效益，而是成長效益。

在全球化戰略引導下，大公司繼續做大做強，在政府創業鼓勵下，小公司如雨後春筍般湧現。和已開發國家一樣，公司規模兩極化將成為趨勢。比較一下美、日的產業內結構發展態勢，美國在每個行業都有幾個巨頭企業，其他都是一些小規模的輔助企業。日本基本也是如此，它們的企業結構基本是兩頭大、中間小的啞鈴型。這是成熟市場經濟下的企業結構，也是從經濟上來講最有效率的企業結構。

## 生產集中度強化趨勢

不管你是否贊成，市場競爭的必然趨勢依然是走向寡佔，這是資源和管理效率化的基本規律。我們可以行政性地延緩寡佔的形成過程，可以在一定時期拆分掉它，但是自然型寡佔、政策型寡佔、戰略型寡佔等還會不斷強化。從經濟學理論講，這就是馬克思所講的「由資本積聚到資本集中」的經濟發展規律。從管理學理論講，這就是我們所講的「由內部成長到外部成長」的企業成長規律。在中國目前的經濟條件下，生產集中度一定還會，也必須在某些行業領域持續強化。

生產集中化趨勢會強化企業的市場地位，這大概會引起人們更強烈的反壟斷意願。我們理解這種想法，因為有的大企業確實靠壟斷經營，損害了消費者的利益，阻礙了市場應有的競爭。但是，我們也要理解企業成長的基本規律，那就是，多數行業都會由成百上千家公司的無序競爭，走向寡佔甚至壟斷結構的有序競爭。美國通用電氣公司的「數一數二」原則，其實就是追求寡佔地位的戰略。寡佔結構有利於企業地位的穩固，有利於理性良性的競爭，有利於經濟效率的提高。

經濟學理論認為，自由競爭引起生產集中，生產集中發展到一定程度必然走向壟斷，這是自由競爭的資本主義發展到壟斷資本主義階段的一般的、基本的規律，也可以說是市場經濟成長與成熟的基本規律。既然是規律，那就不是以我們喜歡不喜歡、追求不追求的主觀意志為轉移的。

一邊是生產集中化，一邊又要反壟斷。利用壟斷地位，損害消費者和公眾利益的行為，這肯定是要反對的，藉由壟斷地位實施壟斷行為，把別人排擠掉，自己卻故步自封，不再創新和提高效率，不再努力降低成本，只滿足於維持既得利益，也是要反對的。企業之間透過競爭促進產品、技術和服務的革新、創新和提升，是市場經濟的基本原則，是應該鼓勵的。我們要反對壟斷行為而不反對壟斷地位；要反對損害消費者利益的壟斷，而不反對能夠充分利用社會資源的壟斷（比如強制集中供暖和使用太陽能）；要反對阻礙創新和技術進步的壟斷，而不反對積極主動創新和追求技術進步的壟斷（比如申請專利就是一種技術壟斷）。

將視野再放寬一點看，中國企業在國際市場上現在遇到的主要問題、主要官司是反傾銷，而不是反壟斷。哪一天中國企業在國際市場上遇到的反壟斷官司多了，反而能證明中國企業的進步。世界企業五百強中，哪一個不是世界級的壟斷企業？因此，我們在看待壟斷這個問題上，要有國際眼光，不能狹隘。

順應產業集中化的大趨勢，我們的建議是，不需要為了所謂的反壟斷去人為地製造所謂的「國內競爭」。我們實行的是社會主義市場經濟，不是自由主義市場經濟；我們應遵循的是「客觀」的市場生存規律，不是「先進」的理論概念定義。如果我們退回到某些教條主義者所謂的自由競爭，那等待我們的將是中國經濟全球化的失敗。

## 經濟經營全球化趨勢

雖然我們已經成為世界第一大貿易出口大國、世界第一貨物貿易進出口大國，二〇一四年人民幣位列結算貨幣世界第五位，雖然中國的海外投資超過千億元人民幣，但中國經濟的全球化只能說才剛剛起步。

中國企業五百強發展報告統計了企業的經營國際化率，但報告的數字有所欠缺。二〇〇七年上報的一百七十四家企業中，海外營業收入在全部營業收入中佔比高於百分之三十的有三十九家。二〇〇八年上報的兩百家企業中，海外營業收入高於百分之三十的有二十六家，企業數低於上年，但海外營業收入額有較大增長。二〇〇九年上報的兩百四十八家企業中，海外營業收入佔比高於百分之三十的也只有二十六家，企業數與上年持平，但海外營業收入額有較大下降，這可能是受金融危機的影響。二〇一〇年上報的兩百七十一家企業中，海外營業收入佔比高於百分之三十的有二十五家，二〇一一至二〇一四年一直是二十五家。除海外營業收入低之外，國際化層次也較差。中國企業的海外經營，除少數企業外，多數是以貿易和中間產品為主的企業。因此，只能說是市場國際化，還無法稱作經營國際化。由此看來，中國企業全球化經營的道路還很長。

經營全球化有三大階段：賣產品的國際貿易階段、國外投資的國際經營階段、世界佈局的全球化戰略階段。當前中國還處於第一階段，正在向第二階段過渡。只有極個別的企業比如深圳華為公司、萬向集團公司等在艱難但成功地推行著全球化戰略佈局。這就需要我們首先改變立足中國的思維模式，樹立全球觀念和全球視野。投資海外，經營全球，要靠戰略規劃，不能僅靠正義道德；要靠借船出海，不能僅靠單打獨鬥；要靠政府鼎力後援，不能僅靠企業單槍匹馬。

不斷的管理變革是國際化成功的基礎。適應中國國內市場的管理系統不一定也適應國際市場，管理不變革，走出去也會被別人打回來。在中國你可以是狼，到海外可能需要變為獅子和大象，全球化需要具有現代大公司的組織架構，需要全球化的員工隊伍，需要全球化的經營管理理念和決策機制，需要政府來自外交、金融、法律等各方面的支持和保護——推進絲綢之路經濟帶和二十一世紀海上絲綢之路合作建設，加快互聯互通、大通關和國際物流大通道建設。正像李克強總理在部署二〇一五年經濟工作時指出的：鼓勵企業參與境外基礎設施建設和產能合作，推動鐵路、電力、通信、工程機械以及汽車、飛機、電子等中國裝備走向世界，促進冶金、建材等產業對外投資。實行以備案制為主的對外投資管理方式。擴大出口信用保險規模，對大型成套設備出口融資應保盡保。拓寬外匯儲備運用管道，健全金融、資訊、法律、領事保護服務。注重風險防範，提高海外權益保障能力。讓中國企業走得出、走得穩，在國際競爭中強筋健骨、發展壯大。

## 技術高新價值化趨勢

從「量的成長」到「質的成長」，核心是知識創新和研發的投入。

技術高新化是趨勢，但進步情況並不樂觀。二〇〇七至二〇一三年，中國最有能力投入研發的五百強企業的研發費用佔營業收入的比率分別為百分之一・三二、百分之一・三四、百分之一・四二、百分之一・四一、百分之一・三三、百分之一・四四、百分之一・二七，與國外企業相比要低得多。

我們認為這有兩個主要原因：一是資金能力不足，處於產業價值鏈低端的公司，本來毛利就很低，不可能拿出很多錢投入技術研發，這是很多中國企業遇到的難題——口頭上提倡技術升級也無能為力，必須有宏觀層面的資金支持——落實和完善企業研發費用加計扣除、高新技術企業扶持等普惠性政策，鼓勵企業增加創新投入。支持企業更多參與重大科技項目實施、科研平台建設，推進企業主導的產學研協同創新等等。二是公司戰略和價值觀不同，有很好的毛利，但不願或不想投入研發，他們以近期的利潤獲取和機會式擴張為戰略和價值觀導向，不關注遠期的權利和持續的成長，因此選擇不同的花錢方式。

除了以上的能力和戰略問題，我們需要在企業內部形成促進「有組織」的技術創新機制。創新關鍵在人，人才需要激勵。加快科技成果使用處置和收益管理改革，擴大股權和分紅激勵政策實施範圍，完善科技成果轉化、職務發明法律制度，使創新人才分享成果收益成為推動創新的必要改革措施，其實就是對企業技術創新的合理有效的價值評估、價值分配，以達到促進技術創新的目的。如果我們假定企業內可分配的價值有貨幣、股權、職權和資產四種，那麼，就可以將技術知識與這四種價值的交換叫做「技術知識的價值化管理」。

技術知識價值化是與技術知識價值的實現形式密切相關的課題，技術知識價值實現形式的多樣化和有效化，是激勵員工特別是知識型員工創造技術知識、貢獻技術知識和共享技術知識的必要條件。我們在此把這些實現形式稱為技術知識的「四化」，即技術知識商品化、技術知識職權化、技術知識資本化和技術知識資產化。這「四化」的管理和運作是促進技術高新化的重要前提之一。

從技術戰略的高度講，我的觀點是：技術標準比技術更重要；知識產權比知識更重要；技術價值化比高新化更重要。因此，技術高新化不如說是技術壟斷化、技術權利化。技術變為價值，才是技術高新化的本質目的。在流行強調技術「高新化」而非技術「價值化」這一點上，中國企業存在誤區。

## 經濟虛擬化趨勢

社會的經濟結構一般分為三個層面：第一個層面是實體層面，第二個層面是虛擬層面，第三個層面是信心層面。

信心層面是指人們的心理能量狀態。景氣調查中的「經理人信心指數」、「消費者信心指數」等就處於這一層面。信心對於實體經濟和虛擬經濟有著重要的影響，美國把研發投入數據計入GDP，可以增加其增長率，英國把毒品和色情行業數據也計入GDP，大概也是為了提升信心，在此我們不做贅述。

物理學上有物質不滅定律，但作為資源的物質是會消耗殆盡的。大量消耗物質資源的經濟發展模式，在經濟發展初期問題不大，在中國經濟已經具有相當規模的今天，就是不可持續的。過去的中國經濟和企業依靠大規模投入資源取得了快速成長，我們並沒有走錯路。但過去的成功恰恰造就了今天的問題，那就是這個發展模式「太重」，需要向「輕模式」轉型。由過去的「重、厚、粗、大」，轉向「輕、薄、細、小」。「輕模式」不僅是指產品輕或設備輕，更是指經濟和企業的營運模式——資產輕。

中國經濟結構層面的未來設計，原則上應該是三個層面的統籌兼顧、全面協調。但實際運作起來，就不僅僅是宏觀經濟的問題，宏觀經濟問題甚至連核心也不是，我們認為主要是微觀組織層面特別是大企業的經營戰略層面的問題。多元化的、有市場調控力的大企業如何在微觀組織中構建實體、虛擬和信心三個層面，可以說是決定性的要因。具體來說，一個企業的產品經營、資本營運和企業家精神的有效擴張和控制的節奏，可能是企業持續成功的關鍵，這個微觀成功會構成整個經濟中三個層面的有效比例。比如寧波雅戈爾集團，在做品牌服裝的同時，又經營房地產和投資金融，曾被某媒體稱為「不務正業」的服裝公司。但是，其房地產和金融兩個領域卻經營得相當不錯，在房地產和資本營運領域三年積累的淨資產，比三十年搞產品經營積累的淨資產還多，虛擬經濟運作業績斐然。但雅戈爾集團的領導層一直將最大精力放在品牌服裝，一直保持實體經營與虛擬經營的合理比例。他們在企業的成長中不斷有效疊加層面，因為他們清楚地知道，沒有實體產品層面，虛擬資本層面的營運便是無源之水、無本之木。企業系統的構建就是三個層面結構的合理調整問題。

企業轉向輕模式的大背景是經濟層面的「虛擬化」，金融危機重創美國的根本原因是上述三個層面的經濟結構失衡，也就是虛擬經濟過於龐大，造成頭重腳輕。過多的槓桿化金融衍生產品把整個經濟結構做得過輕，會使人們的信心過於膨脹，將虛幻誤解為現實，將帳面數字看成真金白銀。今天的美國在一定意義上還真成了「紙老虎」，靠量化寬鬆貨幣政策，靠大量發行美元過日子。汲取美國的教訓，就是不能丟棄過去中國在全球製造業鏈條中已經打好的基礎，在鞏固這個基礎的前提下，穩步且有節奏地發展中國的虛擬經濟。正如李克強總理所說，製造業是我們的優勢產業。要實施「中國製造二〇二五」，堅持創新驅動、智能轉型、強化基礎、綠色發展，加快從製造業大國轉向製造業強國。制定「互聯網+」行動計劃，推動行動網路、雲計算、大數據、物聯網等與現代製造業結合。著名的「微笑曲線」告訴我們，要逐漸將重心由製造業轉向品牌和研發，才能獲得更好的收益。但「微笑」可以，「大笑」不行！我們需要漸進，不能盲動。美國經濟最大的問題是透支未來，中國經濟最大的問題是透支資源。下一階段，中國大企業如何由實體經濟比例過重，轉向輕重比例適度，由過剩的製造業為主，調整為製造業與服務業比例適度，有很多問題要解決。我們的「四原則」應該是：第一，面向未來，但不能透支未來；第二，以實體經濟為主，以虛擬經濟為輔；第三，以服務業為主，以製造業為輔；第四，由關注發展速度轉向關注成長節奏。

## 責任多重化趨勢

發展是硬道理，硬發展不是道理！隨著經濟的發展，生活水準的提高，人們對生活要求越來越高，政府和企業背負的社會責任也越來越重。改革開放初期，中國發展經濟的基本觀念是「不管黑貓白貓，能抓住老鼠就是好貓」。現在，貓不僅要抓老鼠，人們對貓的顏色也開始有所評價，這當然不是回到過去，而是要求更高。貓捉老鼠多，但不能偷吃廚房裡的魚；貓捉老鼠勇，但不能撞碎桌子上名貴的花瓶。

於是，GDP變成了綠色GDP，以經濟建設為中心，就變成了以經濟建設為中心，政治建設、文化建設、社會建設與生態文明建設一齊抓的五位一體。做為政府、做為企業可能要在新形勢下，在承擔起經濟責任的同時，還要承擔起政治、文化、社會以及生態文明的多重責任。具體講就是能夠智慧地平衡各個相關方面的利益。比如做為一個企業，需要對顧客做一個好產品，對員工做一個好雇主，對股東做一個好經理，對業界做一個好夥伴，對政府做一個好納稅人，對社會做一個好公民，對自己有一個好交代。這種責任的多重化，似乎成為一個不可逆轉的趨勢。

但是，縱觀目前中國人的形象、中國政府的形象、中國大公司的形象，好像這些責任處理得並不太好。做遊客在國際上被人諷刺「錢多人傻」，做政府被人宣傳為不民主，做公司尤其是國有企業被人說得「裡外不是人」！在責任多重化的大趨勢下，我們面臨著巨大挑戰！

當今的中國，作為世界第一人口大國、第二經濟大國、第三政治大國、第四軍事大國，在走向未來的新時期，肩負著新的使命。過去我們創造物質財富，今天我們創造規則制度，明天我們將創造新的商業文明。一直到幾百年前的中國，曾經是世界上最強大的經濟體之一。現代中國文化由三類核心價值觀構成：一是以儒家理念為核心的傳統文化，比如誠信、勤奮、節儉、和諧等；二是以現代道德為核心的政治文化，比如奉獻、忠誠、服從、愛國等；三是以外來精神為核心的市場文化，比如效率、競爭、創新、自由等。這三類核心價值觀分別在中國存在了幾千年、近百年和幾十年，共同構成了現代中國的文化體系，隨著中國經濟的持續發展和全球化，由現代中國人創造的新商業文明將會成為中國的軟實力，中國將成為世界上最負責任的大國、強國之一。

---

**楊杜**，於一九九四年在中國人民大學獲得經濟學博士學位，日本神戶大學經營學博士。中國人民大學商學院教授，博士生導師。曾先後任深圳華為技術有限公司高級管理顧問、河南蓮花味精股份有限公司獨立董事、中國企業管理科學基金會委員等。主要社會兼職有中國企業聯合會常務理事、中國企業家協會常務理事、北京知本創業管理諮詢有限公司總顧問等。主要研究領域有企業成長理論、知識管理、企業文化和企業倫理。曾獲得教育部人文社科優秀成果獎、中國高校人文社會科學研究優秀成果獎、中國人民大學十大教學標兵等榮譽。

# 科學主義與人文轉向：論中國經濟學的當代建構

高德步

## 西方經濟學的理性傳統及其科學主義進程

### 西方理性傳統和人文傳統的興替

西方文化起源於古希臘。恩格斯指出：「在希臘哲學的多種多樣的形式中，差不多可以找到以後各種觀點的胚胎、萌芽。」[1]古希臘早期的哲學為自然哲學，對自然的探索是哲學家的主要任務。這構成了西方科學傳統的源頭。另外，智者派的普羅塔戈拉（Protagoras）提出，「人是萬物的尺度」，要求以人為中心，用人的眼光看待一切。而蘇格拉底進一步將哲學定位為研究人自身，研究人的心靈和自我，他的唯一問題就是：人是什麼？蘇格拉底認為，人類必須為自己的知識建立穩固的基礎，這個基礎就是人的理性。沒有經過理性審視的生活是不值得過的，理性與生活是內在統一和本源性一致的。因此，他的哲學是「嚴格的人類學哲學」❷，是最早的「人本主義」❸。

羅馬早期文化比較落後，但他們崇尚希臘文化，不僅繼承了希臘的科學傳統，也繼承了希臘的人文傳統，創造出較希臘文化更具實踐意義和現實主義的文化。就科學方面，羅馬更重視技術應用，而對純粹的科學理論貢獻較少。在人文方面，如果說希臘的人文思想重點在「人」，而羅馬的人文思想則側重於「文」。西塞羅指出：「人文主義者不斷反覆要求的就是，哲學要成為人生的學校，致力於解決人類的共同問題。」❹西塞羅提倡人文教養，主張將智慧與雄辯結合起來。他認為教育擔負的使命是養成雄辯家，而不是只懂得理論的哲學家。因而，教育要培養「全面的人」，即具有廣博的知識學問、獨特的修辭修養、文雅的風度舉止，所以他主張創立包括修辭、文法、歷史、文學等在內的「人文學科」。

在中世紀，基督教統治著人們的思想和意識，上帝成了最高的理性代表，科學與人文被全部淹沒在宗教神學之中。文藝復興運動重新開啟了「人的發現」的歷史，人們將目光從天國轉回到人間，希望從「神性」中恢復人性，將人的主體地位、作用和價值，以及豐富的個性發掘出來，並重建人的尊嚴。同時，文藝復興也重新開啟了「自然的發現」的歷史，人們為了自身的幸福，勇於探索自然的奧祕，發現上帝以外的東西。在科學領域，哥白尼提出太陽中心說，對長期以來被用作神學論證的地心說發起挑

---

❶《馬克思恩格斯全集》，中文一版，第二十卷，三八六頁，北京：人民出版社，一九七一。
❷卡西爾：《人論》，六—七頁，上海：上海譯文出版社，一八九五。
❸羅斑：《希臘思想和科學精神的起源》，一六三頁，北京：商務印書館，一九六五。
❹阿倫・布洛克：《西方人文主義傳統》，一四頁，北京：三聯書店，一九九七。

戰，構成人類理性對科學精神的呼喚。在哥白尼之後，伽利略進一步把觀察、實驗、假設、歸納、演繹等綜合為系統的實驗科學方法，開啟了實驗科學的先河。到了啟蒙時代，啟蒙思想家高揚理性的大旗，把理性推崇為一切思想和行動的基礎。他們「求助於理性，把理性當做一切現存事物的唯一裁判者。他們認為，應當建立理性的國家、理性的社會，應當無情地剷除一切同永恆理性相矛盾的東西。」❺在這裡，「宗教、自然觀、社會、國家制度，一切都受到了最無情的批判；一切都必須在理性的法庭面前為自己的存在作辯護或者放棄存在的權利。思維者的知性成了衡量一切的唯一尺度。」❻「『理性』成了十八世紀的匯聚點和中心，它表達了該世紀所追求並為之奮鬥的一切，表達了該世紀所取得的一切成就。」❼至此，西方文化的理性傳統轉變為理性主義。

十八世紀既是理性主義確立的時代，也是經濟學初創的時代。在這個特殊的歷史背景下產生的經濟學，自然而然地以理性作為自己的邏輯起點，從而決定了經濟學的科學主義方向。

## 西方經濟學的科學主義進程

理性主義對經濟學的直接影響是**經濟學的人性假設**。在文藝復興時代，人既是理性人也有情感的人，是全面真實的人。但是，人的感性或感情是多元的和易變的，而理性則是一致和穩定的。啟蒙主義者將感性從人性中剝離，使人性中只剩下理性，人成了片面的理性人。經濟學為了研究的方便，也排除人的複雜多變的感性因素，從理性人假設出發進行研究。儘管亞當・斯密並不否定人的情感因素，但是在研究過程中卻不得不把兩方面分開，在《國民財富的性質和原因的研究》（簡稱《國富論》）中的人性假設是理性人，而在《道德情操論》中的人性假設是感性人。抽象的理性人假設，既是主流經濟學的邏輯起點，也是主流經濟學全部矛盾的根源。亞當・斯密的後繼者們繼承了《國富論》的研究傳統，在理性人假設的基礎上確立了經濟學的理性傳統，並沿著這條道路發展下去，一步步走向科學主義的極端。

為了將人的理性描述成永恆不變的，並進一步證明資本主義制度的合理性，古典經濟學以邏輯方法取代了歷史方法。在亞當・斯密的經濟學中，歷史的歸納描述法和邏輯的抽象演繹法並存。李嘉圖（David Ricardo）則進一步將邏輯的抽象演繹法作為經濟學的根本方法。這種方法，不僅抽象掉了資本主義生產關係內在聯繫的外部或偶然的因素，而且也抽象掉了資本主義生產關係內在聯繫的本質的具體內容，從而將抽象性和歷史性對立起來。在古典經濟學衰落後的一段時期，德國歷史學派一度興起，並在一定程度上恢復了歷史方法。但到了十九世紀後半期，新古典主義的代表人物門格爾（Carl Menger），發表一系列著作和論文，一方面「為理論分析的權利辯護」，另一方面極力清除歷史學派的影響。[8]龐巴維克（Eugen Bohm-Bawerk）也批評歷史學派，認為歷史方法只是利用「繁瑣材料」來「詭辯」，而經濟學的方法應該是抽象方法。儘管這種方法「形式是抽象的，但實質是經驗的」，因而「較歷史學派對同一個問題的研究方法更富有經驗性」[9]。到十九世紀末，隨著新古典學派的興起和歷史學派的衰落，歷史方法也被廢棄不用了。

實證主義是經濟學走向科學主義的關鍵。休謨（David Hume）最早區分了「是」與「應當」的區別。

---

[5]《馬克思恩格斯選集》，三版，第三卷，六四三頁，北京：人民出版社，二〇一二。

[6]《馬克思恩格斯文集》，一版，第三卷，五二三頁，北京：人民出版社，二〇〇九。

[7] E・卡西勒：《啟蒙哲學》，三頁，濟南：山東人民出版社，一九九六。

[8] 參見熊彼特：《經濟分析史》，第三卷，九十五頁，北京：商務印書館，一九九四。

[9] 龐巴維克：《資本實證論》，三八頁，北京：商務印書館，一九六四。

他認為，不能從「是」的命題求出「應當」的結論。這是實證主義和規範主義的最初分裂。這種分裂不僅直接影響了亞當・斯密的研究，更成為促使經濟學擺脫價值判斷成為實證經濟學的樞紐。十九世紀，作為科學哲學的實證主義流行，經濟學也朝著實證主義方向發展。薩伊（Say Jean Baptiste）認為：「這個方法的優點在於，只承認經過仔細觀察的事實，以及根據這些事實所作的精確推論」⑩。西尼爾（Nassau William Senior）更是明確地提出，經濟學「是論述自然、生產和財富分配的科學」，而不是有關福利問題的討論；相反，只要倫理學成為經濟學理論的構成部份，科學進步就永遠不可能使經濟學家達成一致。所以，如果經濟學要成為一門科學，首要任務便是消除掉一切蘊涵其中的不科學的倫理學命題。⑪可見，經濟學透過實證主義實現了「價值祛除」，逐漸擺脫倫理學成為「純科學」。

經濟學的科學主義還受到自然科學特別是經典物理學的影響。早在十九世紀初，薩伊就提出政治經濟學和物理學、天文學一樣同屬於實驗科學。數十年後，傑文斯（William Stanley Jevons）進一步強調了這一觀點，並明確指出，經濟理論的表現形式類似於物理學中的靜態機制，而交易法則類似於力學原理中的均衡法則。此後，瓦爾拉斯（Léon Walras）提出一般均衡理論，埃奇沃斯（Francis Ysidro Edgeworth）提出無差異曲線（indifference curve，無異曲線），帕累托用無差異曲線代替需求曲線來比較消費者的偏好，而希克斯等則把無差異曲線和預算線相結合，將偏好變為一個可以最大化的指數，從而徹底避免了價值判斷。可見，經濟學以自然科學為榜樣，試圖成為與物理學等自然科學一樣的「實驗科學」。到這裡，經濟學甚至與其他社會科學都不同了。

隨著實證經濟學的發展，數學作為「自然科學的皇后」也自然而然地成了經濟學的「皇后」。從屠能開始，古諾（Antoine Augustin Cournot）、傑文斯、瓦爾拉斯、帕累托等人越來越多地在經濟學分析中採用數學方法，從而開創了經濟學的數學時代。邊際效用革命以後，經濟學的數學化得到進一步推進，一些受過正規數學訓練甚至是卓有成就的數學家進入經濟學領域，數學成為經濟理論推導和演繹的最重要工具。二十世紀五六〇年代，各國普遍實行對國民經濟的計劃調節，採用了較為精確的模型設計和統籌規劃，推進了線性規劃和投入產出分析等，經濟學的數學工具更是取得了實用價值。丁伯根（Jan Tinbergen）、庫茲涅茨、里昂惕夫（Wassily Wassilyevich Leontief）、希克斯（John Richard Hicks）、弗里德曼以及薩繆爾森（Paul Anthony Samuelson）等人都對經濟學的數學化做出了重要貢獻。至此，經濟學甚至越來越成為「工程學」了。

經過這一系列演變過程，經濟學逐漸走上科學主義道路。這就使經濟學發生了兩個根本變化。一方面，由於經濟學從最基本的不變人性出發，採用實證的邏輯分析方法，從而摒棄了價值規範，使經濟學成為單純研究資源配置的「純粹經濟學」。如果說經濟學從理性人假設出發的研究，仍然是研究人的學說，那麼，到了實證主義時代，經濟學則藉由邏輯方法的轉變，沿著實證主義設定的路線發展，從研究人的學說演變為研究物的學說。也就是說，經濟學的人文性質被徹底摒除並演變為徹底的科學主義，經濟學從「人本主義經濟學」轉變為「物本主義經濟學」。另一方面，既然經濟學是研究物的學說，那麼，經濟學就消除了不同人群和不同時代的差別，從而獲得了普世價值。所以，英美的經濟學家將自己的理論作為普世真理，當成了新的宗教信仰並向世界推銷。而在這一過程中，原始的商品拜物教經過貨幣拜物教轉變為資本拜物教，到了現代社會則進一步演變為「GDP拜物教」。

---

❿薩伊：《政治經濟學概論》，一〇〇頁，北京：商務印書館，一九六三。

⓫參見E・K・亨特：《經濟思想史——一種批判性的視角》，一一六頁，上海：上海財經大學出版社，二〇〇七。

## 西方經濟學的人文反思

然而，伴隨著西方主流經濟學的科學主義進程，經濟學的人文反思一直沒有停止過。這種反思首先是浪漫主義者，然後是歷史學派和新老制度學派等。浪漫主義首先打起反對理性專制的旗號，對理性主義進行了批判。但浪漫主義者並沒有提出成系統的經濟理論。所以，對經濟學科學主義真正構成挑戰的是德國歷史學派和美國制度學派。

德國歷史學派反對抽象的邏輯演繹方法，強調對特殊國度經濟狀況的歷史研究方法。施穆勒認為，政治經濟學的一個嶄新時代是從歷史和統計材料的研究中出現的，而絕不是從已經經過一百次蒸餾的舊教條中再行蒸餾而產生的。他反對古典經濟學將利己心作為分析社會經濟生活的唯一基礎，認為倫理道德才是普遍存在的因素，生產、分配、分工和交換等經濟問題不僅是技術範疇，而且也是道德範疇。美國制度經濟學繼承歷史學派的分析傳統，強調經濟的制度方面。一八九八年，凡勃倫發表《經濟學為什麼還不是一門發達的科學》，對經濟學的科學性提出質疑。第二次世界大戰後，美國新制度經濟學的代表人物諾思從產權制度、國家制度和意識形態三個方面考察美國經濟的歷史，提出制度變遷理論。

與此同時，主流經濟學內部也出現對科學主義的反思。海耶克⓬、繆爾達爾⓭和里昂惕夫⓮都對經濟學的「唯科學主義」和「數學形式主義」傾向提出尖銳批評。到二十世紀晚期，主流經濟學的科學主義成了不可克服的頑疾。一些有遠見的經濟學家提出對經濟學的人文見解，倫理問題被重新提到主流的講壇上來。被稱為「經濟學家的良心」的印裔經濟學家阿馬蒂亞・森（Amartya Kumar Sen）明確地指出：「經濟學關注的應該是真實的人。」⓯他認為，由於倫理考慮影響了人類經濟行為中對於目標的元排序，因此，將更多的人文思考引入經濟學，對於增強主流經濟學的解釋和預測能力大有裨益，並能祛除主流經濟學在哲學上的貧困。森的理論觀點對於主流經濟學的人文反思具有非常重要的影響。

## 中國經濟學的科學主義及其矛盾根源

### 中國文化傳統的人文特徵和先天缺陷

中國的文化傳統與西方不同。在西方，科學源於神話，但長期糾結於人神關係，導致世俗社會與宗教的衝突。但在中國遠古歷史上，沒有發達的神話系統，也沒有發達的宗教意識，因而較早實現了從「神本主義」向「人本主義」的轉變，並確立了人的主體地位。《尚書・泰誓上》所說的「惟人萬物之靈」，就是中國早期人本主義的經典表述。到商末周初，中國的人本主義基本確立，其標誌性事件是武王伐紂和隨後的「大封建」。一方面，「湯武革命，順乎天而應乎人」（《易・革・彖辭》），確立了人的價值。另一方面，周初以人為核心，建立「親親尊尊」的宗法禮制，成為中國社會的倫理制度基礎。周初政治家還提出敬天保民，以德治國，倡導人文，推行教化，即所謂「關乎人文以化成天下」。這就基

⑫參見哈耶克：《科學的反革命》，南京：譯林出版社，二〇〇三。
⑬參見岡納・米爾達爾：《反潮流：經濟學批判論文集》，北京：商務印書館，一九九二。
⑭參見史蒂文・普雷斯曼：《思想者的足跡——五十位重要的西方經濟學家》，南京：江蘇人民出版社，二〇〇〇。
⑮阿馬蒂亞・森：《倫理學與經濟學》，七頁，北京：商務印書館，二〇〇六。

本奠定了中國數千年的人文主義傳統，即以人為本，人文化成。春秋戰國時期，周文疲敝，禮崩樂壞，道術為天下裂。在諸子百家中，孔子繼承人文傳統，建立了以「仁」為中心的儒家價值體系，實現了從「人本」到「仁本」的提升，創造了一套以「仁」為核心的人文主義價值體系。

但是，中國的人文傳統在歷史過程中存在兩種趨勢。一方面，儒家思想逐步完善為完整的倫理道德體系，「親親尊尊」之禮進一步演變為三綱五常，成為名教或禮教。宋明以後，禮教被與「天理」溝通，成為「天理」統轄之下的「綱常」，把天理和人欲對立起來，主張「存天理，滅人欲」。到封建社會晚期，道德主義走向極端，封建禮教壓抑人性，戕害人性，即所謂「禮教吃人」。另一方面，中國文化缺乏「形而上學」，傳統理性偏重於性理、情理、事理，但唯缺「物理」，這就使技術理性難以上升為科學理性。宋明理學是中國傳統思想向「形而上」發展的一次重要飛躍。然而，理學家恪守「天人合一」之道，不能實現主客相分，使這種飛躍最終難以完成。朱熹的「格物致知」可以說是對物理的探究，但到了明代，王陽明則將其拋棄，埋頭去探究自己的內心世界。這也是為什麼中國歷史上有那麼多技術發明卻沒有出現近代科學的原因。

## 中國經濟學產生的科學時代背景

明末清初，中國出現反抗封建禮教的思想萌芽，但很快就泯滅了。中國的人文復興和思想啟蒙是從五四運動時期開始的。不過，中國的人文復興和理性啟蒙與西方不同。在西方，由於宗教神學的長期統治壓制了人的理性和科學認知，所以，人文復興和理性啟蒙的主要任務是將人性從神性的統治下解放出來。但是，在中國歷史上，人本主義很早就脫離了神本主義，並且從來就沒有形成神權統治，而思想禁錮主要來自封建禮教。另外，中國歷史上有悠久的人文傳統，但缺乏科學傳統，構成中國文化傳統的缺陷，也影響了中國的科學技術和經濟發展。所以，中國人文復興和理性啟蒙的主要任務，一是要反封建和反禮教，將人的自主性從封建禮教的統治下解放出來，二是要煥發人們探索自然的理性精神，大力發展科學技術，實現民族經濟的復興。

五四運動提出了「打倒孔家店」的口號，同時還打出科學和民主兩面大旗。一九一八年，陳獨秀在《新青年》雜誌上發表文章，提出破壞孔教，破壞禮法，破壞國粹，破壞貞節，破壞舊倫理，破壞舊藝術，破壞舊宗教，破壞舊文學，破壞舊政治。一九一九年，他在《〈新青年〉罪案之答辯書》中說：「西洋人因為擁護德、賽兩先生，鬧了多少事，流了多少血，德、賽兩先生才漸漸從黑暗中把他們救出，引到光明世界。我們現在認定只有這兩位先生，可以救治中國政治上道德上學術上思想上一切的黑暗。若因為擁護這兩位先生，一切政府的壓迫，社會的攻擊笑罵，就是斷頭流血，都不推辭。」⑯

但是，在五四運動以後的中國歷史上，「德先生」和「賽先生」的命運大不相同。對於民主，在不同的政黨和社會群體中存有很大爭議，但是科學卻獲得普遍的認同，成了「普世真理」，成了可以衡量一切是非善惡的價值標準。正如陳獨秀所說：「舉凡一事之興，一物之細，罔不訴之科學法則，以定其得失從違。」⑰胡適不僅認為科學是「備物最有力的新法」，還主張「把科學方法應用到人生問題上去」⑱，他說，「我們也許不輕易信仰上帝的萬能了，我們卻信仰科學的方法是萬能的」⑲。經過這些

⑯陳獨秀：《獨秀文存》，二四三頁，合肥：安徽人民出版社，一九八七。
⑰同上，九頁。
⑱胡適：《胡適文集》，第三集，三〇二頁，北京：人民文學出版社，一九九八。
⑲同上，第四集，九頁。

思想家的論證和呼籲，越來越多的人對科學能夠解決一切問題深信不疑，於是，中國社會一旦進入現代，科學就確定了不可動搖的地位，甚至成了新的信仰。

經濟學正是在這樣的歷史背景下傳入中國的，所以不可避免地受到科學主義的深刻影響。五四運動以後從歐美留學歸國的學者們，直接帶回來的是當時比較流行的新古典主義經濟學。這就使中國的經濟學跳過了「古典」時代直接進入「新古典」時代。作為「新學」的經濟學，需要一定的西文基礎和數學基礎，不是傳統文人所能涉足的學術領域，所以，中國的傳統人文思想在經濟學中影響甚微。可見，與西方主流經濟學不同，**中國的經濟學一經引入，就直接以科學主義作為自己的歷史起點和邏輯起點**。

五四時期，馬克思主義也傳入中國。此時，社會主義不僅從「空想」變成了「科學」，而且經歷了蘇聯的社會主義實踐，成為經過檢驗和證實的科學。所以，馬克思主義是作為具有普遍價值的科學真理傳入中國的。但是，在社會主義建設初期，受蘇聯社會主義經濟建設經驗和政治經濟學教科書影響，中國的經濟學主要是計劃經濟學。在二十世紀五六〇年代的政治經濟學教科書中，社會主義基本經濟規律被概括為：「用在高度技術基礎上使社會主義生產不斷增長和不斷完善的辦法，來保證最大限度地滿足整個社會經常增長的物質和文化的需要」[20]。在這裡，儘管技術手段得到高度重視和強化，但人文目標仍得到一定的體現。然而，中國的具體國情是人口多，底子薄，科技落後，經濟落後，大力發展科學技術並依靠科學技術迅速提高生產力水準，成為人們的普遍意識。一九五八年，毛澤東提出要來一個技術革命，並要求把中國共產黨的工作重點放到技術革命上來。他指出：「搞上層建築、搞生產關係的目的就是解放生產力。現在生產關係是改變了，就要提高生產力。不搞科學技術，生產力無法提高。」[21]所以，計劃體制就成為必然的選擇，國家經濟計劃成為主要的資源配置手段。從理論上講，計劃經濟是基於市場經濟的不確定性而提出的，即透過計劃可以避免市場經濟的經濟波動和經濟危機。而計劃方法的核心，就是科學地預測市場需求，根據市場需求制訂科學的計劃。所以說，計劃經濟學也體現了理性思維和科學方法。計劃經濟學自然而然地取得科學地位，成為「經濟科學」。

## 中國市場經濟學的科學主義傾向

二十世紀八〇年代，中國思想界展開關於馬克思異化理論和人道主義思想的討論。人們認為，馬克思透過對勞動異化的批判，提出了自己的人道主義思想。而馬克思主義對人類社會的恆久吸引力，就是它強調以人為本的人道主義。事實上，這是對計劃經濟時代中國社會高度集中化的一種反思和批判。在生產資料公有這一基本制度下，人民公社和國有企業是主要的甚至是唯一的經濟主體，一切經濟行為都要受國家計劃的管理，所有的個性需求和個體行為都受到嚴格的限制。與此同時，人們的思想也受到高度統一的「意識形態」制約。而在改革開放初期，這些限制一經打破，思想界就出現難以阻擋的「自由開放思潮」。這種思潮與當時流行於西方的新自由主義思潮相呼應，轉變為對西方自由主義和市場經濟的追求。在這種思潮的影響下，中國部份經濟學家的研究轉向「主流化」，即自覺地進入西方主流經濟學的潮流之中，產生了中國的市場經濟學。

中國市場經濟學思想源於對計劃經濟學的反思和批判，在某種程度上是作為計劃經濟學的對立面出現的。首先，計劃經濟限制了人的個體利益訴求，因而缺乏對個人經濟行為的激勵。市場經濟學認為

---

⑳斯大林：《斯大林選集》，下卷，五六九頁，北京：人民出版社，一九七九。

㉑毛澤東：《毛澤東文集》，一版，第八卷，三五一—三五二頁，北京：人民出版社，一九九九。

這是計劃經濟體制缺乏效率的根本原因。所以，改革開放最早的體制變革就是重建利益激勵機制。在這種社會經濟和理論背景下，市場經濟學首先對計劃經濟學提出質疑，認為社會主義的經濟主體也是理性人，並且也是自利的經濟人，其目標也必然是利益最大化。這樣，中國的市場經濟學接受了西方主流經濟學的人性假設，並使市場逐利行為取得合理性價值。

其次，計劃經濟體制下實行「大鍋飯」式的平均主義，因而被認為是低效率的重要根源。而中國的市場經濟學將效率作為首要目標，提出「效率第一，兼顧公平」。而為了提高效率就必須引入競爭。所以，藉由競爭實現「最大化」成為中國市場經濟學的基本原則，而「帕累托改進」（Pareto Improvement）成為無情競爭的合理性證明。市場經濟既不相信兄弟也不相信眼淚，一切親情和同情都「淹沒在利己主義打算的冰水之中」[22]。從這種完全的理性和效率目標出發，競爭取代合作成為根本的市場行為，效率取代公平成為市場追求的根本目標。而在市場活動中，人們採用一切可以提高效率的競爭手段，目的只有一個，就是擊敗對手，獲取更大的經濟利益。人不僅從趨利避害的「理性人」轉變為精於計算的「經濟人」，而且可能從「經濟人」進一步轉變為喪失人倫價值的「經濟動物」。

第三，計劃經濟學帶有鮮明的意識形態傾向，因而被認為是規範經濟學或政策經濟學。中國的市場經濟學認為自己的方法是實證的，因而是科學的，並由此轉向「價值中立」。近年來，經濟學的「實證」之說十分流行。研究實際經濟現象並採集各種數據進行分析，其本身是經濟學所應有的方法。但是，這種研究往往直接套用西方主流經濟學的某些未經改造和未經檢驗的模型，即西方的模型加上中國的數據。這使數學方法成為中國市場經濟學的主流方法。但是單靠數學演繹就確定一個論斷為真理的事，「這種情形幾乎從來沒有，或者只是在非常簡單的運算中才有。」[23]這樣，市場經濟學的研究就不可避免地得出毫無用處和謬之千里的結論。不僅如此，市場經濟學還進一步透過「實證」從「意識形態祛除」進一步轉向「價值祛除」，以「價值中立」為借口擺脫了經濟學的倫理內涵。

第四，中國的市場經濟學拋棄了歷史方法，主要採用抽象的邏輯方法並轉向純粹的數學方法。在這裡，經濟史和經濟思想史的研究被嚴重弱化了，經濟學對經濟現象只做靜態的觀察，得出的理論只反映社會經濟的橫斷面，割斷了歷史的連續性。為了建模需要，經濟學不得不將更多的影響因素抽象掉，特別是將具體的中國國情抽象掉，其結果必然導致一系列荒謬的結論。也就是說，儘管問題是針對中國經濟現象提出的，研究樣本也是中國經濟，但採用的是與西方主流經濟學一致的方法，那就不可避免地得出「一致」的結論。但這種結論顯然不適用於中國國情。

總之，從進入現代社會起，在人們藉由科技手段追求物質利益和經濟增長的同時，一切傳統的、人文的東西都煙消雲散了，甚至變得一文不值。這就是說，我們獲得了「科技」卻喪失了「人文」。在這一歷史過程中，中國的經濟學也就自然而然地脫離了「人文」，從「人的經濟學」轉變為純粹的「物的經濟學」。而經濟學作為「物的經濟學」就此與「人文關懷」脫離得乾乾淨淨。

---

㉒《馬克思恩格斯選集》，三版，第一卷，四〇三頁，北京：人民出版社，二〇一二。

㉓《馬克思恩格斯全集》，中文一版，第二十卷，六六一—六六二頁，北京：人民出版社，一九七一。

## 中國經濟學的人文轉向和當代建構

### 中國經濟學人文轉向的意義

西方經濟學為我們提供了經濟學的科學方法，大大推進了中國的經濟學發展。但近些年來，西方經濟學打著「科學」的旗號攻城掠地，對中國經濟學以及中國經濟政策產生了十分重要的影響，用所謂的「科學」話語掌握了話語權，甚至產生了一種經濟學的「科學信仰」，其負面影響不容忽視。另外，中國經濟飛速發展，經濟效率得到很大提高，但社會收入差距越來越大，不僅加劇了經濟運行和經濟增長中的矛盾，也成為社會矛盾的根源。而長期以來科學方法和效率取向的市場經濟學，既為中國經濟改革和發展作出重要貢獻，也要對上述矛盾承擔一定責任。更重要的是，沿著西方主流經濟學的科學主義道路發展，經濟學會越來越喪失對中國經濟問題的解釋力和指導力。所以，堅持科學發展，避免科學主義，實現經濟學的人文轉向，成為中國經濟學建設面臨的十分迫切的任務。

馬克思主義既主張人類社會發展存在共同規律，同時也承認不同民族的不同歷史，主張普遍真理與具體實際的結合，在學術建構上採用邏輯與歷史一致的方法。中國的經濟學經過百餘年發展，基本上已經實現馬克思主義和現代經濟學的融合，但是，作為中國文化核心內涵的人文傳統卻沒有得到應有的重視。事實上，馬克思主義既是科學的也是人文的，因而與中國人文傳統有著天然的契合。從方法論上講，堅持馬克思主義邏輯與歷史一致的方法，是經濟學人文轉向的樞紐。馬克思認為，「歷史從哪裡開始，思想進程也應該從哪裡開始，而思想進程的進一步發展不過是歷史過程在抽象的、理論上前後一貫的形式上的反映。」[24]所以，科學的方法應該是從歷史與現實到理論，再從理論到歷史和現實，這樣反覆接觸，反覆檢驗，才能提出科學的理論。邏輯與歷史方法的一致性，還體現為理論與具體實際的結合。從一般的經濟理論出發所作的研究，必須與具體的經濟實際和實踐相結合，絕不能生搬硬套，即使是馬克思主義的普遍真理也是如此。中國的經濟學建設堅持馬克思主義的邏輯與歷史一致的方法，也就是說，既要堅持馬克思主義科學方法，也要結合中國的歷史和現實國情，既要堅持科學的經濟學方法，也要符合中國的文化傳統和思維方式。

中國的人文傳統可以概括為兩個大的方面，一是「天人合一，以人為本」，二是「人文化成，文以載道」。就中國經濟學的人文轉向而言，前者體現了經濟學的本體方面，後者體現了文化與經濟的關係。

## 經濟學人文轉向：「人」的方面

「天人合一，以人為本」，這裡指的是人文之「人」，是本體意義上的，強調人的本質、人與物或人與自然的關係，以及人與人的關係。

中國經濟學的人文轉向，首先要解決的問題是人在社會經濟中的位置。馬克思指出：「人是全部人類活動和全部人類關係的本質、基礎」，「創造這一切、擁有這一切並為這一切而鬥爭的，不是『歷史』，而正是人，現實的、活生生的人。」[25]所以「我們的出發點是從事實際活動的人」[26]。儘管西方

[24] 張艷濤：《馬克思哲學觀》，四七頁，北京：社會科學文獻出版社，二〇〇八。
[25] 《馬克思恩格斯全集》，中文一版，第二卷，一一八—一一九頁，北京：人民出版社，一九五七。
[26] 《馬克思恩格斯全集》，中文一版，第三卷，三〇頁，北京：人民出版社，一九六〇。

經濟學也是研究人的學說，但西方經濟學研究的人並不是「現實的、活生生的人」，而是片面的「理性人」。長期以來，理性主義壓制了人的感性方面，西方經濟學從理性人假設出發，走向科學主義，並導致了種種矛盾。要實現中國經濟學的人文轉向，就必須重建經濟學的人性假設，將經濟學建立在「現實的」人性基礎上。而現實的人，不僅是理性的，而且充滿激情、充滿仁愛之心，不僅有血有肉，有物質需要，而且有精神追求和文化需要。就是說，現實的人既是理性的，也是感性的，因而才是「活生生的」。所以，經濟學既要研究人的理性，也要研究人的感性，包括感性意識和感性需要，也就是人的意識形態和社會的文化需要。總之，經濟學的人文轉向，就是要在「現實的」人性基礎上重建經濟學。

其次，中國經濟學要在「以人為本」基礎上，研究人與物、人與自然以及人身與人心的關係。社會發展是「以人為本」還是「以物為本」，既是經濟發展中的一個令人糾結的問題，也是經濟學無法迴避的問題。西方經濟學將經濟學的任務定位為研究「稀缺資源的配置」，並以「最大化」為目標。在這種理論的指引下，人們單純追求物質的極大豐富和經濟效率的提高，致使人們「喪己於物，失性於俗」，成為「倒置之民」（《莊子・外篇・繕性第十六》）。而在這個發展過程中，一方面，環境污染，生態破壞，人與自然的矛盾大大加劇了；另一方面，人們的幸福感並沒有得到同步提高，人自身的發展、人們精神方面的需要被忽視了，逐漸進入一個「空心」時代。中國經濟學的人文轉向，首要的任務就是在人本主義基礎上，重建以人為本的價值傳統，確立以民為本的政策方向。其次是實現中國經濟學的人文轉向，還要在中國傳統的「天人合一」理念下，尊重歷史，尊重自然，考慮人類社會的過去、現在和未來的關係，「究天人之際，通古今之變」，建立以人為本，天人合一，環境友好和生態文明為基本理念的經濟學。最後，實現中國經濟學的人文轉向，還要考慮人們的快樂和幸福需要，即研究人們的身心關係，建立以快樂勞動，率性自由，身心如一為目標的「感性經濟學」。

再次，中國經濟學不僅要回答「是」的問題，更要回答「應該」的問題，即應成為研究人與人關係的規範經濟學。就社會模式來講，「以人為本」就是講求「人緣關係」。而維繫這種「人緣關係」的文化核心就是「仁愛」。所以，「以人為本」就是「以仁為本」。仁包括「親親」與「愛人」兩個方面，要做到仁，必須推己及人。就是說，我們不僅要「親親」，還要「愛人」，要達到「汎愛眾」（《論語・學而》），即「人不獨親其親，不獨子其子，使老有所終，壯有所用，幼有所長，矜寡孤獨廢疾者皆有所養」（《禮記・禮運篇》）。西方經濟學去除了價值判斷，與倫理學徹底分離，成為「實證科學」，甚至成為「實驗科學」。經濟學的人文轉向，就是要恢復經濟學的倫理性質，從「人性」出發建立「仁性」秩序，用「價值」來矯正和規範「理性」，處理好「義」與「利」的關係。在公平與效率的選擇上，經濟學必須改變「效率第一，兼顧公平」的原則，從而避免社會上的無情競爭和兩極分化。所以，經濟學不僅要研究人的理性，研究人的感性，還要研究人的「仁性」，即研究人的「同情心」，不僅要研究人的「利己」行為，還要研究和鼓勵人的「利他」行為。這樣，競爭作為經濟學的天然原則也要有所改變，即從強調競爭效率轉變為強調合作效率，建立「合作為體，競爭為用」的市場經濟原則，實現社會整體效率的提高。

## 經濟學人文轉向：「文」的方面

「人文化成，文以載道」，這裡指的是人文之「文」，就是民族歷史和民族文化。問題的核心在於：文化是歷史形成的，不同民族由於有不同的歷史，因而有不同的文化傳統；不同文化傳統的民族具有不同的價值觀和不同的利益訴求。

首先，中國經濟學應貫穿一種歷史觀，採取歷史方法和歷史敘事。人的存在，既包括人的自然存在，也包括人的社會存在，既包括人的現實存在，也包括人的歷史存在。所以，在「以人為本」的價值體系中，除體現人與自然和人與社會的兩維關係外，還有人與歷史的第三維關係。恩格斯指出：「政治經濟學本質上是一門歷史的科學。」[27]在一定的歷史條件下，「人們按照自己的物質生產率建立相應的社會關係，正是這些人又按照自己的社會關係創造了相應的原理、觀念和範疇。」「這些觀念、範疇也同它們所表現的關係一樣，不是永恆的。它們是歷史的、暫時的產物。」[28]這是經濟學歷史方法的哲學基礎。人與歷史的關係，本質上就是人的生命延續和人在歷史過程中的位置。「生生之謂易」，「易」就是歷史，就是一個民族在生命延續的同時，自強不息，革故鼎新，不斷創造，不斷進化，不斷發展的過程。中華民族根據自身的生命體驗和歷史過程，形成了獨特的人本史觀，「觀乎天文，以察時變；觀乎人文，以化成天下」，「彰往察來」，以「理」以「仁」，中庸中道，構成了特殊的歷史敘事。經濟學中採用歷史方法和歷史敘事，就不可避免地引出民族和文化問題。西方經濟學避免使用歷史方法和歷史敘事，實際上是要避免歷史地看問題。而針對中國來說，就是要割斷中國的歷史，包括中國的半封建半殖民地的歷史，消除中國文化和國情的特殊性。一九三八年毛澤東指出：「今天的中國是歷史的中國的一個發展；我們是馬克思主義的歷史主義者，我們不應當割斷歷史。」[29]採取歷史方法和歷史敘事，實現中國經濟學的人文轉向，要求我們努力挖掘中國歷史資源，包括經濟史和經濟思想史資源，為中國式道路的形成、演化和發展提供歷史唯物主義闡釋。

其次，中國經濟學應反映中國文化的多元價值傳統。中國傳統文化講「和而不同」。要實現「和」

就必須以「不同」為前提，所謂「和實生物，同則不繼」（《國語·鄭語》）。所以，中國文化傳統承認價值的多元性，即不同價值之間的「不可通約性」，承認不同人群所具有的不同的價值觀。一方面，不同民族作為不同的價值主體，由於各自不同的歷史和社會條件，具有不同的價值傳統。另一方面，不同的價值傳統也影響了不同社會的歷史走向。價值的多元性能使人們各得其所，各得其樂，合作而不爭，從而實現和諧發展。近代以來，在西方利己理性和市場競爭體制下，社會價值日益單一化，物質利益成為人們追求的根本目標，在一定歷史條件下甚至成了唯一的目標。這種社會價值的單一化，反過來進一步加劇了社會的競爭。阿馬蒂亞·森認為，「主流價值也會隨時間變化，每個社會都經歷過這種價值的變遷」，「人們實際上有理由擁有更廣泛的目標以及更具社會傾向的價值。」[30]歷史經驗也可以證明，當人們經歷了長足的經濟發展之後，價值觀念會發生轉變，從追求物質生活中的「效率」轉變為追求精神世界的極大豐富和文化生活的深入發展。中國經濟學的人文轉向，就是要尊重人們的這種多元價值轉向，使人們各自追求各自的目標，平行而不交叉，合作而不競爭，推動社會的和諧發展。

第三，中國經濟學應該是體現民族利益的「國民經濟學」。西方經濟學希望以理性主義同化不同的文化和價值，建立所謂的普世主義經濟學。近年來，中國的經濟學「西化」傾向日趨嚴重，自由主義的價值觀和方法論以及高度抽象的數學化方法，不僅越來越脫離中國的現實經濟，而且有悖於中國的民族

---

[27]《馬克思恩格斯選集》，三版，第三卷，五二五頁，北京：人民出版社，二〇一二。
[28]同上，三版，第一卷，二二二頁。
[29]《毛澤東選集》，二版，第二卷，五三四頁，北京：人民出版社，一九九一。
[30]阿馬蒂亞·森：《理性與自由》，一八頁，北京：中國人民大學出版社，二〇〇六。

和國家利益。事實上，世界上從來就不存在所謂的「普世價值」。韋伯指出：「作為一門說明性和分析性的科學，政治經濟學是跨民族的，但是，一旦涉及要做價值判斷，政治經濟學就必然受制於人類的某一特殊族系」[31]。德國歷史學派經濟學家從來就不承認流行的「世界主義經濟學」，而將他們自己的學說體系稱為「國民經濟學」。與英國的自由主義經濟學不同，他們主張加強國家的經濟作用，實行保護主義，發展民族經濟。近年來，中國經濟學界也認識到，從實踐層面上看，西方的經濟發展模式不能等同於世界的發展模式，更不能等同於中國的發展模式；從理論層面上看，西方經濟學對中國經濟學界的「殖民主義」傾向和中國經濟學界對西方經濟學理論的「消費主義」傾向不能再繼續下去了。更重要的是，中國經濟學界還認識到，西方的經濟利益也並不能等同於世界的經濟利益和中國的經濟利益。經濟全球化促進了中國與世界的融合，也加劇了中國與世界特別是西方國家的經濟利益衝突。因此，中國經濟學的人文轉向，必然包括民族經濟的價值內涵，需要建立中國的「國民經濟學」。

第四，中國經濟學要使用自己的民族語言，形成中華民族獨具特色的學術話語體系。語言是文化的符號。不同民族的文化價值透過不同的話語體系得以表述，不同民族的利益訴求也必須藉由不同的話語體系得以表達。從歷史上看，任何一個民族國家的崛起，都必然伴隨著本民族語言的形成和興起，也必然形成本民族的學術話語體系，即所謂「文以載道」。近代以來，西方經濟學以其理性主義和普世價值為主要武器，試圖消除歷史差別和民族差別，全面整合各種不同的市場遊戲規則和不同國家的經濟利益，其負面影響越來越不容忽視。近些年來，西方經濟學特別是自由主義經濟學在中國經濟學界處於強勢地位，對中國經濟學以及中國經濟政策產生了十分重要的影響，甚至在某種程度上掌握了話語權。我們必須認識到，中國經濟的崛起和中國道路的形成，要求中國經濟學的興起。但中國經濟學的興起並不能有賴於西方經濟學家對中國經濟學的認可，而在於中國經濟學自立於世界經濟學之林的能力。這就必須建立自己的學術話語體系，掌握自己的話語權。中國形成了完整的和獨具特色的經濟模式和經濟思想，這是中國經濟學最基本也是最根本的經驗源泉和學術資源。我們要在馬克思主義經濟學基本理論的指導下，吸收西方經濟學學術話語，發掘中國經濟史和經濟思想史資源，形成獨特的經濟學話語體系，構建「中國話語」的經濟學。

兩千五百多年前，古代聖賢就提出「正德、利用、厚生」（《尚書・大禹謨》）：「正德者，父慈子孝、兄友弟恭、夫義婦聽，所以正民之德也。利用者，工作什器、商通貨財之類，所以利民之用也。厚生者，衣帛食肉，不饑不寒之類，所以厚民之生也」（蔡沈：《書經集傳》）。「此三事惟當諧和之」（孔穎達：《尚書正義》）。可見，「三事」既包括工具理性，也體現價值理性，即強調道德教化，也追求流通財貨，即體現個人價值，也關注大眾民生。在「三事」中，正德是第一位的，道德價值處於主導和優先的地位，「利用」即工具理性則處於從屬的地位，而「厚生」體現目標價值或價值理性，探索自然、認識事物的終極目的是為了實現至善的道德理想。總之，實現經濟學的人文轉向，就是用中國的人文傳統糾正科學主義，防止和克服科學技術異化和道德理想泯滅，以「正德、利用、厚生」諸事的協調與統一為核心，形成中國特色、中國氣派、中國風格的中國經濟學。

---

㉛馬克斯・韋伯：《民族國家與經濟政策》，九一頁，北京：三聯書店，一九九七。

**高德步**，於一九九四年在中國人民大學獲得經濟學博士學位。現任中國人民大學經濟學院教授、博士生導師。主要教學及研究領域為經濟史和政治經濟學。主要著作包括：《產權與增長：論法律制度的效率》、《世界經濟通史》（上下卷）、《英國的工業革命與工業化》、《經濟發展與制度變遷》、《西方世界的衰落》等。目前擔任中共中央馬克思主義理論研究和建設工程世界經濟史課題組首席專家，並承擔多項中國國家和省部級研究課題。

# 參考文獻

1.馬克思、恩格斯：《馬克思恩格斯選集》第一～三卷，三版（北京：人民出版社，二〇一二）。
2.卡西爾：《人論》（上海：上海譯文出版社，一九八五）。
3.羅斑：《希臘思想和科學精神的起源》（北京：商務印書館，一九六五）。
4.E・卡西勒：《啟蒙哲學》（濟南：山東人民出版社，一九九六）。
5.熊彼特：《經濟分析史》第三卷（北京：商務印書館，一九九四）。
6.龐巴維克：《資本實證論》（北京：商務印書館，一九六四）。
7.薩伊：《政治經濟學概論》（北京：商務印書館，一九六三）。
8.E・K・亨特：《經濟思想史——一種批判性的視角》（上海：上海財經大學出版社，二〇〇七）。
9.阿馬蒂亞・森：《倫理學與經濟學》（北京：商務印書館，二〇〇六）。
10.陳獨秀：《獨秀文存》（合肥：安徽人民出版社，一九八七）。
11.胡適：《胡適文集》第三集（北京：人民文學出版社，一九九八）。
12.斯大林：《斯大林選集》下卷（北京：人民出版社，一九七九）。
13.毛澤東：《毛澤東文集》第八卷（北京：人民出版社，一九九九）。
14.馬克思：恩格斯，《馬克思恩格斯全集》第二十卷（北京：人民出版社，一九七一）。
15.馬克思：恩格斯，《馬克思恩格斯全集》第二卷（北京：人民出版社，二〇〇五）。
16.毛澤東：《毛澤東選集》第二卷（北京：人民出版社，一九九一）。
17.阿馬蒂亞・森：《理性與自由》（北京：中國人民大學出版社，二〇〇六）。

國家圖書館出版品預行編目 (CIP) 資料

大變革時代的中國經濟 / 貝多廣主編. -- 第一版.
-- 臺北市 : 風格司藝術創作坊, 2016.07
面； 公分
ISBN 978-986-92628-3-5(平裝)

1.經濟發展 2.中國

552.2 104028579

# 大變革時代的中國經濟

作　　者：貝多廣主編
編　　輯：苗龍
發 行 人：謝俊龍
出　　版：風格司藝術創作坊
106台北市大安區安居街 118 巷 17 號
Tel: (02) 8732-0530　Fax: (02) 8732-0531
http://www.clio.com.tw
總 經 銷：紅螞蟻圖書有限公司
Tel: (02) 2795-3656　Fax: (02) 2795-4100
地址：台北市內湖區舊宗路二段121巷19號
http://www.e-redant.com
出版日期／2016 年 07 月　第一版第一刷
定　　價／320 元


ISBN 978-986-92628-3-5 Printed in Taiwan

Knowledge House & Walnut Tree Publishing

Knowledge House & Walnut Tree Publishing